PASTA

LORENZA DE' MEDICI

PASTA

Die 200 besten Rezepte aus allen Regionen Italiens

Kaleidoskop Buch

Aus dem Englischen übersetzt von Susanne Vogel
Redaktion: Inken Kloppenburg Verlags-Service, München
Korrektur: Petra Tröger
Einbandgestaltung: Studio für Illustration und Fotografie, Icking,
Sascha Wuillemet
Herstellung: Dieter Lidl
Satz: Fotosatz Völkl, Puchheim

Druck und Bindung: Polygraf Print, Presov
Printed in Slovakia

INHALT

Zu diesem Buch

Bald dreißig Jahre sind vergangen, seit ich mein erstes Pastabuch geschrieben habe. Es war ein grundlegendes Kochbuch und für die jungen italienischen Ehefrauen und Mütter gedacht, die die Grundregeln für die Zubereitung ihres Nationalgerichts nicht von ihren Müttern und Großmüttern erlernt hatten. Denn die Zeiten, in denen zwei oder drei Familiengenerationen in einem Haus oder auch nur in derselben Stadt lebten, waren vorbei. Das gesellschaftliche Gefüge in Italien hatte sich verändert.

Seither ist viel Wasser den Arno hinuntergeflossen. Ich habe vier Kinder großgezogen, für die ich im Laufe der Jahre wahrscheinlich Tausende Kilos von Pasta zubereitet habe. Mittlerweile koche ich für eine ganze Schar hungriger Enkel dieses nahrhafte Gericht. In der Badia a Coltibuono, dem Weingut unserer Familie in der Toskana, serviere ich Pasta bei zwanglosen Essen mit Freunden ebenso wie anläßlich eleganter Bankette mit bedeutenden Gästen aus aller Welt. Sie kommt mir als erstes in den Sinn, wenn ich für mich allein koche oder wenn ich das Buffet plane, mit dem traditionsgemäß unser jährlich im Sommer stattfindendes Kammerkonzert ausklingt – eine echte Herausforderung, denn es sind mehrere hundert Gäste zu bewirten. Natürlich sind auch in dem halben Dutzend Kochbüchern, die ich im vergangenen Jahrzehnt verfaßt habe, Pastarezepte enthalten. Und schließlich habe ich Hunderte von interessierten Hobbyköchinnen und -köchen, die in den letzten zwölf Jahren meine Kochkurse in Coltibuono besucht haben, in die Kunst der Pastazubereitung eingeweiht.

All dies ließ in mir den Wunsch reifen, ein umfassendes Buch über das Nahrungsmittel zu schreiben, das ich persönlich am liebsten koche und esse.

Pasta läßt sehr viel Raum für individuelle Vorlieben. Ob man gerade Appetit hat auf Fleisch, Fisch, Gemüse oder Käse, ob man eine leichte oder üppige, milde oder würzige Küche bevorzugt – das Rezeptrepertoire hält für jeden das Passende bereit. Nudeln haben immer Saison und eignen sich hervorragend zum Improvisieren. Dies aber kann, wie es für jede Kunst gilt, nur dem gelingen, der die Grundregeln und -techniken beherrscht.

Die einführenden Kapitel enthalten interessante Fakten über die Geschichte der Pasta, eine Übersicht über die vielfältigen Nudelformen sowie nützliche Informationen zu den Eigenschaften dieses einzigartigen Nahrungsmittels. Damit verfügen Sie über die notwendigen Kenntnisse, um sich in dem großen Marktangebot zu orientieren, Pasta nach allen Regeln der Kunst zu kochen und mit der passenden Sauce zu kombinieren. In den anschließenden Kapiteln finden Sie eine Fülle von Rezepten, angefangen von den bewährten Klassikern bis hin zu neueren Variationen.

Einmal mehr wird hier deutlich: Pasta ist eine einzigartige Säule der italienischen Kultur. In dem Film *Un tassinaro a New York* (Ein Taxifahrer in New York) gibt es eine hinreißende Szene mit dem großen italienischen Komiker Alberto Sordi. Als er nach seiner Landung in Amerika den Zoll passiert und der Beamte dabei entdeckt, daß er den Koffer voller Pasta hat, sagt Sordi in seinem unnachahmlichen Englisch: »Wo es Pasta gibt, da gibt es für einen Italiener auch Hoffnung.« Wenn ich mich richtig entsinne, läßt der Beamte ihn mit seiner Pasta ziehen. Nun, wir alle brauchen Hoffnung. Die meine ist, daß ich mit diesem Buch über eines der wunderbarsten Nahrungsmittel der Welt ein wenig von dem reichen kulinarischen Erbe Italiens weitergeben kann.

DIE GESCHICHTE DER PASTA

as Rätsel um den Ursprung der Nudel läßt sich noch schwieriger entwirren als eine Portion Spaghetti bei dem Versuch, sie gabelweise mit Anstand zum Munde zu führen. Wahrscheinlich wurden die Nudeln, genauso wie das Brot, in grauer Vorzeit mit dem beginnenden Weizenanbau und der Herstellung von Mehl und Grieß gleichsam zwangsläufig erfunden. Kulturanthropologen gelangten zu der Vermutung, daß es schon vor dem Brot eine nudelähnliche Speise gab. Sie wäre für ein primitives Volk viel einfacher zuzubereiten gewesen, da der Teig weder ein Triebmittel braucht noch gebacken werden muß. Fest steht jedenfalls, daß Nudeln seit langem als vielseitiges Grundnahrungsmittel bekannt sind.

Mir geht es hier nicht um die asiatischen oder die nord- und osteuropäischen Versionen dieser Speise, sondern um das, was die Italiener – und inzwischen die ganze Welt – unter dem Begriff »Pasta« kennen. Um die oftmals ermüdenden Diskussionen über den Ursprung dieses Nahrungsmittels zu beenden, genügt die einfache Feststellung, daß die Italiener vielleicht nicht die Nudeln, bestimmt aber die Pasta erfunden haben.

Es gibt keine schriftlichen Beweise dafür, daß die Völker, die in der Antike die italienische Halbinsel bewohnten, Pasta in ihrer heutigen Form aßen. Verschiedenes deutet aber darauf hin, daß sie eine Speise herstellten, die zu Recht als historischer Vorläufer der Pasta gelten darf. Den Anfang machten die Etrusker, die in den ersten Jahrhunderten des vorchristli-

chen Jahrtausends in Mittelitalien eine hochstehende Kultur entwickelten. Vor den Toren von Cerveteri, einer alten etruskischen Stadt nördlich von Rom, wurden zahlreiche unterirdische Grabkammern entdeckt. In einer von ihnen finden sich bemalte Stuckreliefs, die Szenen aus dem Alltagsleben zeigen. Unter anderem sieht man Küchengeräte, etwa einen Wasserkrug, ein Brett mit erhöhtem Rand zum Mischen von Mehl und Wasser, ein Rollholz und ein gewelltes Teigrädchen ganz ähnlich dem, das man heute zum Schneiden von Ravioli nimmt. Manche Historiker melden Vorbehalte an und weisen darauf hin, daß man mit diesen Gegenständen auch anderes als Pasta herstellen kann. Doch ist nicht von der Hand zu weisen, daß sie in Italien nun einmal am häufigsten für die Pastaherstellung verwendet werden. Mir gefällt die Vorstellung, daß die Etrusker, denen die Entwicklung der ersten zivilisierten Gesellschaft auf der italienischen Halbinsel zugeschrieben wird, auch die ersten waren, die unser Leibgericht par excellence zubereiteten.

Es liegen schriftliche Zeugnisse vor, nach denen die Griechen, die etwa ab dem 8. Jahrhundert v. Chr. nach Süditalien einwanderten, dünne Streifen eines festen, ungesäuerten Teigs aus Mehl und Wasser aßen. Gleiches gilt nachweislich auch für die Römer, die die Griechen und im gleichen Zug auch die Etrusker unterwarfen und sich dabei deren Kultur zu eigen machten. Das *laganum,* wie der lateinische Name dieser Speise lautete, ähnelte unseren heutigen Lasagneblättern. Der römische Dichter Horaz schrieb in einem Brief an einen Freund, er würde ein schlichtes Gericht aus *laganum* mit Lauch und Kichererbsen, behaglich zu Hause gegessen, den opulenten Banketten von Kaiser Augustus entschieden vorziehen. Etwa zur gleichen Zeit ersann der römische Schlemmer Marcus Gavius Apicius, Verfasser des ersten Kochbuchs der Geschichte mit dem Titel *De Re Coquinaria (Über die Kochkunst),* Gerichte für die kaiserlichen Festmähler, bei denen dieselben entfernten Verwandten unserer Lasagneblätter als Hülle für Pasteten und andere aufwendige, in der Form zubereitete Gerichte verwendet wurden.

Die Bezeichnung »Pasta« ist für diese Speisen nicht ganz zutreffend, da sie – eher wie Pizza – über dem Feuer oder auf heißen Steinen zubereitet wurden. Unter Pasta verstehen wir dagegen eine Speise aus ungesäuertem Teig, der in einer Flüssigkeit gegart wird.

Zur Entstehung der Pasta im heutigen Sinne kam es fast tausend Jahre später auf Sizilien, wo so viele Köstlichkeiten der italienischen Küche, Eiscreme zum Beispiel, ihren Ursprung haben. In der ersten Hälfte des 9. Jahrhunderts war Sizilien, die größte und strategisch bedeutendste Insel im Mittelmeer, von den Sarazenen, Nomadenvölkern aus der syrisch-arabischen Wüste, erobert worden. Die Araber brachten nicht nur eine raffinierte Kochkunst, sondern auch hochentwickelte Landwirtschaftstechniken mit, insbesondere ihre effizienten Bewässerungsmethoden. Auf den dürren Böden Siziliens begann ein Getreideanbau in zuvor undenkbarem Ausmaß.

Im frühen 12. Jahrhundert überfielen normannische Ritter Sizilien, um die arabischen »Ungläubigen« zu vertreiben, und nahmen die Insel selbst in Besitz. Aus jener Zeit stammen die ersten Aufzeichnungen über die Herstellung von Pasta. Es handelte sich dabei um dieselbe getrocknete Pasta, wie wir sie heute kennen.

In einem Buch aus dem Jahr 1154, das von dem normannischen König Roger II. de Hauteville in Auftrag gegeben worden war, berichtet der arabische Geograph Abu Abdullah Muhammed ibn Idris, daß die Bewohner von Trabia, einer Stadt bei Palermo, »in großen Mengen« eine Art Spaghetti herstellten, die sie mit dem persischen Wort für Schnur, *itrijah,* bezeichneten. Bis heute sind *trii* oder *tria* bei den Sizilianern sehr beliebt.

Idris erzählt weiter, daß »umfangreiche Schiffsladungen ausgeführt wurden, vor allem nach Kalabrien wie auch in andere muselmanische und christliche Gebiete«. Der große Vorteil dieser getrockneten Pasta lag darin, daß sie sich selbst bei heißem Klima lange aufbewahren und auch gut transportieren ließ.

Zu jener Zeit beherrschte Genua als damals führende Handelsmacht den Getreidemarkt im Mittelmeerraum. Mehrere Handschriften aus dem 13. Jahrhundert, die in den Staatsarchiven von Genua aufbewahrt werden, bezeugen, daß die Genueser Händler neben Getreide aus Sizilien auch getrocknete Pasta einführten und in den nördlichen Regionen der Halbinsel vertrieben.

In einem notariell beglaubigten Dokument aus dem Jahr 1244 verordnete Ruggero Brusa, ein Arzt aus Bergamo, dem an einer Infektion leidenden Wollhändler Signor Bosso, vom Verzehr von »Früchten, Rindfleisch, getrockneten Nahrungsmitteln, Spaghetti (wörtlich ›Fadennudeln‹) und Kohl« abzusehen. Andererseits empfiehlt etwa zur gleichen Zeit eine Handschrift aus Bologna *tria genovese,* in gesalzener Mandelmilch gekocht, als Kost bei körperlicher Schwäche.

Die erste überlieferte Anleitung zur Herstellung getrockneter Pasta stammt etwa aus der Mitte des 15. Jahrhunderts und wurde von Maestro Martino da Como, dem berühmten Leibkoch des Patriarchen von Aquileja, niedergeschrieben. In seinem Rezeptbüchlein *Libro de Arte Coquinaria* – übersetzt würde der Titel schlicht und einfach »Buch der Kochkunst« lauten – beschreibt Maestro Martino nicht etwa in gelehrtem Latein, sondern in der italienischen Alltagssprache, durchsetzt mit dem Jargon des Berufskochs, mehrere Methoden der Pastaherstellung.

Für *vermicelli* beginnt man mit einem Teig aus dem »feinsten Mehl *(farina bellissima),* Eiweiß und Rosenwasser oder einfachem Wasser«. Aus diesem Teig schneidet man nun »Streifchen *(bastoncelli),* dünn wie Strohhalme ... rollt sie mit den Händen ... und trocknet sie dann in der Sonne«. Sie halten sich »zwei oder drei Jahre«.

Für *Siciliani* – mit dieser Benennung bekräftigt der Maestro die sizilianischen Ursprünge getrockneter Pasta – geht man ganz ähnlich vor, rollt den Teig jedoch um einen kleinen Metallstab *(bacchettina metallica)*, so daß die Stücke innen hohl bleiben. Später, bei den Anweisungen zum Kochen von Pasta, erwähnt der Autor *le tritte*, eine Verballhornung der Wörter *tria* und *trii*, die, wie schon erwähnt, im Mittelalter für getrocknete Pasta sehr gebräuchlich waren.

Nicht nachvollziehen können wir heute, was Maestro Martino weiter zur Zubereitung der Pasta schreibt: Er empfiehlt, sie in einer fetten Fleisch- oder Hühnerbrühe zu kochen und mit »süßen Gewürzen und Zucker« abzuschmecken.

Etwa ein Vierteljahrhundert später übersetzte Bartolomeo Sacchi, der auch unter dem Namen Platina bekannte große Humanist der Renaissance, Maestro Martinos Rezepte für getrocknete und frische Pasta ins Lateinische, die literarische Sprache der damaligen Zeit. Sie erschienen 1475 in seiner ausführlichen wissenschaftlichen Abhandlung *De Honesta Voluptate ac Valetudine*, übersetzt etwa *Vom rechtschaffenen Genuß und Wohlbefinden*, die in den folgenden Jahrhunderten bis zur industriellen Produktion der Pasta ein Standardwerk für Köche war.

Johann Wolfgang von Goethe beschrieb in seinem Tagebuch der italienischen Reise, die er von 1786–1788 unternahm, wie in einer Familie, bei der er in Sizilien zu Gast war, Nudeln hergestellt wurden:

[…] Nudeln […] die, nachdem sie erst in die Gestalt von gliedslangen Stiften gebracht sind, noch von spitzen Mädchenfingern einmal in sich selbst ge-

dreht, eine schneckenhafte Gestalt annehmen. Wir setzten uns zu den hübschen Kindern, ließen uns die Behandlung erklären und vernahmen, daß sie aus dem besten und schwersten Weizen, Grano forte genannt, fabriziert würden. Dabei kommt viel mehr Handarbeit als Maschinen- und Formwesen vor.

Die Geschichte der frischen Pasta nimmt, wie bei einem Nahrungsmittel mit eigener kulinarischer Identität zu erwarten, einen anderen, wenn auch mitunter parallelen Verlauf zu der der getrockneten Pasta. Das *laganum* aus römischen Zeiten scheint das frühe Mittelalter nicht nur überlebt, sondern sich vielmehr während der darauffolgenden dunklen Jahrhunderte weiter eingebürgert zu haben: In der Literatur des Hochmittelalters erscheinen Lasagneblätter als fester Bestandteil des italienischen Lebens.

Mitte des 13. Jahrhunderts schilderte Fra Salimbene de Adam aus Parma nicht ohne eine gewisse Bewunderung einen wohlbeleibten Mönch aus Ravenna, der beachtliche Mengen »Lasagne mit Käse« – Parmesan, wie wir vermuten dürfen –

in sich hineinstopfte. Des weiteren erwähnte Salimbene, er habe »am Festtag der heiligen Klara desselben Jahres erstmals Ravioli [gegessen], die nicht in Pasta eingehüllt« gewesen seien. Dabei muß es sich um eine Art Gnocchi, ähnlich den heutigen *malfatti*, gehandelt haben.

Dem berühmten Bologneser Schriftsteller Giovanni Boccaccio verdanken wir äußerst aufschlußreiche Anhaltspunkte darüber, wie beliebt die Pasta im Italien des Spätmittelalters war. In seinem 1348

erschienenen *Decamerone* zeichnet er das Bild eines irdischen Paradieses voller Freuden, »wo ein Berg sei aus geriebenem Parmesan, auf dem die Leute nichts anderes täten, als Maccheroni und Ravioli in Kapaunbrühe zu kochen, und je mehr einer herausfischte, desto mehr konnte er davon essen«.

Wie bei der getrockneten Pasta erschienen die ersten richtigen Rezepte für frische Pasta in der Renaissance. In seinem zuvor erwähnten Werk gibt Platina eine Anleitung zur Herstellung von Nudeln:

Um den Teig zu bereiten, siebe man das Mehl gut, mische es mit Wasser und breite die Mischung auf einem Tische aus. Alsdann rolle man den Teig mit einem länglichen Stück polierten Holzes, wie es die Bäcker benutzen, aus. Man ziehe ihn auseinander und schneide ihn zu in der Länge des kleinen Fingers oder eines Bandes. Zum Kochen gibt man diese in eine fette Brühe ... Aufgetischt werden sie mit Käse, Butter, Zucker und süßen Gewürzen.

Zeitgenössischen Aufzeichnungen zufolge waren Nudeln damals kein Essen des einfachen Volkes, sondern ein Luxus für eine kleine privilegierte Schicht. Wie Preiskontrollisten aus jener Zeit offenbaren, kosteten sie dreimal soviel wie Brot. Zumindest bei getrockneter Pasta war dies teils darauf zurückzuführen, daß sie meist aus den Königreichen im Süden der italienischen Halbinsel eingeführt wurde und daher mit diversen Zöllen belegt war. So konnten nur der Adel und die begüterte Mittelschicht sie sich leisten, zumal sie mit Zucker und Gewürzen, ebenfalls teuren Importwaren, zubereitet wurde.

Im 17. Jahrhundert hatte die Pasta dann aber alle Klassenschranken überwunden. Ihre große Popularität zeigt sich unter anderem an der wachsenden Anzahl von Zünften, zu denen sich die Pastahersteller zum Schutz ihrer Produkte zusammenschlossen. Ihr Be-

streben war es, die Anzahl von Pastageschäften zu beschränken und die Brotbäcker daran zu hindern, ebenfalls Pasta herzustellen und zu verkaufen.

Erst um die Jahrhundertwende jedoch avancierte die Pasta zum Nationalgericht Italiens. Verschiedene historische Ereignisse hatten diese Entwicklung im Vorfeld begünstigt: die »Entdeckung« der Tomate, die weitgehende Vereinigung der italienischen Königreiche und Republiken zu einer Nation und schließlich die industrielle Revolution. Sie brachte Maschinen mit sich, die die Massenproduktion hochwertiger Pasta ermöglichten, und sie bewirkte, daß Süditaliener in Scharen in den industriellen Norden und in die Neue Welt abwanderten. Ihre Vorliebe für Pasta nahmen sie in die neue Heimat mit.

Neapel war das Zentrum der »Volksbewegung für die Pasta«. Noch in der zweiten Hälfte des 18. Jahrhunderts war es Hauptstadt eines Königreiches, das die weitläufigen süditalienischen Provinzen und Sizilienumschloß. Hier wurde Hartweizen – *grano duro* – in großem Stil angebaut und zu Grieß für Pasta verarbeitet. Obendrein erwies sich das Klima Neapels, geprägt von der Seeluft, den heißen Winden vom Vesuv und der Sonne, als ideal, um Pasta zu trocknen – langsam genug, um den Teig nicht spröde werden zu lassen, und doch so zügig, daß sich kein Schimmel bilden konnte.

In jener Zeit säumten buchstäblich Hunderte von Geschäften, in denen Pasta hergestellt, verkauft, gekocht und manchmal auch serviert wurde, die Straßen und schmalen Gassen der Hauptstadt. Dutzende berühmter Reisender haben diese malerische Szenerie in ihren Tagebüchern festgehalten. Auch in zahlreichen zeitgenössischen Skizzen, Zeichnungen, Stichen, Gemälden und sogar einigen Photographien der Jahrhundertwende ist sie dokumentiert.

Der Hartweizen wurde in handbetriebenen Granitmühlen zu Grieß gemahlen und der Teig dann in Trö-

gen geknetet von Männern und Kindern, die zur Musik von Mandolinen barfüßig darin herumstampften. Anschließend wurden die Nudeln mit primitiven Maschinen geschnitten und zum Trocknen über Holzstangen ins Freie gehängt. Lange Stränge von Spaghetti wurden wie Garben zusammengebunden und in großen Holzfässern aufbewahrt. Der Verkauf erfolgte an Straßenständen, wo man die Pasta, über Holzkohlenfeuer gekocht, gleich im Stehen mit den Fingern essen konnte. Auf den Tresen standen Schüsseln mit geriebenem Schafkäse für die Kunden bereit, wie man ebenfalls auf den Bildern sieht.

Wo und wie Pasta und Tomaten zusammenfanden, ist nicht genau bekannt. Vieles aber spricht für Nea-

mit Tomaten. Corrado stellt in seinem *Cuoco Galante (Der galante Koch)* eine Tomatensauce vor, Leonardi gibt in seinem Buch *L'Apicio Moderno (Der moderne Apicius)* eine Anleitung für *ragù,* also eine Tomaten-Fleisch-Sauce. Erstaunlicherweise ist dabei in keinem dieser Bücher von Pasta die Rede, was vielleicht darauf zurückzuführen ist, daß Corrado und Leonardi mit aristokratischer Küche befaßt waren und Pasta als Essen für arme Leute ansahen.

Der kommerzielle Anbau und die industrielle Konservierung von Tomaten begannen etwa hundert Jahre später. Spätestens seit jener Zeit bilden Tomaten eine allgemein verfügbare, preiswerte, unkomplizierte und dabei köstliche Grundlage für Pastagerichte.

(49)-2013-Macaroni drying in the dirty streets of Naples, Italy.
Copyright Underwood & Underwood.

pel. Und ohne Frage ist es eine göttliche Kombination. Die Tomate stammt ursprünglich aus Peru und wurde im 16. Jahrhundert von spanischen Forschungsreisenden nach Europa gebracht. Mehrere hundert Jahre wurde sie für giftig gehalten und nur als exotische Zierpflanze gezogen.

Von Spanien gelangte der »goldene Apfel« – so die wörtliche Bedeutung des italienischen *pomodoro* in Anspielung auf die gelben Früchte der ursprünglichen Varietät – ins französische Königreich von Neapel (1265, beherrscht von der älteren Linie Anjou-Neapel). Hier erkannte man die kulinarischen Vorzüge der Tomate. Zwei neapolitanische Köche und Kochbuchautoren, Vincenzo Corrado und Francesco Leonardi, veröffentlichten in der zweiten Hälfte des 18. Jahrhunderts erstmals eine Reihe von Rezepten

Mitte des 19. Jahrhunderts leitete der große italienische Freiheitskämpfer Giuseppe Garibaldi – 1807 in Nizza geboren, 1882 in Caprera gestorben – die Revolution ein, die die italienische Halbinsel aus der Fremdherrschaft befreien und das Land zu einer Nation einen sollte. Im Kampf um Neapel soll er seine Mannen mit dem Schlachtruf verblüfft haben: »Italien wird durch die Maccheroni geeint werden, das schwöre ich euch!«

Seine Voraussage sollte sich so richtig erst beinahe hundert Jahre später bewahrheiten, als eine Massenabwanderung aus den armen ländlichen Regionen des Südens in den industriellen Norden einsetzte. Die Zuzügler brachten ihre kulinarischen Traditionen mit, und seither sind die Italiener, zumindest in ihrer Vorliebe für Pasta, vereint.

Etwa zur gleichen Zeit trat die Pasta ihren Siegeszug über die Landesgrenzen hinaus und bis nach Übersee an. Dabei erfuhr sie manch seltsame Wandlung. Seit dem 18. Jahrhundert brachten britische Italienreisende »macaroni« – das englische Wort bezeichnet ganz allgemein getrocknete Pasta – mit nach Hause, um sie dort mit reichlich Käse und Sahne oder auch in Eiercremes zu backen. Alsbald erfuhr das Wort »macaroni« in der englischen Sprache eine Bedeutungserweiterung: Es wurde zum Spottnamen für jemanden, der eine offensichtliche Vorliebe für italienische Kleidung und Manieren an den Tag legte. Und wenn »Yankee Doodle« (in dem nordamerikanischen Lied aus dem 18. Jahrhundert) in die Stadt geht, darf an seiner Kappe die Feder nicht fehlen, die bei ihm »macaroni« heißt. Schließlich wurden Männer mit geckenhafter Erscheinung als »macaroni« bezeichnet.

Thomas Jefferson entwickelte bei seinem Besuch in Neapel 1789 eine unverhohlene Schwäche für Pasta, die ihn veranlaßte, zwei Kisten davon zusammen mit einer »Makkaronimaschine« nach Hause schicken zu lassen. Zehn Jahre später nahm in Philadelphia die erste Pastafabrik in der Neuen Welt erfolgreich ihren Betrieb auf. Doch erst um die letzte Jahrhundertwende konnte sich die Pasta einen festen Platz in der amerikanischen Küche erobern. Damals emigrierten an die sechs Millionen Italiener, zumeist aus dem Süden des Landes, in die Vereinigten Staaten, wo sie bald Pasta herzustellen begannen.

Doch diejenigen, die es sich leisten konnten, zogen nach wie vor importierte Originalprodukte vor.

In ihren Restaurants, die in den zwanziger Jahren in den USA zu den Favoriten unter den ausländischen Gastronomiebetrieben aufgestiegen waren, servierten sie eine neue italo-amerikanische Kreation. »Spaghetti and meatballs«, eine Kombination aus den beiden Nationalgerichten, nämlich Spaghetti mit Tomatensauce und Hamburgern, wurden zum großen Renner. Damit macht die Geschichte einen Sprung in die fünfziger Jahre, als ich meine erste Reise in die USA unternahm und dort Spaghetti in der Dose und geriebenen Parmesan im Karton sah – aber gottlob niemals probieren mußte.

In dieser zweiten Hälfte des 20. Jahrhunderts hat der Weg der Pasta zu einem internationalen Gericht eine neue und hoffnungsvollere Wende genommen, die sie zunehmend zu ihren Wurzeln zurückführt. Für diese positive Entwicklung sind vor allem drei Faktoren verantwortlich: Interkontinentalflüge und damit die Rückkehr nach Italien sind heute bequem und bezahlbar; das Bewußtsein für gesundes Essen und damit für die Vorzüge der mediterranen Ernährung wächst; und Restaurants, Kochbuchautoren und Hausfrauen besinnen sich zunehmend auf die ursprüngliche italienische Kochkunst. All dies läßt für die Zukunft einer der wundervollsten Küchen der Welt hoffen.

Rechte Seite: Getrocknete Spaghetti
Abbildung Seite 18: Getrocknete Conchiglie

TEIL I

DIE PASTASORTEN IM ÜBERBLICK

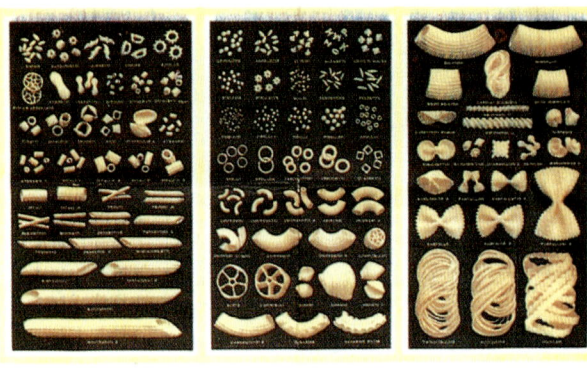 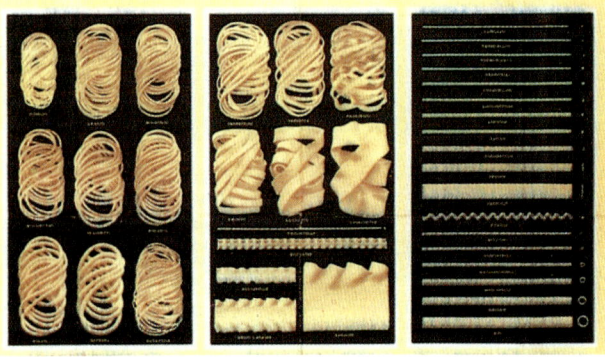

Man hört oft, es gebe mindestens dreihundert Namen für an die hundert verschiedene Pastasorten. Oder umgekehrt: Häufig wird ein und derselbe Name für mehrere Pastaformen verwendet. Unter Fusilli zum Beispiel versteht man lange, spiralförmig gedrehte Nudeln, aber auch kurze Spiralen – beide getrocknet; und im Sila-Gebiet in Süditalien sind Fusilli frische Pasta, für die der Teig um einen stricknadelartigen Metallstab gewickelt wird.

Selbst wenn es möglich wäre, diese mitunter verblüffende Nomenklatur zu entwirren, scheint es mir doch nicht erstrebenswert. Wie bei anderen kulinarischen Fragen auch, sollte man dem Trend zur Vereinheitlichung entschieden entgegentreten. Pasta hat sich, vergleichbar der italienischen Küche insgesamt, an vielen Orten entwickelt. Italien ist in zwanzig Regionen gegliedert, von denen jede einen ganz individuellen Charakter besitzt. Entsprechend hat jede Region im Laufe der Jahrhunderte eigene Pastaformen hervorgebracht.

Heute tragen die Hersteller frischer und getrockneter Pasta in dem Streben, beim Abnehmer Kaufwünsche zu wecken, zu diesem munteren Durcheinander noch bei, indem sie längst vergessene Namen für bekannte Formen wieder aufgreifen und auch neue Sorten erfinden. Und was wäre dagegen einzuwenden? Abwechslung ist die Würze des Lebens – und der Pasta. Was für den einen Ravioli sind, mögen für den anderen Tortelli sein.

Manche Pastasorten sind außerhalb ihrer Heimat kaum bekannt, andere sind in ganz Italien verbreitet und haben sogar den internationalen Markt erobert. Es gibt wohl kaum einen Ort, an dem man *spaghetti alla napoletana* nicht kennt. Andererseits haben die meisten Italiener außerhalb Liguriens niemals von *piccagge*, der Genueser Version von Tagliatelle, gehört.

In diesem Kapitel werden die Pastasorten und -formen vorgestellt, die am häufigsten verwendet werden oder die man kennen sollte, wenn man in Italien Urlaub macht. Zugleich wurden einige extravagante Formen aufgenommen, um einen Eindruck davon zu vermitteln, welche Blüten die Kunst der Pastaherstellung im Laufe der Zeit getrieben hat.

FRISCHE UND GETROCKNETE PASTA

Grundsätzlich unterscheidet man zwischen frischer und getrockneter Pasta.

Frische Pasta ist traditionsgemäß hausgemacht und besteht gewöhnlich aus Weizenmehl, Eiern und Wasser. In Süditalien stellt man sie gelegentlich auch aus Hartweizengrieß – auf italienisch *semola* oder *semolino* – und Wasser her. Der Teig wird von Hand oder mit der Maschine ausgerollt, und die Nudeln werden frisch verwendet. Dank der modernen Konservierungstechniken lassen sich Eiernudeln heute auch trocknen und sind daher abgepackt in guter Qualität erhältlich.

Industriell hergestellte getrocknete Pasta besteht aus Hartweizengrieß und Wasser. Ihre Qualität hängt von den verwendeten Zutaten so-wie von der Art des Formens und vor allem des Trocknens ab. Dieser Prozeß sollte langsam vor sich gehen, wie im Kapitel »Die Herstellung getrockneter Pasta« auf Seite 28 nachzulesen.

Außerhalb Italiens herrscht das weitverbreitete Vorurteil, getrocknete Pasta sei ebenso minderwertig wie Dosengemüse im Vergleich zu frischem Gemüse. Die Teilnehmer an meinen Kochkursen waren oft überrascht, daß ich überhaupt daran denke, getrocknete Pasta zu verwenden. Sie ist aber alles andere als minderwertig, und ich möchte sie absolut nicht missen.

Wahrscheinlich rührt das gängige Vorurteil gegen getrocknete Pasta aus den siebziger Jahren, als sich vor allem die Amerikaner mit frischer Pasta vertraut machten – eine für Köche und Konsumenten neue wie genußreiche Erfahrung. Warum sollten sie sich weiter mit abgepackten Nudeln zufriedengeben? So verschwand eines der leckersten, unkompliziertesten und vielseitigsten Nahrungsmittel aus vielen Vorratskammern.

Frische und getrocknete Pasta sind einfach nur zwei Seiten derselben Medaille. Sie befriedigen unterschiedliche kulinarische und gastronomische Bedürfnisse. Während die frischen Eiernudeln, die ursprünglich aus dem Norden Italiens stammen, gut mit Butter- und Sahnesaucen harmonieren, paßt die getrocknete Pasta aus Mittel- und Süditalien vorzüglich zu Saucen auf Olivenölbasis. Für meinen Geschmack sind frische Nudeln, vor allem die gefüllten wie Ravioli, eher ein eigenständiges Gericht, getrocknete Pasta dagegen ist eine gelungene Ergänzung zu verschiedenem Gemüse. So bestellt man im Süden Gemüse mit Pasta – und nicht etwa Pasta mit Gemüse. Die Sauce spielt dabei die Hauptrolle, nicht die Nudel. Genau umgekehrt verhält es sich bei frischer Pasta.

Frische Pasta

Lasagne sind die ausgerollten Teigblätter, die Urform der frischen Pasta. Lasagne werden in verschiedenen Gegenden Italiens zubereitet, doch ihre eigentliche Heimat ist die Emilia-Romagna, wo sie höchste Perfektion erlangt haben.

Klassische Lasagne sind hausgemacht. Der Teig enthält nur Mehl und Eier, wird dünn ausgerollt und in etwa 10 cm große Quadrate geschnitten. Für *lasagne verdi* – grüne Lasagne – wird gekochter und feingehackter Spinat unter die Eier gemischt, bevor man das Mehl untermengt. Original italienische getrocknete Lasagneblätter sind heute fast in jedem Supermarkt zu bekommen.

Man verwendet die Lasagneblätter für gebackene Pastagerichte. Das berühmteste ist wohl *lasagne al forno,* die famose Spezialität der Emilia-Romagna. Hierfür werden grüne Teigblätter abwechselnd mit *ragù,* einer üppigen Fleischsauce, und einer weißen Sauce in eine Form geschichtet. Dann wird das Ganze mit frisch geriebenem Parmesan bestreut und goldbraun überbacken. Wie populär dieses Gericht ist, wird zum Beispiel daran deutlich, daß ein Zugreisender in Bologna, der Hauptstadt der Emilia-Romagna, aussteigen kann und heiße, portionierte *lasagne al forno* bekommt, die Händler mit rollenden Verkaufsständen auf dem Bahnsteig anbieten.

Tagliatelle sind ein weiterer Klassiker unter den frischen Eierteigwaren aus Bologna. Dafür wird der Teig papierdünn ausgerollt und in etwa 1 cm breite Streifen geschnitten. Meist werden Tagliatelle zu kleinen Nestern zusammengerollt. An der frischen Luft getrocknet und mit einem Tuch abgedeckt, halten sie sich mindestens drei Monate. Man kann auch gute getrocknete Tagliatelle kaufen. Klassisch werden sie mit einer Fleischsauce zubereitet.

Der Name dieser Pastaform ist vom italienischen Wort für »schneiden« – *tagliare* – abgeleitet, genauso wie die Bezeichnungen *tagliolini* oder *taglierini,* die nur etwa 25 mm breit sind und sich besonders als Suppeneinlage eignen.

Fettuccine heißen die etwas schmaleren und dickeren Tagliatelle aus Rom. Sie schmecken köstlich mit Butter und Sahne, wie man sie etwa bei »Alfredo«, dem berühmten römischen Restaurant, bekommt. In Ligurien kennt man sie als *trenette,* die so harmonisch zu Pesto, der für die Region typischen Basilikumsauce, passen.

Pizzoccheri, kurze, breite Nudeln aus Buchweizenmehl, sind eine Spezialität des Veltlin. Im kühlen Klima dieses Alpentals gedeiht Buchweizen ausgezeichnet.

Pappardelle sind ebenfalls Eierbandnudeln von etwa 3 cm Breite und 10 cm Länge. Neben *pici* (siehe Seite 54) sind sie die einzige traditionelle Pastaform der Toskana. Im Herbst bekommt man im Chiantigebiet häufig *pappardelle con la lepre,* eine üppige Portion dieser schmackhaften Nudeln mit einer deftigen Sauce aus Tomaten und geschmortem Hasen.

Wenn Sie diese Spezialität im Restaurant bestellen und den Ober um geriebenen Parmesan bitten, wird er Sie vermutlich konsterniert darauf aufmerksam machen, daß die beiden nicht zusammenpassen, zumindest für den toskanischen Gaumen.

Frische gefüllte Pasta

Ravioli sind unbestritten die bekanntesten gefüllten Nudeln. Sie werden in den meisten Regionen hergestellt, in kleine Quadrate geschnitten und mit Meeresfrüchten, Fleisch oder Gemüse gefüllt. Mitunter sind sie auch oval, rund oder halbmondförmig.

Tortelli und die größeren *tortelloni* sind den Ravioli ähnlich. Sie werden traditionell mit Spinat und Ricotta gefüllt und oft einfach in Butter mit Salbei geschwenkt und mit reichlich geriebenem Parmesan serviert.

Agnolotti sind Quadrate, Kreise oder Halbmonde mit gewelltem Rand – die typische Pasta aus dem Piemont, gewöhnlich mit Fleisch gefüllt. Im Herbst werden Agnolotti oft mit gehobelten weißen Trüffeln gekrönt.

Cannelloni unterscheiden sich in ihrer Form völlig von allen anderen gefüllten Pastasorten. Es handelt sich um Teigblätter, die mit den verschiedensten Füllungen bestrichen, aufgerollt und im Ofen gebacken werden. Cannelloni sind charakteristisch für den Süden, werden aber in ähnlicher Form auch in einigen Gegenden Mittel- und Norditaliens zubereitet.

Cappelletti, übersetzt »Hütchen«, erhalten ihre unverwechselbare Form, indem man kleine Teigscheiben einmal zusammenlegt und dann die Enden umbiegt. Sie enthalten eine herzhafte Fleischfüllung und werden gern bei festlichen Anlässen serviert. Kleine Cappelletti bekommt man gewöhnlich in heißer Kapaunbrühe.

Pansoti, was soviel heißt wie »Bäuchlein«, ist der ligurische Name für dreieckige Teigtaschen, gefüllt mit *preboggion,* einer Mischung aus einheimischen Kräutern. Man ißt sie traditionsgemäß mit einer Walnußsauce.

Frische Pasta kochen

Um ganz frische, also nur wenige Stunden alte Pasta zu kochen, erhitzt man reichlich Wasser, bis es sprudelt, gibt das Salz und dann die Pasta hinein. Flache

Nudeln wie Fettuccine, Lasagne, Pizzoccheri und Taglierini sind *al dente,* wenn das Wasser erneut aufwallt und die Nudeln an die Oberfläche steigen. Gefüllte Nudeln wie Ravioli werden, sobald das Wasser wieder lebhaft sprudelt, noch 2 Minuten gekocht. Dickere Sorten wie Orecchiette und Pici brauchen nach dem erneuten Aufkochen noch etwa 5 Minuten, wobei die Kochzeit je nach ihrer Stärke leicht variiert.

Pasta, die schon einen oder zwei Tage alt ist, benötigt eine längere Garzeit. Probieren Sie sicherheitshalber, um den richtigen Zeitpunkt nicht zu verpassen.

Getrocknete Pasta

Die Vielzahl getrockneter Pastasorten läßt sich in vier Hauptkategorien gliedern: lange Pasta *(pasta lunga)* wie Spaghetti; kurze Pasta *(pasta corta)* vom Maccheroni-Typ und andere Röhrenformen; traditionelle Phantasieformen wie Muscheln und Schnecken; und schließlich kleine Suppennudeln. Als fünfte Kategorie könnte man Kreationen in neuen Formen und Farben hinzufügen.

Spaghetti sind zweifellos die bekannteste lange Pastasorte. Die »kleinen Schnüre«, so die Bedeutung des italienischen Namens, sind untrennbar mit Neapel und mit den süditalienischen Saucen auf der Basis von Olivenöl und Tomaten verbunden, die dafür sorgen, daß die Nudeln nicht miteinander verkleben. Aus dem gleichen Grund würde zumindest ein Neapolitaner auch keinen Käse dazugeben. Ursprünglich war der Name »Spaghetti« ein Oberbegriff für getrocknete schnurförmige Nudeln in verschiedenen Stärken, für die inzwischen jeweils spezielle Namen in Gebrauch sind.

Spaghettini sind dünner als die üblichen Spaghetti und vielleicht die vielseitigste Pasta. Mitunter werden sie auch *vermicelli* genannt – »kleine Würmer« –, das ist der ursprüngliche Name für Spaghetti. Spaghettini eignen sich besonders für Saucen mit Schaltieren.

Spaghetti alla chitarra sind etwa 2 mm dicke Spaghetti mit quadratischem Querschnitt. Ihr Name rührt von dem mit Drähten bespannten Rahmen, der *chitarra* – Gitarre –, auf dem sie hergestellt werden.

Bucatini sind dickere Spaghetti mit einem Loch – *buco* –, das ihnen ihren Namen einbrachte. Sie sind in Rom und Mittelitalien sehr beliebt, wo man sie mit einer reichhaltigen *carbonara* oder einer würzigen *amatriciana,* beides dortige Saucenspezialitäten, genießt.

Capelli d'angelo, übersetzt »Engelshaar«, sind die feinsten Spaghetti. Gewöhnlich werden diese Fadennudeln Suppen zugegeben oder für süße wie pikante Pies verwendet.

Linguine oder »Zungen« sind lange Nudeln vom Spaghetti-Typ, deren Ränder abgeflacht sind, während die Mitte rund bleibt. Sie sind die typische Pasta für die klassische schnelle Sauce aus Öl, Knoblauch und Pfefferschoten, bekannt als *aglio, olio e peperoncino.* Mitunter sind sie auch als *bavette* im Handel.

Auch bei den röhrenförmigen Nudeln ist das Angebot sehr vielfältig.

Penne – Federn – tragen ihren Namen wegen ihrer abgeschrägten Enden, die an das alte Schreibgerät erinnern. Sie sind kurz und in verschiedenen Stärken erhältlich – als gerillte *penne rigate* oder als glatte *penne lisce.* Die zierlichste Form heißt *pennette.* Generell kombiniert man sie mit dicken, herzhaften Saucen. Die glatte Variante wird oft mit Gemüsesaucen serviert, an der gerillten Oberfläche haften dagegen Fleischsaucen besonders gut.

Maccheroni werden in verschiedenen Längen und Stärken angeboten. Sie sind am Ende gerade abgeschnitten, können aber insgesamt leicht gebogen oder abgewinkelt sein. Das Wort »maccheroni« bezeichnete früher, wie Spaghetti auch, oft Nudeln ganz allgemein. Eine Abart sind die äußerst beliebten *rigatoni.* Mit ihrer weiten Öffnung können sie gut die Fleischstücke deftiger Wurst- oder Wildsaucen aufnehmen.

Manicotti sind große Röhren, ähnlich den Cannelloni, und werden gefüllt.

Pipe sind beinahe halbkreisförmig gebogen und daher, ähnlich wie Conchiglie, besonders aufnahmefähig für Saucen.

Zite sind etwa 25 cm lange Maccheroni und heißen, wenn sie besonders dick sind, *zitoni.* Vor dem Kochen werden sie einmal durchgebrochen. Aufgrund ihrer Länge müssen sie besonders lange trocknen und entwickeln dabei einen intensiveren Geschmack als andere Sorten. Zita wird in neapolitanischem Dialekt ein »spätes Mädchen« genannt, das doch noch unter die Haube kommt, und Zite waren einst die traditionelle Pasta für das Hochzeitsessen. Noch heute werden sie in Süditalien zu festlichen Anlässen serviert.

Die meisten Phantasieformen, die heute getrocknet im Handel sind, wurden früher frisch zubereitet. Manchmal geschieht dies noch heute anläßlich besonderer Feste, vor allem in Süditalien. Generell aber fehlt es an Zeit und Muße – und am Können –, so daß sich die getrockneten Fertigerzeugnisse anbieten.

Conchiglie (Muscheln) sind mit ihrer gewölbten Form ideal, um viel Sauce aufzunehmen.

Eliche sind kleine Spiralen.

Farfalle ist das italienische Wort für »Schmetterlinge«, aber auch für die als Querschleife gebundene Fliege, an die diese dekorative Nudelform sofort erinnert. Es ist eine der wenigen getrockneten Pastasorten, die sich für Sahnesaucen eignet.

Fusilli sehen wie kleine Sprungfedern aus.

Lumache ähneln in ihrer Form einem Schneckenhaus und erhielten so ihren Namen (*lumaca* ist das italienische Wort für »Schnecke«).

Orecchiette, »kleine Ohren«, sind eine traditionelle Form und bei den Herstellern von getrockneter Pasta sehr beliebt. In Apulien werden sie bis heute aus Mehl und Wasser frisch hergestellt, wie auf Seite 55 detailliert beschrieben.

Ruote sind kleine »Kutschenräder«, zwischen deren Speichen die Sauce gut haftet.

Neben diesen überlieferten Phantasieformen erfindet die Industrie immer wieder Neues, etwa Trauben oder Pilze, und wer weiß, was sie noch in petto hat. So dekorativ diese Neuschöpfungen auch sein mögen, ich habe darin nie einen entscheidenden Fortschritt in der Kunst der Pastaherstellung gesehen.

In die vorherige Kategorie würde ich auch die bunten und aromatisierten Nudeln einordnen. Eine Ausnahme bilden natürlich die mit Spinat aromatisierten grünen Nudeln. Ein Klassiker ist inzwischen auch *paglia e fieno* – »Heu und Stroh« –, eine Mischung aus gelben und grünen Tagliolini. Weniger erfolgreich sind die neueren Farben und Geschmacksrichtungen, die durch Beimischen von Tomaten, Roten Beten, Pilzen und der Flüssigkeit von Tintenfischen zustande kommen. Auch Kräuter und Gewürze werden neuerdings für Sprenkeleffekte eingesetzt. Und dabei geht doch nichts über das zarte Weizen- bis satte Goldgelb unverfälschter Pasta. Die unendliche Vielfalt an Saucen läßt in puncto Farben und Geschmack keine Wünsche offen. (Wer es dennoch bunt mag, sei auf Seite 55 verwiesen.)

Eine letzte Kategorie getrockneter Pasta bilden die *pastina,* winzige Suppennudeln in Form von Röhren, Ringen, Quadraten, Sternchen und sogar Buchstaben. Man gibt sie in die *minestrone,* die in Italien häufig für Kinder oder als Krankenkost zubereitet wird. Zum Abendessen serviere ich als köstlichen und schnellen ersten Gang gern *quadrucci in brodo,* kleine Quadrate aus getrockneter oder frischer Pasta, die, oft mit einigen zarten Fleischstreifen, in Brühe gekocht werden. In der Regel reicht ein Eßlöffel Suppennudeln pro Portion, da sie den Teller nicht füllen, sondern nur vereinzelt in der Suppe schwimmen sollen.

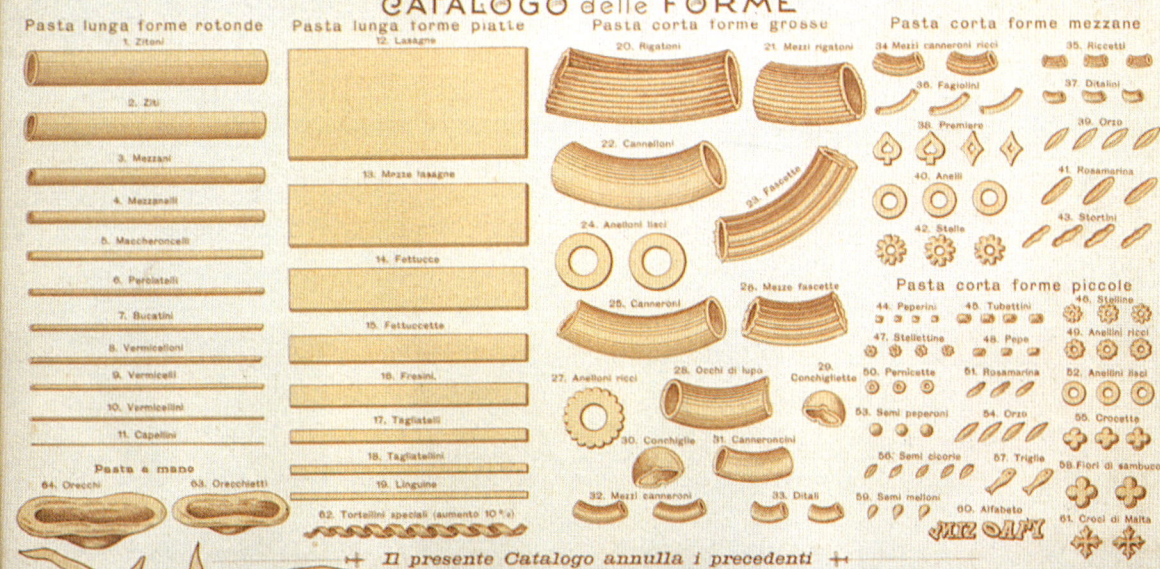

GRANDE DEPOSITO di PASTE

NAPOLI

OLI FINISSIMI
D'OLIVA - VINI -
FABBRICA DI
LISCIVA

GIUSEPPE BRAJA

TORINO
BARRIERA di NIZZA · 122.

CATALOGO delle FORME

Pasta lunga forme rotonde
1. Zitoni
2. Ziti
3. Mezzani
4. Mezzanelli
5. Maccheroncelli
6. Perciatelli
7. Bucatini
8. Vermicelloni
9. Vermicelli
10. Vermicellini
11. Capellini

Pasta a mano
64. Orecchi
63. Orecchietti

Pasta lunga forme piatte
12. Lasagne
13. Mezza lasagne
14. Fettucce
15. Fettuccette
16. Fresini
17. Tagliatelli
18. Tagliatellini
19. Linguine
62. Tortellini speciali (aumento 10%)

Pasta corta forme grosse
20. Rigatoni
21. Mezzi rigatoni
22. Cannelloni
23. Fascette
24. Anelloni lisci
25. Canneroni
26. Mezze fascette
27. Anelloni ricci
28. Occhi di lupo
29. Conchigliette
30. Conchiglie
31. Canneroncini
32. Mezzi canneroni
33. Ditali

Pasta corta forme mezzane
34. Mezzi canneroni ricci
35. Riccetti
36. Fagiolini
37. Ditalini
38. Premiere
39. Orzo
40. Anelli
41. Rosamarina
42. Stelle
43. Stortini

Pasta corta forme piccole
44. Paperini
45. Tubettini
46. Stelline
47. Stellettine
48. Pepe
49. Anellini ricci
50. Pernicette
51. Rosamarina
52. Anellini lisci
53. Semi peperoni
54. Orzo
55. Crocette
56. Semi cicorie
57. Triglie
58. Fiori di sambuco
59. Semi melloni
60. Alfabeto
61. Croci di Malta

Il presente Catalogo annulla i precedenti

SPECIALITÀ SAPONE POLVERE PER BUCATO

Vero tesoro delle Famiglie per Igiene e Pulizia ✻ ✻ ✻ **GARANZIA ASSOLUTA**
Fate il vostro Bucato colla semplice immersione di poche ore
Cent. 30 al pacco di grammi 500 coll'Istruzione ✻ In vendita presso tutte le Drogherie e Magazzini Alimentari

LIT. MAURER, TORTA & C. TORINO

DIE HERSTELLUNG GETROCKNETER PASTA

Getrocknete Pasta ist denkbar einfach zu kochen. Man setzt einen Topf mit reichlich Wasser auf, gibt, sobald es sprudelt, das Salz und dann die Pasta hinein – und Minuten später ist sie gar und kann angerichtet werden. Doch Einfachheit ist eine Kunst. Einige Fakten über die Eigenschaften von Nudeln, wie und warum sie so einfach zu kochen sind, sollten helfen, sie perfekt zuzubereiten sowie in dem immensen Angebot die gute Qualität zu erkennen.

Bei der Herstellung getrockneter Pasta kommen vier Komponenten ins Spiel: die beiden Zutaten Hartweizengrieß und Wasser sowie zwei technische Prozesse, nämlich das Formen und das Trocknen. Die Qualität des Endprodukts hängt von allen vier Faktoren ab.

Nach italienischem Lebensmittelgesetz muß Original-Pasta aus Hartweizengrieß hergestellt sein. Auf der Packung steht dann *Pasta di semola di grano duro.* Hartweizengrieß, also *semola,* entsteht durch gröberes Vermahlen von Hartweizen *(grano duro).* Hartweizen *(Triticum durum),* auch als Durum-Weizen bekannt, bildet besonders harte Getreidekörner, der Gemeine Weizen *(Triticum vulgare)* dagegen weiche, die fein vermahlen und zur Herstellung von Brot und frischer Pasta verwendet werden.

Die Härte des Weizens gibt Aufschluß über seinen Proteingehalt. Für hochwertigen Hartweizengrieß wird nur das Endosperm (Mehlkörper) verarbeitet, das die höchste Eiweißkonzentration besitzt. Im Durchschnitt beträgt sie 12–14, mitunter sogar bis zu 17 Prozent gegenüber etwa 9 Prozent bei normalem Weizenmehl.

Bei viel Eiweiß enthält Hartweizen wenig Stärke, die bekanntlich Wasser bindet. Daher muß man dem Hartweizengrieß beim Anteigen relativ wenig Wasser hinzugeben, etwa nur zwei Drittel der Menge, die für Brot oder Eierteigwaren aus Weichweizen benötigt wird. Dies ist ein immenser Vorteil, da die Pasta ja getrocknet wird. Beim Beimischen von Wasser entfaltet das Gluten seine klebende und Elastizität gebende Wirkung. Ein Teig mit hohem Kleberanteil ist fest und elastisch, das heißt, er wird beim Formen in Maschinen und beim Trocknen nicht brüchig und beim Kochen weder zu hart noch schmierig.

In anderen Ländern werden Nudeln auch aus Weichweizenmehl oder Mischungen mit Hartweizengrieß hergestellt. Sie mögen preiswerter sein als italienische Produkte aus 100 Prozent *semola,* sind aber in puncto Geschmack und Konsistenz dem Original weit unterlegen.

PASTE ALIMENTARI

MARCA REGISTRATA

PASTIFICIO TRIESTINO
SOCIETÀ ANONIMA
TRIESTE

Durum-Weizen wird in Nord- und Südamerika, Rußland, dem Nahen Osten und, natürlich, im Mittelmeerraum in großem Stil angebaut. Obwohl er in vielen Regionen Italiens, vor allem im Süden, in guter Qualität gedeiht, führt die italienische Pastaindustrie doch große Mengen ein. Die mediterranen Sorten enthalten besonders viel gelbes Farbpigment, was den warmen Bernsteinton mancher italienischer Erzeugnisse erklärt. Andere Produkte sind eventuell auch künstlich gefärbt, um den Käufer zu locken.

In seiner Bedeutung für die Pastaqualität nicht zu unterschätzen ist das Wasser, das bei der Teigherstellung verwendet wird. Schließlich verleiht es ja angeblich auch Bier, Tee oder Kaffee oft »das gewisse Etwas«. Im 19. Jahrhundert erklärten die Neapolitaner voller Stolz, ihre Pasta sei allein schon aufgrund des Wassers in ihrer Region die beste überhaupt. Inzwischen drängen zunehmend wieder Produkte auf den Markt, die »nach traditioneller Methode« hergestellt sind und, wie ausdrücklich auf der Packung vermerkt, reines Quellwasser enthalten.

Immer häufiger findet man auch »biologische Erzeugnisse«. Sie bestehen bei Pasta aus Getreide, das ohne Einsatz von Dünge- und Pflanzenschutzmitteln oder anderer schädlicher Substanzen angebaut und ohne Zusatz von Konservierungs- und ähnlichen Stoffen verarbeitet wurde. Die Verwendung der Deklaration *prodotto biologico* unterliegt den Richtlinien der Europäischen Union sowie des italienischen Landwirtschaftsministeriums. Vom Staat eingesetzte private Kontrolleure überwachen die Produktion und erteilen die Genehmigung zur Verwendung entsprechender Gütesiegel.

Der fertig angemischte Teig wird zur Herstellung langer Nudeln durch perforierte Platten gepreßt oder für anders gestaltete Pasta mittels Formschablonen unter Druck entsprechend modelliert. Großbetriebe setzen dabei heute teflonbeschichtete Platten und Formen ein. Dagegen arbeiten traditionsbewußte Hersteller nach wie vor mit unbeschichteten Bronzeplatten und -formen, den sogenannten *trafile di bronzo*. Anders als Teflon sind diese rauh und verleihen der Pasta daher eine poröse und unregelmäßige Oberfläche. Dadurch garen diese Erzeugnisse gleichmäßiger und nehmen besser die Sauce an beziehungsweise auf.

Der Produktionsschritt in der Pastaherstellung aber, der zweifellos den Geschmack und die Konsistenz und somit die Gesamtqualität des Endprodukts am meisten beeinflußt, ist der Trockenvorgang. Dabei muß der Wassergehalt des Teigs von etwa 25 auf ungefähr zwölf Prozent reduziert werden, wobei der Teig unbedingt gleichmäßig trocknen muß. Bei der industriellen Herstellung ist hier natürlich ein ökonomischer Faktor von Bedeutung: Zeit ist Geld. Geschieht das Trocknen aber zu schnell, reißt der Teig an der Oberfläche. Dauert der Prozeß hingegen zu lange, entstehen Schimmel und Bakterien, und der Teig wird sauer.

Früher wurden die Nudeln auf Holzgestellen an der frischen Luft getrocknet. Auch in dieser Hinsicht rühmten die Neapolitaner ihre Pasta, die angeblich durch die Seeluft einen besonders guten Geschmack entwickelte. Heute haben sich bei der kommerziellen Pastaproduktion zwei Verfahren durchgesetzt.

In den großen Fabriken werden die Nudeln in großen Kammern über mehrere Stunden in schnellem Wechsel trockener Luft und extrem heißem Dampf ausgesetzt. Dagegen verwenden die Hersteller traditioneller oder »alternativer« Produkte eine erheblich zeitaufwendigere Methode, die sich jedoch sehr vorteilhaft auf die Qualität auswirkt. Dabei läßt man die frisch geformte Pasta zunächst etwa 30 Minuten ruhen. Anschließend wird die Feuchtigkeit langsam und gleichmäßig bei niedrigen Temperaturen von etwa 40–45 °C reduziert. Bei den meisten Pastaformen dauert dies bis zu 50 Stunden, während Industrieerzeugnisse schon nach fünf Stunden abgepackt werden können.

In Italien teilen sich etwa 170 Pastahersteller den Markt. Alle Verbraucherbefragungen, die in jüngster Zeit durchgeführt wurden, ergaben eindeutig, daß die Qualität industrieller Erzeugnisse gut sei. Dabei sind Markenprodukte internationaler Großkonzerne wie auch kleinerer italienischer Hersteller sowie sogenannte No-name-Produkte gleichermaßen berücksichtigt.

Besser als »gut« ist natürlich »ausgezeichnet«, auf italienisch *buonissimo*. Dieses Prädikat ist einem guten Dutzend italienischer Marken vorbehalten, deren Hersteller sich auf die traditionelle Kunst der Pastaherstellung berufen. Die exzellente Qualität ihrer Erzeugnisse beruht zunächst einmal auf der sorgfältigen Auswahl der Zutaten. So baut Carlo Latini, Besitzer des Pastificio Latini, sogar das Getreide, das er verarbeitet, selbst an. Nicht minder sorgfältig ist die Verarbeitung. Der Teig wird sanft geformt, wobei die alten Bronzeformen zum Einsatz kommen, und anschließend langsam getrocknet.

Daß diese überlegene Qualität ihren Preis hat, versteht sich von selbst. Erfreulicherweise aber sind heute viele Verbraucher bereit, dafür eventuell auch mehr als das Doppelte des Preises der gängigen Massenprodukte zu zahlen.

Topf und Teller sind letztendlich der entscheidende Prüfstein für die Qualität. Gute Pasta muß beim Kochen ihre Form und Konsistenz behalten. Trübt sich das Wasser, so enthält sie offensichtlich zuviel Stärke und folglich auch wenig Eiweiß.

Es ist ein weitverbreiteter Irrtum, daß die Sauce den Nudeln ihren Geschmack gibt. Tatsächlich hat wirklich gute Pasta, ohne Sauce gekostet, einen eindeutigen Geschmack und sogar einen feinen Duft, wie etwa gutes Brot auch. Nach allen Regeln der Kunst gekocht, ist sie, allein mit einem Schuß Olivenöl vermischt, das natürlich genauso vorzüglich sein muß, schon ein Hochgenuß. Testen Sie also verschiedene Marken, bevor Sie sich auf eine festlegen.

GETROCKNETE PASTA RICHTIG KOCHEN

Pasta kochen ist ein Kinderspiel, aber auch das will gekonnt sein.
Dafür gibt es ein paar einfache Regeln.

Der allerwichtigste Grundsatz ist, daß Nudeln sofort nach dem Abgießen angerichtet und serviert werden. In Italien bittet man bei einem zwanglosen Essen, das mit einem Pastagang beginnt, die Familie oder Freunde mit einer kleinen Frage zu Tisch: *Si butta?* Das heißt soviel wie: »Soll ich die Nudeln jetzt ins Wasser tun?« Bis alle in Ruhe Platz genommen haben, sind die Nudeln auch schon so gut wie fertig. Würde man sie dagegen bereits aufsetzen, wenn noch alle irgendwo in der Wohnung unterwegs sind, könnten sie leicht zu einer pappigen Masse verkochen.

Der ideale Nudeltopf ist hoch, leicht und handlich. Selbst für eine kleine Portion verwendet man einen großen Topf mit reichlich Wasser. Denn Nudeln quellen beim Kochen auf und scheiden außerdem Stärke ab, die bei zu hoher Konzentration im Wasser die Nudeln verkleben läßt. Füllen Sie den Topf nicht bis zum Rand, damit das Wasser nicht überkocht und bei einem Gasherd die Flamme auslöscht.

In der Regel nimmt man pro 500 Gramm Pasta gut 5 Liter Wasser. Ich kenne Neapolitaner – und sie sind ja bekanntlich Meister auf diesem Gebiet –, die in 1 Liter Wasser 500 Gramm Pasta kochen. So wird ihrer Meinung nach der Geschmack der Nudeln nicht verwässert. Allerdings braucht man für diese Methode unbedingt exzellente Pasta und muß während des Garens immer wieder mit einem Holzlöffel umrühren, damit sie nicht verklebt. Auf jeden Fall empfehle ich, höchstens 1 Kilogramm Nudeln in ein und demselben Topf zuzubereiten, da dieser sonst zu schwer wird. Eine solche Menge reicht, wenn noch ein Hauptgang folgt, gut und gerne für 10 Personen – in Italien rechnet man pro Person etwa 90 Gramm.

Sobald das Wasser siedet, fügen Sie etwas Meersalz hinzu. Zwei Eßlöffel genügen vollauf. Wenn das Wasser dann lebhaft sprudelt, geben Sie die Pasta in den Topf. Kurze Nudeln rühren Sie sofort mit einem Holzlöffel um, damit sie nicht am Topfboden ansetzen. Bei Spaghetti warten Sie einen Moment, bis sie sich leicht biegen, dann werden sie ebenfalls durch Umrühren locker verteilt. Sie vor dem Kochen durchzubrechen wäre ein Frevel. Geben Sie die gesamte Pastamenge auf einmal in den Topf, damit sie gleichmäßig gart, und rühren Sie während des Kochens mehrmals um.

Die Garzeit hängt von der Pastasorte ab. Richten Sie sich dabei nicht nach der Empfehlung, die oft auf der Packung aufgedruckt ist, sondern probieren Sie lieber ab und zu.

Pasta muß *al dente* sein. Wörtlich bedeutet dieser Begriff »für den Zahn«, das heißt also, die Pasta soll noch Biß haben. Verkochte Spaghetti hängen schlaff über die Gabel und schmecken matschig. Umgekehrt legen unzureichend gegarte Spaghetti sich nicht geschmeidig um die Gabel und vermitteln beim Kauen den Eindruck, als seien sie noch halb roh. *Al dente* bezeichnet die goldene Mitte zwischen diesen beiden Extremen. Und darüber, daß Pasta *al dente* sein soll, besteht bei Italienern und Pastaliebhabern rund um den Globus völlige Einigkeit. Manche aber mögen sie mehr *al dente* als andere. In Neapel sagt man, die Spaghetti sollten *all'impiedi* abgegossen werden, also dann, wenn sie noch stehen und man sie so eben gabeln kann. Nach meinem Empfinden schmecken Röhrennudeln wie Penne am besten, wenn sie schon jenseits von *al dente* sind, während ich lange Formen wie Spaghetti lieber mit etwas mehr Biß mag. Diese Nuancen sind reine Geschmackssache. Was dagegen *al dente* an sich bedeutet, daran gibt es nichts zu rütteln und zu deuten. Mit etwas Erfahrung entwickelt man ein Empfinden dafür. Bedenken Sie auch, daß Nudeln um so schwerer verdaulich sind, je länger sie gekocht wurden.

Für die Garprobe fischen Sie eine Nudel aus dem kochenden Wasser. Falls Sie noch keine Asbestfinger entwickelt haben, verwenden Sie dafür einen Holzlöffel oder eine Spaghettizange. Schon während Sie die Nudel zum Mund führen, verraten ihre Biegsamkeit und Farbe Ihnen etwas über den Garzustand. Ist sie eher dunkel und steif, müssen Sie sich noch einige Minuten gedulden; ist sie dagegen weißlich und schwabbelig, nun, dann können Sie nur auf mehr Glück beim nächsten Mal hoffen.

Manchmal ist es kein Verschulden des Kochs, wenn die Nudeln verkochen. Es kann auch an der Qualität der Pasta liegen. Vielleicht wurde bei ihrer Herstellung minderwertiges Getreide verarbeitet oder der Trocknungsprozeß unsachgemäß durchgeführt. In diesen Fällen schließen sich die Teigporen nicht nach ein paar Kochminuten, und bei aller Kochkunst werden die Nudeln einfach schwammig.

Wenn der gewünschte Gargrad erreicht ist, gießen Sie sie sogleich ab – kalkulieren Sie mit ein, daß die heißen Nudeln auch außerhalb des Wassers noch einige Sekunden weitergaren. Verwenden Sie einen großen Durchschlag aus Metall, den Sie mehrmals kräftig schütteln. Geben Sie die gut abgetropfte Pasta unverzüglich in eine vorgewärmte Schüssel. Gleich im Anschluß fügen Sie die Sauce hinzu, mischen

durch und servieren sofort. Perfekt *al dente* gekochte Pasta verträgt die Sauce gut, während verkochte Nudeln von ihr buchstäblich erdrückt werden.

Ein letzter Hinweis sollte nicht fehlen. Pasta ist dann wirklich ein Genuß, wenn man sie ganz frisch zubereitet ißt. Vergessen Sie daher die Tischregel, die verlangt, daß man wartet, bis jeder etwas auf dem Teller hat. Bitten Sie Ihre Gäste, sofort anzufangen.

PASTA UND SAUCEN

Wirklich gelungen ist ein Pastagericht nur dann, wenn die Nudelsorte und die Sauce gut aufeinander abgestimmt sind. Wer mit Pasta groß geworden ist, trifft die Wahl wohl eher instinktiv. Für andere erweisen sich einige Richtlinien als hilfreich, um die perfekte Verbindung zu finden. Dabei handelt es sich keineswegs um unumstößliche Maximen, sondern vielmehr um überlieferte Grundregeln, die auf dem allgemeinen Geschmacksempfinden basieren. Wer öfter Nudeln ißt, wird immer deutlicher erkennen, daß jede Pastasorte spezielle Eigenschaften besitzt, die bei der Zubereitung berücksichtigt werden müssen. Nachfolgend hierzu einige Anhaltspunkte eher allgemeiner Art, konkretere Vorschläge finden sich in den Rezeptkapiteln.

Bei der Kombination von Sauce und Pasta sollten beide Komponenten in ihrem Zusammenspiel zu höchster geschmacklicher Entfaltung gelangen. Bestimmt ist es Ihnen auch schon einmal passiert: Man liest ein Rezept für ein Nudelgericht aus lauter interessanten und köstlichen Zutaten, um dann, wenn es auf dem Tisch steht, festzustellen, daß Pasta und Sauce aus irgendeinem Grund nicht zusammenpassen; ja, sie scheinen geradezu zwei völlig getrennte Geschmackssinne anzusprechen. Ist dagegen die Verbindung gelungen, schenkt sie eine der größten Gaumenfreuden, die die italienische Küche zu bieten hat.

Ein Grundprinzip für die Kombination von Nudeln und Sauce besagt, daß getrocknete Pasta gut zu Saucen mit Olivenöl paßt, frische Pasta hingegen zu Saucen, die Butter enthalten. So munden Saucen mit Fisch und Meeresfrüchten, die nahezu immer mit Olivenöl zubereitet sind, besonders gut zu Spaghetti und ähnlichen Pastasorten. Insbesondere Spaghettini sind die klassischen Begleiter für Meeresfrüchte. Und Tomatensaucen, die gewöhnlich ebenfalls mit Olivenöl zubereitet werden, harmonieren ganz ausgezeichnet mit jeder Form von getrockneter Pasta, ob lang oder kurz. Mit Butter und Sahne gebundene Saucen werden am besten von frischen Eiernudeln aufgenommen.

Es versteht sich beinahe von selbst, daß man feine Nudeln nur mit leichten Saucen kombiniert; andernfalls würden sie erdrückt. *Aglio, olio e peperoncino* etwa, die wohl einfachste und schlichteste Sauce – und meiner Meinung nach auch eine der schmackhaftesten –, ist nur mit langen, dünnen Spaghetti vorstellbar. Schon Käse sollte nur sparsam auf feine bis mittelfeine Pasta gerieben werden, wenn überhaupt. Ein Neapolitaner würde bei Spaghetti gar nicht daran denken.

Je größer die Nudeln, desto besser vertragen sie sich mit schwereren Zutaten. Deftige Fleischsaucen, wie zum Beispiel ein *ragù* oder auch die beliebten Varianten mit Hase, Wildschwein oder anderem Wild, verlangen dicke Bandnudeln wie Pappardelle oder Tagliatelle. Und Maccheroni können Sie nach Herzenslust mit Käse bestreuen.

Sehr üppige Käse- und Sahnesaucen sind ideal für gebackene Nudelgerichte. Teigtaschen können dagegen ganz nach Belieben entweder mit feinen, leichten Zutaten oder auch mit deftigen und reichhaltigen Mischungen gefüllt werden.

Gelegentlich möchte ich die Pasta in den Vordergrund rücken, und dann wieder soll die Sauce die Hauptrolle spielen. Oft verwende ich getrocknete Pasta als Ergänzung zu den Gemüsesorten, die die jeweilige Saison zu bieten hat. In dem Fall gilt: Je größer die Gemüsestücke, desto größer auch die Pasta.

Manche Pastaformen sind wie geschaffen, um eine Sauce aufzunehmen, andere eignen sich eher dafür, sie um die Zutaten herumzuwickeln. Wie köstlich schmecken doch Penne mit einer Gemüse- oder Fleischsauce, deren kleine Stückchen in die Öffnung der Nudelröhren hineinrutschen, oder Orecchiette, die mit ihrer Wölbung eine würzige Tomatensauce aufnehmen, oder auch eine Gabel Tagliatelle, um Scheiben von frischen Steinpilzen gewickelt!

MDXXXV.

E. B. 488.

Allium oleraceum, var. genuinum.   Field Garlic, var. a.

Die Pasta wird in der Schüssel aufgetragen, und jeder nimmt sich eine Portion. Es bleibt nicht aus, daß ein paar besonders leckere Stückchen in der Schüssel zurückbleiben. In einer Familie bekommt diese meist das Nesthäkchen, das so für sein geduldiges Warten belohnt wird.

Ob bei einer Mahlzeit in vertrautem Kreis oder einem gepflegten Essen mit Freunden: Pasta sollte stets in einer Schüssel zu Tisch gebracht werden, aus der sich jeder selbst bedient. Nur in Restaurants wird sie auf einzelnen Tellern angerichtet und serviert.

Pasta sollte weder zu trocken sein noch in der Sauce ertrinken. Wenn nach dem Essen noch reichlich Sauce auf den Tellern schwimmt, wissen Sie für das nächste Mal, daß Sie weniger nehmen müssen. Haben Sie dagegen beim Mischen von Pasta und Sauce das Gefühl, die Mischung sei etwas zu trocken, geben Sie einfach noch einen Schuß Olivenöl beziehungsweise ein wenig Butter hinzu.

Zuletzt noch eine Regel, die tatsächlich *strikte* Beachtung verdient: Pasta ißt man von einem normalen, nicht etwa einem tiefen Teller oder aus einer Suppenschale, und nur mit der Gabel. Messer und Löffel haben dabei nichts zu suchen! Es ist wirklich keine Kunst, einen Mundvoll Spaghetti um eine Gabel zu wickeln. Der Schlüssel zum Erfolg liegt einfach darin – jedes italienische Kind ist dutzendfach daran erinnert worden –, immer nur ein paar Spaghetti auf einmal aufzunehmen.

Da Pasta sofort nach dem Abtropfen angerichtet werden sollte, muß die Sauce fertig bereitstehen. Sobald die Nudeln in der Servierschüssel sind, gießen Sie die Sauce darüber und vermischen beides. Besonders praktisch sind dafür zwei große Vorlegegabeln. Es gilt, jede einzelne Nudel mit dem Öl beziehungsweise der Butter zu überziehen und die übrigen Ingredienzen möglichst gleichmäßig zu verteilen. Alternativ kann man die Nudeln einige Minuten im Topf schwenken. So erhält man manchmal, vor allem bei dickeren und schwereren Saucen, eine gleichmäßigere Mischung.

Geriebener Käse zu Pasta

Es ist zu einer Gewohnheit geworden, Käse über alles und jedes zu reiben,
was nach einem italienischen Nudelgericht aussieht. Viele meinen wahrscheinlich,
dies sei »typisch italienisch«. Mit reichlich geriebenem Käse müsse alles einfach
noch besser werden, denken sie wohl, ohne dabei Geschmack und
Konsistenz der übrigen Zutaten zu berücksichtigen.

Trotz aller Fortschritte, die die Pastaküche außerhalb Italiens in jüngster Zeit zu verzeichnen hat, hält sich die unglückselige Angewohnheit der wahllosen Verwendung von geriebenem Käse beharrlich – durch die großen Käsehersteller noch gefördert, die hierzu abgepackte Substanzen von sägemehlähnlicher Beschaffenheit auf den Markt brachten. Dabei gibt man nach italienischer Tradition nur an bestimmte Pastagerichte geriebenen Käse, der wiederum von einer bestimmten Art und Qualität sein muß.

In vielen Pastarezepten wird der Begriff »Parmesan« als Oberbegriff für einen Käse gebraucht, der sich aufgrund seiner körnigen Struktur gut reiben läßt. Diese Gewohnheit geht auf den Namen des italienischen Reibkäses par excellence zurück: *Parmigiano Reggiano.* Dabei handelt es sich um eine gesetzlich geschützte Ursprungsbezeichnung. Nur Käse, in dessen Rinde dieser Name ringsum eingebrannt ist, ist garantiert ein Original. Seine Herstellung unterliegt präzisen Vorschriften und strengen Kontrollen. Es wird ausschließlich teilentrahmte Milch von Kühen verwendet, deren Weidegebiete in Provinzen der Region Emilia-Romagna liegen, darunter auch im Gebiet um Parma und Reggio, wo dieser Käse seinen Ursprung hat. Zur Gerinnung, im Fachjargon Dicklegung genannt, fügt man der Milch nur Lab zu. Durch etwa 30minütiges Erhitzen wird die Molke abgeschieden. Die verbleibende Gallerte wird gerührt, bis man einen feinkörnigen Bruch erhält, der in große, zylindrische Formen gefüllt, gepreßt und mindestens ein Jahr der langsamen Reifung überlassen wird. Dabei entwickelt der Käse ein blasses Strohgelb, das mit zunehmender Reife einen Goldton annimmt.

Parmigiano zählt zu den Hartkäsen. Stecknadelkopfgroße Löcher im Teig bewirken, daß er leicht bricht. Er zeichnet sich durch einen mild-würzigen, nussigen Geschmack aus. Beim Schmelzen verbindet er sich mit den anderen Zutaten, ohne Fäden zu ziehen. Diese Eigenschaften haben ihm seine wichtige Rolle in der italienischen Küche eingebracht.

Da er aus Kuhmilch hergestellt ist, paßt er besser zu Butter- und Sahnesaucen als zu Varianten auf Olivenölbasis. Viele frische Eierteigwaren seiner Heimat wie Lasagne, Ravioli und Tagliatelle wären ohne ihn undenkbar. Von einigen wenigen Ausnahmen abgesehen, wird er nicht über Pastagerichte mit Fisch oder Meeresfrüchten gerieben, da diese fast immer mit Olivenöl zubereitet sind. Ebenso paßt er nach Meinung vieler Italiener nicht zu Steinpilzen, vielleicht deshalb, weil auch sie gewöhnlich in Olivenöl gebraten werden. Die Toskaner würden ihn niemals über ihre famosen Saucen aus Wild streuen, und ebensowenig würde ein Römer ihn über seine *spaghetti all'amatriciana* geben, da der Käse pikanten Saucen oft ihre besondere Note nimmt.

Reiben Sie ihn erst im letzten Augenblick, so bleibt er aromatisch und trocknet nicht aus. In Italien wird Parmesan oft als *formaggio di rifinitura* bezeichnet, als Käse, der einem Gericht »den letzten Schliff« gibt, es perfekt vollendet. Ganz ähnlich wie Salz sollte er sparsam dosiert werden, so daß der zarte Geschmack der Pasta und die Aromen der Sauce unterstrichen und nicht etwa überdeckt werden.

Lassen Sie sich vom Käsehändler ein Stück mit Rinde geben, das länger frisch bleibt. Erst in Wachspapier und dann in Folie eingewickelt, hält sich Parmesan im untersten Kühlschrankfach monatelang.

Parmigiano Reggiano ist der begehrteste einer Reihe von Kuhmilchkäsen, die aufgrund ihrer harten, körnigen Struktur unter dem Begriff *grana* zusammengefaßt sind. Die anderen drei, die ausnahmslos in den norditalienischen Regionen Emilia-Romagna und Lombardei hergestellt werden, sind *Grana Piacentino, Grana Lodigiano* und *Grana Padano,* nach dem *Parmigiano Reggiano* der bekannteste. Sie sind alle ausgezeichnete Reibkäse und kosten weniger als der echte *Parmigiano.*

Aus Süditalien kommt ein weiterer klassischer Reibkäse, der zur Familie der Schafkäse gehört: der *Pecorino Romano.* Er besitzt nach mehrmonatiger Reifezeit eine harte Konsistenz und schmeckt leicht ölig. Mit seinem scharfen, salzigen Geschmack harmoniert er exzellent mit vielen pikanten Saucen auf Olivenölbasis, wie sie für die süditalienische Küche typisch sind.

DIE GRUNDAUSSTATTUNG DER PASTAKÜCHE

Noch in der kleinsten und bescheidensten Küche ist für all die Grundzutaten und wenigen Küchengeräte Platz, mit denen Sie Dutzende von Varianten zubereiten können.

VORRÄTE

Das Geheimnis eines gelungenen Pastagerichts liegt in der Qualität der verarbeiteten Zutaten. Verwenden Sie niemals ein minderwertiges Produkt! Mit ausgewählten Vorräten können Sie auch im Winter, wenn der Markt kaum Frisches bietet, oder für einen spontanen Imbiß herrliche Genüsse zaubern.

Getrocknete Pasta

Wenn Sie stets einige Packungen lange und kurze Nudeln im Haus haben, kann unerwarteter abendlicher Besuch Sie nicht mehr aus der Fassung bringen. Mit etwas Knoblauch und gutem Olivenöl ist im Nu ein herzhaftes Gericht auf dem Tisch. Kaufen Sie nur original italienische Pasta aus *semola di grano duro.*

Gewürze

Gewürznelken werden ganz an die Speisen gegeben. Muskatnuß reibt man frisch in den Topf, ebenso werden schwarze und weiße Pfefferkörner nach Möglichkeit frisch gemahlen. Eine wichtige Zutat sind auch getrocknete *peperoncini,* feurige Pfefferschoten, die man im ganzen, zerstoßen oder als Flocken bekommt.

Käse

Parmigiano Reggiano ist der feinste aller italienischen Reibkäse. Er ist nicht billig, seinen Preis aber durchaus wert. Kaufen Sie niemals schon geriebenen, abgepackten Parmesan. Am Stück hält er sich, fest in Wachspapier und dann in Folie eingeschlagen, im Kühlschrank mehrere Monate. Reiben Sie ihn erst unmittelbar vor der Verwendung.

Pecorino (Romano) ist gut abgelagerter Schafkäse, der traditionsgemäß über bestimmte süditalienische Nudelgerichte gerieben wird. Er schmeckt strenger als Parmesan und wird genauso aufbewahrt.

Kapern

Italienische Kapern, vor allem die von den Sizilien vorgelagerten Liparischen Inseln, sind die besten der Welt. Sie werden in Essig oder in Salz eingelegt. Letztere sind besonders zu empfehlen. Vor der Verwendung spült man sie ab.

Knoblauch

Wählen Sie feste Knollen aus. Trocken gelagert, halten sie sich mehrere Wochen. Knoblauchflocken oder -pulver sind kein geeigneter Ersatz.

Kräuter

Sie sind in der Pastaküche unverzichtbar und schmecken am besten frisch, einige auch getrocknet. Verwenden Sie jedoch keine vermahlenen Kräuter.

Basilikum läßt sich nicht gut trocknen, dafür aber problemlos auf einem sonnigen Fensterbrett ziehen. Falls Sie hierzu nicht die Möglichkeit haben, legen Sie einige Blätter in Olivenöl ein. So halten sie sich im Kühlschrank etwa eine Woche. Alternativ kann man sie hacken und, mit etwas Salz vermischt, das die grüne Farbe erhält, einfrieren.

Lorbeerblätter schmecken in Italien, wo sie als *alloro* bekannt sind, weniger beißend und besonders aromatisch. Man bekommt diese Sorte getrocknet in italienischen Delikatessengeschäften.

Basil

Majoran – die wildwachsende mediterrane Varietät – besitzt ein stärkeres Aroma als kultivierte Sorten. Gut zum Trocknen geeignet.

Oregano schmeckt ähnlich, aber kräftiger als Majoran und läßt sich ebenfalls gut trocknen.

Petersilie wird in der in Italien üblichen glatten Form verwendet, die einen intensiveren Geschmack besitzt. Beim Trocknen verliert sie ihr Aroma, doch läßt sie sich einfrieren.

Rosmarin ist ein sehr beliebtes italienisches Küchenkraut, das beim Trocknen sein Aroma bewahrt, allerdings nur für einige Monate.

Safran ist teuer, denn es handelt sich um die winzigen Staubfäden der Blüte einer Krokusart. Hüten Sie sich vor minderwertiger Qualität, die entweder kein Aroma besitzt oder mit Gelbwurz vermischt ist, so daß Ihre Pasta dann nach Curry schmeckt.

Salbei hat ein streng-würziges Aroma. In Butter gebraten, ergibt er eine aparte Pastasauce. Er läßt sich relativ gut trocknen.

Mehl

Frische Pasta wird in Italien aus Weizenmehl 00 hergestellt, das dem hiesigen Auszugsmehl Type 405 entspricht.

Öl

Verwenden Sie ausschließlich kaltgepreßtes natives Olivenöl extra. Nur so erhalten Ihre Pastasaucen die überzeugende italienische Note. Minderwertiges Öl verdirbt den Geschmack Ihrer Zubereitungen.

Oliven

Am besten kauft man sie stets lose. Entsteinte Oliven aus der Dose schmecken niemals so gut.

Pancetta

Hierbei handelt es sich um ungeräucherten, luftgetrockneten und gewürzten Bauchspeck, eine italienische Spezialität. Alternativ verwenden Sie Räucherspeck. Am Stück kann Pancetta, eingewickelt und im Kühlschrank oder an einem kühlen, gut belüfteten Ort aufgehängt, aufbewahrt werden. Räucherspeck wird vor der Verwendung 5 Minuten in kochendem Wasser blanchiert.

Pilze

Steinpilze – *porcini* – sind selbst in getrocknetem Zustand sehr geschmacksintensiv. Achten Sie beim Kauf auf schöne, große Scheiben. In einem fest verschlossenen Glas sind sie an einem trockenen Platz unbeschränkt haltbar.

Pinienkerne

In Italien heißen sie *pinoli* und sind fester Bestandteil von Pesto, der Genueser Basilikumsauce. Einen kleinen Vorrat sollte man im Hause haben.

Sardellen

Besorgen Sie nach Möglichkeit italienische Sardellenfilets in Öl. Praktisch ist ein Glas, das sich wieder verschließen und mehrere Wochen im Kühlschrank aufbewahren läßt. Sardellen besitzen pur einen sehr intensiven Geschmack. Beim Kochen aber zerfallen sie und unterstreichen dann mit ihrem Aroma die übrigen Geschmackskomponenten einer Sauce.

Semmelbrösel

Sie lassen sich im Mixer oder in der Küchenmaschine mühelos selbst herstellen und werden in einem fest verschlossenen Glas – nicht im Kühlschrank – aufbewahrt. In einigen der nachfolgenden Rezepte werden geröstete Semmelbrösel über das Pastagericht gestreut. Die Anleitung dafür finden Sie auf Seite 67.

Thunfisch

In Öl oder Lake eingelegten Thunfisch sollte man immer auf Vorrat haben. Dabei lohnt es sich, ein paar Mark mehr für ein Produkt aus Italien auszugeben. Denn dort wird für Konserven das Bauchfleisch der Fische verarbeitet, das besonders schmackhaft ist.

Tomaten

Für eine Tomatensauce verwendet man voll ausgereifte Eiertomaten. Falls sie nicht zu bekommen sind, nehmen Sie geschälte italienische Dosentomaten. Wenn Sie selbst Eiertomaten ziehen und mehr ernten, als Sie verwerten können, frieren Sie den Überschuß im ganzen ein. Natürlich dürfen bei den Vorräten mehrere Gläser guter Tomatensauce nicht fehlen.

Tomatenmark hält sich in der Tube besser als in der Dose.

Sonnengetrocknete Tomaten kaufen Sie bereits in Öl eingelegt, denn das Einweichen und Einlegen ist recht zeitaufwendig.

Zwiebeln

Sie sollten stets einen kleinen Vorrat an Zwiebeln im Hause haben. Sie werden an einem trockenen, dunklen Platz gelagert.

KÜCHENGERÄTE

*In italienischen Küchen gibt es in der Regel keinen Schnickschnack.
Man braucht nur einige wenige Hilfsmittel, um die herrlichsten
Pastagerichte zuwege zu bringen.*

Arbeitsfläche

Zum Ausrollen von Nudelteig brauchen Sie eine große Holz- oder Kunststofffläche. Marmor ist zu kalt.

Ausstechformen

Rund und nach Belieben glatt oder gewellt, sind sie ideal, um Kreise für Teigtaschen auszustechen. Man benötigt je eine mit 5 und 7,5 cm Durchmesser.

Backformen

Für pikante Torten und Pasteten brauchen Sie neben einer Springform auch eine Ringform.

Durchschlag

Leisten Sie sich einen guten Metalldurchschlag mit stabilen Griffen und Standfuß. Die Löcher sollten groß und so verteilt sein, daß die Nudeln rasch abtropfen.

Handbetriebene Nudelmaschine

Damit erfolgen Ausrollen und Schneiden von Nudelteig im Handumdrehen.

Holzgabel

Besorgen Sie sich möglichst eine Ausführung mit Zangenfunktion, mit der Sie die Pasta nicht nur gut umrühren, sondern für die Garprobe auch einzelne Nudeln aus dem Wasser fischen können.

Käsereibe

Eine herkömmliche, leicht gebogene Reibe tut es vollauf. Immer häufiger sieht man in letzter Zeit auch spezielle kleine Mühlen für Parmesan und Pecorino.

Mörser und Stößel

Obwohl man auch im Mixer oder in der Küchenmaschine recht ordentlich Pesto herstellen kann, gerät diese köstliche Basilikumsauce doch ungleich besser, wenn sie nach der klassischen Methode in einem Marmormörser mit einem Holzstößel zubereitet wird.

Nudeltopf

Er sollte hoch sein, damit das Wasser schnell kocht, und leicht, so daß er sich gut handhaben läßt.

Ofenfeste Formen

Bereiten Sie Gratins in schweren, ofenfesten Formen aus Porzellan, Keramik oder Glas zu, die auch auf dem Tisch hübsch aussehen.

Passiergerät

Ein solches Gerät ist in der Küche unentbehrlich, etwa zum Pürieren von Tomaten, wo sich ein Mixer als ungeeignet erweist. Achten Sie beim Kauf darauf, daß das Gerät mit verschiedenen Einsätzen ausgestattet ist.

Rollholz

Es soll nicht zu dick und mindestens 60 cm lang sein.

Schaumlöffel

Zum Herausheben und Abtropfen von gefüllter Pasta wie auch von Gnocchi ist er unverzichtbar. Denn beide können, wenn man sie einfach abgießt, leicht beschädigt werden.

Teigrädchen mit gewelltem Rand

Man verwendet es zum Schneiden flacher Pasta sowie zum Ausschneiden und Versiegeln von Teigtaschen.

Teigschaber

Mit einem flexiblen Teigschaber läßt sich die Arbeitsfläche schnell säubern, bevor man den Teig darauf ausrollt.

Wiegemesser

Eine halbmondförmige Klinge, die an beiden Enden mit einem Griff versehen ist, erlaubt das zügige Hacken von Kräutern und Gemüse, ohne sie dabei zu quetschen. Wer den Trick einmal heraushat, wird das Wiegemesser nicht mehr missen wollen.

Abbildung Seite 42: Getrocknete Penne

TEIL II

DIE HERSTELLUNG FRISCHER PASTA

Allen Pastaliebhabern kann ich nur empfehlen, die Zubereitung
von frischer Pasta zu erlernen. Natürlich dauert es eine Weile,
bis Sie diese Kunst beherrschen. Höchste Gaumenfreuden aber
machen die aufgewendete Zeit und die Mühe allemal wett.

Verglichen mit hausgemachter Pasta, sind die frischen Nudeln, die man in Geschäften bekommt, nur ein müder Ersatz. Wer jemals in einer italienischen Familie frische Eierteigwaren aus eigener Herstellung probieren durfte, weiß ein Lied davon zu singen, wie wunderbar frische Pasta schmecken kann. Was man unter diesem Etikett gemeinhin in Geschäften und Restaurants bekommt, ist fast immer mit Nudelmaschinen hergestellt, die den Teig durch Scheiben pressen. Sie mögen zwar technisch raffiniert und hocheffizient sein, verändern aber die Struktur des Klebers im Mehl und damit letztlich Konsistenz und Geschmack der Pasta.

Mir persönlich macht in der Küche kaum etwas mehr Vergnügen als einen Haufen Mehl und ein paar Eier durch Mischen, Kneten und Rollen schließlich in lange Stränge goldgelber Pasta zu verwandeln. Es ist nicht nur eine befriedigende, sondern auch eine sehr entspannende Tätigkeit, die im übrigen auch immer mehr gestreßte Männer für sich als Freizeittherapeutikum entdecken.

Die Pastaherstellung birgt keine der Schwierigkeiten, mit denen man beim Backen von Brot oder Kuchen rechnen muß – man denke nur an die Unberechenbarkeit von Hefe. Dennoch wäre es eine Lüge, würde ich behaupten, allein mit dem genauen Befolgen der Anleitungen sei es getan. Um wirklich gelungene Nudeln herzustellen, braucht man Übung und Geduld. Man muß das Fingerspitzengefühl entwickeln, das einen schließlich irgendwann instinktiv erkennen läßt, wann ein Teig genügend geknetet ist. Und dennoch erlernt man die Pastaherstellung weit schneller, als gemeinhin angenommen. Wenn Sie sie erst einmal sicher beherrschen, können Sie entspannt und vergnügt dieser Kunst frönen, die so viel Spaß am Kochen und höchste Gaumenfreuden beschert.

DIE ARBEITSFLÄCHE

*Je größer die Arbeitsfläche ist, desto besser. Eine Tiefe von 60–80 cm genügt zwar,
doch geht die Arbeit um so leichter von der Hand, je mehr Platz vorhanden ist.
Vor allem in der Lernphase ist es wichtig, daß Sie in Ihren Bewegungen nicht eingeengt
sind. Ideal ist ein Untergrund aus Hartholz, wobei aber ebenso Resopal oder ein anderes
gängiges Material gut geeignet ist. Der Fachhandel bietet auch spezielle Backbretter an.
Halten Sie die Arbeitsfläche stets sauber und aufgeräumt.*

Cucina principale
reduto da pani

lucerna

Camino de fornasin

ordegna

murello y pigmaie

bancho

Colonna col mortaro   Tauola per inbandire

DAS MISCHEN

Die Pastaherstellung ist keine exakte Wissenschaft, die sich auf unumstößliche Angaben gründet. Wieviel Mehl Sie zum Beispiel benötigen, hängt von der Größe der verwendeten Eier, der Bindungsfähigkeit des Mehls und vor allem von der Luftfeuchtigkeit ab. Entscheidend ist allein, daß Sie einen glatten, elastischen Teig erhalten. Erhöhen oder verringern Sie daher die angegebene Mehlmenge je nach Bedarf.

Mehl und Eier lassen sich von Hand auf zweierlei Arten vermischen. Bei der ersten Methode, die man in allen Kochbüchern beschrieben findet, wird eine Schüssel verwendet. Eigentlich typisch für Italien aber ist die zweite Methode. Sie ist die flexiblere von beiden, das heißt, sie läßt mehr Spielraum in bezug auf die zuvor genannten Variablen wie auch auf die persönliche Befindlichkeit. Einmal arbeitet man vielleicht mit Elan, ein andermal eher mit Kraft.

Beide Methoden ergeben etwa 300 Gramm Teig, genug für 4 Portionen zum ersten Gang.

Pasta all'uovo

Frischer Nudelteig mit Ei

ERSTE METHODE

In einer Schüssel

200 g Mehl
2 Eier, Gewichtsklasse 3

Diese Technik verlangt nach einer Schüssel, denn auf einer Arbeitsfläche läßt sich kaum verhindern, daß die Eier aus der Mulde im Mehl herauslaufen. Vom abgemessenen Mehl einige Eßlöffel für die etwaige spätere Verwendung zunächst beiseite stellen. Den Rest in eine große Schüssel häufen. In die Mitte eine Mulde drücken und die Eier hineinschlagen.

Die Eier leicht mit einer Gabel verquirlen, bis Eigelb und Eiweiß gründlich vermischt sind. Jetzt nach und nach das Mehl, am unteren Rand der Mulde beginnend, mit kreisförmigen Bewegungen unter die Eier rühren. Wenn schließlich beide Zutaten gründlich vermischt sind, den Teig auf die Arbeitsfläche geben und mit dem Kneten beginnen (siehe Seite 51).

In der Küchenmaschine

Wer weniger erfahren oder experimentierfreudig ist, bedient sich zur Herstellung von Nudelteig vielleicht lieber der Küchenmaschine. Wenn Sie dabei genau nach Anleitung vorgehen, mag Ihnen schon der erste Versuch gelingen, sogar »perfekt« – und dennoch reichen diese Nudeln an die Zartheit von mit der Hand gekneteter und ausgerollter Pasta nicht heran.

Das einzige Gerät, das ich hierfür empfehlen kann, ist eine Küchenmaschine mit Knethaken. Schlagen Sie die Eier in der Rührschüssel der Maschine auf, und verrühren Sie sie einige Sekunden, bis sich Eigelb und Eiweiß sichtbar vermischt haben. Fügen Sie das Mehl hinzu, und betätigen Sie mehrmals den Momentschalter, um die Zutaten zu vermischen. Danach lassen Sie die Maschine etwa 2 Minuten laufen, bis sich der Teig als Kugel um die Knethaken legt.

Jetzt geben Sie den Teig zum Kneten auf eine leicht bemehlte Arbeitsfläche, kneten ihn allerdings nur einige Minuten.

ZWEITE METHODE

Die italienische Art

Reichlich Mehl auf eine große Arbeitsfläche häufen. Es sind keine exakten Mengen zu beachten, allerdings rechnet man mindestens 900 Gramm Mehl auf 2 Eier. Eine Mulde ins Mehl drücken. Die Eier hineinschlagen und mit einer Gabel mit kreisförmigen Bewegungen in das Mehl in der Mulde einrühren.

Wenn die Eier und ein Teil des Mehls gründlich vermischt sind und das Rühren mit der Gabel nicht mehr möglich ist, den zusammenhängenden Teig mit einem Teigschaber aufnehmen und zum Kneten auf eine saubere Arbeitsfläche geben. (Das restliche Mehl kann, gesiebt, nochmals verwendet werden.)

DAS KNETEN

Bevor Sie den Teig zum Kneten auf die Arbeitsfläche geben, wird diese gründlich gesäubert. Andernfalls arbeitet man kleine Partikel in den Teig ein, die diesen beim Ausrollen reißen lassen.

Die Arbeitsfläche fein mit Mehl bestauben. Den Teigballen in die Mitte legen und mit der Handfläche flach schlagen, anschließend mit den Handballen von der Mitte nach außen kneten. Dafür das Teigstück einmal zusammenlegen, um 180 Grad drehen und kräftig mit dem Handballen zusammendrücken. Diesen Vorgang mindestens 10 Minuten wiederholen, dabei den Teig stets in der gleichen Richtung drehen. Nun sollte der Teig geschmeidig und glatt wie der sprichwörtliche Kinderpopo sein.

Jetzt waschen Sie Ihre Hände und trocknen sie gründlich ab. Einen Finger mitten in den Teig hineinbohren. Kommt er sauber wieder heraus, benötigen Sie kein weiteres Mehl. Andernfalls arbeiten Sie noch ein wenig von dem Mehl ein, das Sie zuvor beiseite gestellt haben. Erscheint der Teig dagegen zu trocken und zu fest, bearbeiten Sie ihn noch etwas mit nassen Händen.

Sobald der Teig die richtige Konsistenz besitzt, decken Sie ihn mit einer umgestülpten Schüssel ab und lassen ihn 1 Stunde ruhen. Anschließend die Arbeitsfläche mit einem Teigschaber sorgfältig von Mehl- und Teigresten säubern und den Teig ausrollen. Je gründlicher Sie den Teig kneten, desto leichter läßt er sich ausrollen, ausziehen und schneiden.

DAS AUSROLLEN

Ausrollen von Hand

Das Ausrollen von Nudelteig mag anfangs schwierig erscheinen. Hat man den Kniff aber erst einmal heraus, geht es mühelos und so schnell, daß sich das Aufstellen der Maschine oft gar nicht lohnt.

Unerläßlich ist ein wirklich langes Rollholz. Bei einer Ausführung mit Kugellagern legen Sie die Hände nicht auf die Griffe, sondern auf die Enden der Rolle selbst. So können Sie besser gleichmäßigen Druck ausüben.

Säubern Sie einen Bereich auf der Arbeitsfläche, so daß eine große Teigscheibe gut Platz hat, und stauben Sie etwas Mehl darauf. Bemehlen Sie auch leicht das Rollholz und Ihre Hände. Der Teig darf nicht ankleben, soll aber auch nicht zuviel weiteres Mehl erhalten, da er sonst zu fest wird.

Drücken Sie den Teig zunächst mit der Handfläche flach, und rollen Sie ihn dann zu einem Kreis aus, genau wie beim Kuchenbacken. Bewegen Sie das Rollholz vollkommen gleichmäßig und stets vom Körper weg, wobei Sie die Teigscheibe nach jedem Durchgang um 90 Grad drehen. Arbeiten Sie mit schnellen, leichten Bewegungen, ohne das Rollholz in den Teig zu drücken.

Damit die Scheibe gleichmäßig dick gerät, drehen Sie sie stets in derselben Richtung und rollen immer bis zum Rand. Wie gleichmäßig Sie arbeiten, erkennen Sie an der Form der Scheibe.

Ausziehen

Wenn der Teig nur noch etwa 2 mm dick ist, läßt er sich nicht mehr ohne weiteres drehen. Daher ändern Sie jetzt Ihre Vorgehensweise. Setzen Sie das Rollholz am Ihnen gegenüberliegenden Rand auf die Scheibe, und wickeln Sie das Teigende darum – es muß genau in der Mitte der Rolle aufliegen. Legen Sie beide Hände in der Mitte auf, und führen Sie schnelle Rollbewegungen aus. Während Sie das Rollholz auf sich zu bewegen und sich der Teig darumlegt, fahren Sie mit den Händen langsam zum Rand und wieder zurück zur Mitte.

Arbeiten Sie ohne großen Druck, gleichmäßig und möglichst zügig, damit der Teig nicht austrocknet. Wenn die ganze Teigscheibe aufgewickelt ist, rollen Sie sie so wieder ab, daß sie auf die andere Seite zu liegen kommt. Wiederholen Sie diesen Vorgang, bis der Teig sehr dünn ist – etwa 1 mm für Tagliatelle oder andere Bandnudeln beziehungsweise $\frac{1}{2}$ mm für gefüllte Pasta. Jetzt können Sie den Teig schneiden.

Linke Seite:
Frisch ausgerollte Teigstreifen

Ausrollen mit der Maschine

Stellen Sie die Nudelmaschine auf, und decken Sie den übrigen Arbeitsbereich mit Küchentüchern ab.

Teilen Sie den Teig in gleiche Portionen. Während Sie die erste verarbeiten, wickeln Sie den Rest ein, damit er nicht austrocknet.

Bestauben Sie den Teigballen leicht mit Mehl, und drücken Sie ihn flach. Stellen Sie die Walzen der Nudelmaschine auf den größten Abstand ein. Während Sie mit der einen Hand die Kurbel betätigen, halten Sie die andere vor die Maschine, um den heraustretenden Teigstreifen aufzunehmen. Die Handfläche weist nach oben, und der Daumen ist weit abgespreizt, so daß er die Teigplatte nicht beschädigen kann.

Der Teigstreifen wird nun flach auf die Arbeitsfläche gelegt und wie ein Briefbogen für einen länglichen Umschlag zweimal zusammengefaltet. Drücken Sie die Lagen mit den Händen zusammen, um Luftblasen zu entfernen. Falls der Teig noch klebt, mehlen Sie ihn von einer Seite leicht ein, bevor Sie ihn abermals bei größtem Rollenabstand auswalzen. Dieser Schritt des Faltens und Auswalzens wird drei- bis viermal wiederholt. Es verleiht dem Teig die richtige Konsistenz und ergibt Teigstreifen gleichmäßiger Stärke und Breite.

Nun stellen Sie den nächstkleineren Abstand ein, drehen den Teig wieder durch und fahren so fort, bis schließlich die gewünschte Teigstärke erreicht ist. Genaue Walzeneinstellungen lassen sich nicht angeben, da sie von Hersteller zu Hersteller variieren. Falls der Teig beim Auswalzen anklebt, bestauben Sie ihn einfach wieder fein mit Mehl.

Die fertigen Teigstreifen breiten Sie auf die Küchentücher, bis auch die übrigen Portionen verarbeitet sind. Bei Platzmangel dürfen sie ruhig über die Kante hängen.

DAS SCHNEIDEN

Das Schneiden frischer Pasta ist denkbar einfach. Zuvor läßt man die Teigblätter je nach Luftfeuchtigkeit 10–30 Minuten antrocknen, sie müssen jedoch noch weich und biegsam sein. Die geschnittenen Nudeln können sogleich zubereitet oder auch aufbewahrt werden (siehe Seite 56).

Schneiden von Hand

Auf der sauberen Arbeitsfläche rollen Sie mit beiden Händen die Teigblätter zu Zylindern von etwa 7,5 cm Durchmesser auf. Falls der Teig noch klebt, bestauben Sie ihn leicht mit Mehl, damit die aufgerollten Lagen nicht zusammenkleben.

Nun schneiden Sie jede Rolle mit einem scharfen Messer und ohne Druck in Streifen der erforderlichen Breite: für *pappardelle* 3 cm, für *tagliatelle* und *fettuccine* 1 cm und für *tagliolini*, auch als *taglierini* bekannt, 2–3 mm. Nehmen Sie jeweils ein paar Nudeln auf, rollen Sie sie zu lockeren Nestern von etwa 7,5 cm Durchmesser zusammen, und lassen Sie die Nester auf einem leicht bemehlten Tuch trocknen.

Für *Lasagne*blätter wird der Teig nicht aufgerollt, sondern in 10 cm große Quadrate geschnitten.

Für *quadrucci*, diese kleinen quadratischen Teigflecken, die man als Suppeneinlage verwendet, schneiden Sie 1 mm dicke Teigblätter zunächst in 1 cm breite Streifen, legen diese aufeinander und schneiden davon wiederum 1 cm lange Stücke ab.

Schneiden mit der Maschine

Alle Nudelmaschinen sind zumindest mit zwei Walzen, je einer für Tagliatelle und Tagliolini, ausgestattet. Manche verfügen zusätzlich über Vorsteckwalzen für Spaghetti, Ravioli und weitere Formen. Drehen Sie die auf 1 mm Stärke ausgewalzten Teigstreifen durch die entsprechend bestückte Maschine, und lassen Sie die fertigen Nudeln auf einem bemehlten Tuch trocknen.

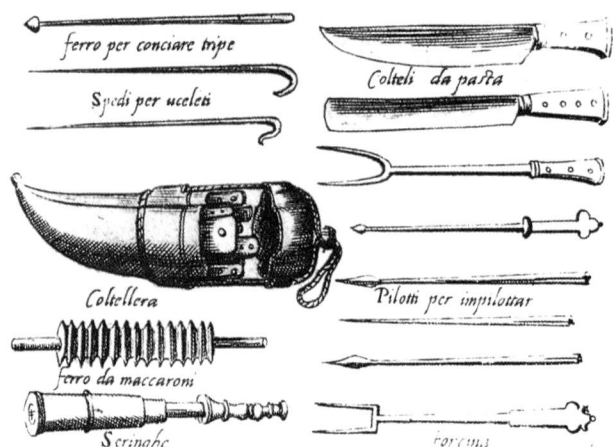

DAS FORMEN

Agnolotti, Ravioli, Tortelli

Diese drei Namen sind in verschiedenen Regionen für gefüllte Pasta gebräuchlich, die von Fall zu Fall quadratisch, rund oder auch halbmondförmig sein kann.

Der Teig hierfür sollte ½ mm dünn ausgerollt sein. Man schneidet ihn in 5 cm breite Streifen, auf die man in Abständen von etwa 5 cm jeweils einen kleinen Löffel der Füllung gibt. Die Teigstreifen am Rand und zwischen den Füllungen mit einem benetzten Backpinsel anfeuchten. Jeweils einen Teigstreifen darauflegen und beide Lagen rings um die einzelnen Füllungen mit der Fingerspitze zusammendrücken. Mit einem Teigrädchen Quadrate ausschneiden oder mit einem runden Ausstecher Kreise ausstechen.

Tortelloni, Cappellacci

Sie werden wie die vorherigen Formen hergestellt, sind allerdings größer: Die Streifen sind etwa 7,5 cm breit, die Abstände zwischen den Füllungen betragen entsprechend 7,5 cm. Die Quadrate für Tortelloni haben also eine Kantenlänge von 7,5 cm, die Kreise für Cappellacci 7,5 cm Durchmesser.

Cannelloni

Während die getrockneten Cannelloni geschlossene Röhren sind, wird die frische Pastaform zusammengerollt. Cannelloni werden meist mit einer Béchamel- oder einer anderen Sauce überbacken. Den ausgerollten Teig in etwa 9 cm große Quadrate schneiden. In Salzwasser kochen, abgießen und in eine Schüssel mit kaltem Wasser geben, um den Garvorgang zu stoppen. Erneut abgießen und auf einem Tuch trocknen lassen. Die Füllung auf den Blättern verteilen und diese zusammenrollen. Nebeneinander in eine gefettete Gratinform legen und mit einer Sauce nach Wahl überziehen. Etwa 20 Minuten bei 180 °C (Gas Stufe 4) backen.

Anolini, Cappelletti, Tortellini

All diese Formen ließen sich als umgebogene Ravioli beschreiben. Sie werden aus kreisförmigen oder quadratischen Teigstücken hergestellt. Die Kreise nehmen nach dem Zusammenlegen und Umbiegen eine Ringform an, was sich im italienischen Wort »anolini« ausdrückt; die Quadrate erhalten die Gestalt von Hütchen, auf italienisch »cappelletti«. Für Anolini aus dem ausgerollten Teig 3 cm große Kreise ausstechen. Etwas Füllung daraufgeben, die Teigränder mit Wasser befeuchten, die Stücke zur Hälfte zusammenlegen und die Ränder zusammendrücken. Mit der geraden Kante an die Spitze des Zeigefingers anlegen, vorsichtig darumbiegen und die Enden zusammendrücken.

Cappelletti werden genauso hergestellt, jedoch aus 3 cm großen Quadraten, die zu einem Dreieck gefaltet und um den Zeigefinger gebogen werden.

Pizzoccheri
Frische Buchweizennudeln

Diese Spezialität aus dem Veltlin, einem Tal am Nordende des Comer Sees, wird aus einer Mischung aus Buchweizen- und Weizenmehl hergestellt.

Für 4 Personen; ergibt etwa 360 Gramm

120 g Weizenmehl
120 g Buchweizenmehl
1 Ei, Gewichtsklasse 3
60 ml Milch

Beide Mehlsorten in einer Schüssel vermischen. In die Mitte eine Mulde drücken und das Ei mit der Milch hineingeben. Alles zu einem glatten Teig verarbeiten, wie auf Seite 47 und 51 beschrieben. Den Teig dünn ausrollen und in kurze, etwa 1 cm breite Streifen schneiden.

Pici
Frische Pici

Die Nudelspezialität aus der Toskana und Umbrien erinnert an dicke Spaghetti.

Für 4 Personen; ergibt etwa 360 Gramm

120 g Hartweizengrieß
120 g Weizenmehl

Grieß und Mehl in eine Schüssel häufen und in die Mitte eine Mulde drücken. Weiter nach der Anleitung für Orecchiette (rechte Seite) vorgehen und dabei etwa 120 ml Wasser hinzufügen.

Aus dem fertigen Teig Rollen von knapp 3 mm Durchmesser und 30 cm Länge formen.

Orecchiette

Frische Orecchiette

Der Name dieser Pastaspezialität aus Apulien lautet übersetzt »Öhrchen«. Bei ein wenig Übung ist das Formen eine ganz einfache, schnelle Angelegenheit, die sich im Ergebnis lohnt. Den Hartweizengrieß bekommen Sie in italienischen Lebensmittelgeschäften und manchen gutsortierten Supermärkten.

Für 4 Personen; ergibt etwa 360 Gramm

120 g Hartweizengrieß
120 g Weizenmehl

Grieß und Mehl in eine Schüssel geben und in die Mitte eine Mulde drücken. Etwas Wasser hineingeben und mit kreisförmigen Bewegungen einrühren. Immer wieder ein wenig Wasser hinzufügen und weiterrühren, bis man einen Teig erhält, der weder zu feucht noch zu trocken ist. Die benötigte Wassermenge beträgt etwa 120 ml, hängt aber vom Klima und auch davon ab, wieviel das Mehl aufnimmt.

Den Teig auf eine Arbeitsfläche geben und kneten, bis er glatt und elastisch ist (siehe Seite 51). Lange Rollen von etwa 1 cm Durchmesser formen. Etwa 1 cm lange Stücke abschneiden und mit dem Daumen auf das Brett drücken, so daß kleine Schalenformen entstehen. In kochendem Salzwasser garen.

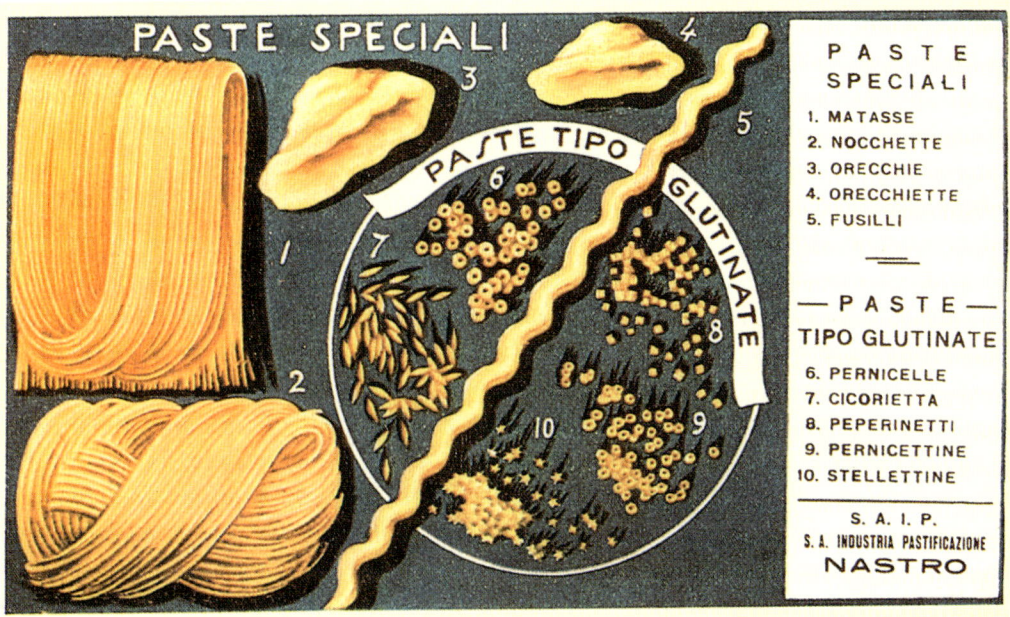

GEFÄRBTE PASTA

Abgesehen von grüner Pasta, die ihre Farbe von frischem Spinat erhält und auch danach schmeckt, spielen gefärbte Nudeln in Italien eine untergeordnete Rolle. Produkte, die etwa Räucherlachs oder Trüffeln enthalten, mögen hübsch aussehen, sind aber reine Geldverschwendung, da sich ihr Aroma im Kochwasser verliert.

Grüne Pasta Gehen Sie nach dem Rezept auf Seite 47 vor, wobei Sie jedoch zusätzlich 75 g frischen Spinat einarbeiten und nur ein Ei verwenden. Den Spinat in etwas Salzwasser kochen, abtropfen und abkühlen lassen, bis man sich nicht mehr die Finger verbrennt. So kräftig wie möglich ausdrücken und pürieren. Mit dem Ei verrühren, dann das Mehl hinzugeben. Alles gründlich vermengen und kneten, bis der Teig gleichmäßig gefärbt ist.

Weitere Anleitungen für klassische Variationen:

Schwarze Pasta Ersetzen Sie im Rezept auf Seite 47 ein Ei durch 70 ml Sepia-Tinte. Diese mit dem verbleibenden Ei verrühren, das Mehl einarbeiten.

Rote Pasta Ersetzen Sie im Rezept auf Seite 47 ein Ei durch 70 g gekochte und pürierte Rote Bete. Das Püree mit dem verbleibenden Ei verrühren und das Mehl einarbeiten.

Gelbe Pasta Eine Prise Safranfäden in 1 Teelöffel Wasser einweichen. Nach dem Rezept auf Seite 47 mit den Eiern verrühren, das Mehl einarbeiten.

FRISCHE PASTA AUFBEWAHREN

Um Schimmelbildung zu vermeiden, muß frische Pasta zunächst einen ganzen Tag auf einem Küchentuch trocknen. Bandnudeln werden gleich nach der Herstellung zu Nestern gerollt. So lassen sie sich leichter handhaben, denn getrocknet sind sie sehr zerbrechlich. Zur Aufbewahrung schichtet man die Nester lagenweise zwischen Küchenpapier auf ein Tablett. Mit einem Tuch abgedeckt, lassen sie sich so bis zu drei Monate lagern. Sobald man sie in kochendes Wasser gibt, werden die Nudeln wieder weich und geschmeidig und entwirren sich von selbst. Bandnudeln nicht im Kühlschrank aufbewahren, da sie zusammenkleben, sie lassen sich nach dem Trocknen aber gut einfrieren.

Gefüllte Pasta dagegen kann sowohl zwei bis drei Tage im Kühlschrank aufbewahrt als auch eingefroren werden. Man legt die Stücke, ohne daß sie sich berühren, auf ein Backblech und gibt sie in die Gefriertruhe. Sobald sie durch und durch gefroren sind, füllt man sie in Portionsbeutel. Fest verschlossen halten sie sich in der Gefriertruhe mindestens zwei Monate. Weder das Trocknen noch das Einfrieren beeinträchtigen Geschmack und Konsistenz der Pasta.

Gibt man sie im gefrorenen Zustand ins kochende Wasser, verlängert sich die Garzeit bei Bandnudeln um etwa 30 Sekunden und bei gefüllter Pasta um etwa 5 Minuten.

ALLGEMEINE EMPFEHLUNGEN

• Die Zeit ist bei der Herstellung frischer Pasta ein entscheidender Faktor. Wenn Sie langsam arbeiten, trocknet der Teig aus und ist sehr schwer zu verarbeiten. Er muß also möglichst zügig ausgerollt werden.

• Meiden Sie bei der Herstellung frischer Pasta die Nähe eines heißen Ofens oder Heizkörpers, der das Austrocknen zusätzlich beschleunigt.

• Falls Ihnen ein ausgerolltes Teigstück reißt, setzen Sie einen kleinen Flicken vom Rand auf den Riß und glätten die Stelle mit dem Rollholz. Wenn Sie mit der Nudelmaschine arbeiten, wird das Teigstück nochmals zusammengefaltet und durchgedreht.

• Eine Teigrolle aus Holz wird grundsätzlich nicht abgewaschen. Vielmehr schabt man Teigreste mit einem Messer vorsichtig herunter, bürstet die Rolle ab und bewahrt sie hängend auf, damit sie sich nicht verzieht. Falls das Holz stark austrocknet, reiben Sie mit einem Tuch ein wenig Pflanzenöl ein und nehmen den Überschuß mit Küchenpapier wieder ab.

• Auch eine Nudelmaschine sollte niemals mit Wasser in Berührung kommen. Mehl- und Teigreste entfernt man bei maximalem Walzenabstand mit einem Backpinsel, danach wischt man die Maschine mit einem leicht feuchten Tuch ab und verstaut sie schließlich wieder im Karton. Wenn sie das nächste Mal zum Einsatz kommt, entfernt man etwaigen Staub, indem man vorab eine kleine Teigmenge durchdreht und diese anschließend wegwirft.

GRUNDSAUCEN

Der Begriff »Grundsaucen« ist hier auf zweierlei Art zu verstehen.
Die erste Kategorie bilden die Basiszubereitungen wie die
Béchamelsauce und die Tomatensauce, die, ob roh oder gekocht,
die Ausgangsbasis für zahlreiche Variationen bilden, abgewandelt
durch Hinzufügen verschiedenster anderer Zutaten wie Fleisch,
Fisch, Gemüse und Kräuter. Auch eine Käsesauce läßt sich auf der
Basis einer Béchamel zubereiten. Die zweite Kategorie, beispielsweise
die Fleisch-, Fisch- und Gemüsesaucen, verdient diese Bezeichnung,
weil sie Klassiker enthält, die Teil eines Grundrepertoires sind,
das jeder Pastaliebhaber beherrschen sollte.

Von Region zu Region variieren diese Grundsaucen. In Bologna beispielsweise bereitet man ein üppiges *ragù* aus gehacktem Kalbfleisch, das in Butter gebraten und zuletzt mit einem Löffel Sahne verfeinert wird. Dagegen verwenden die Toskaner für ihre Fleischsauce Rinderlende, Olivenöl und mitunter, zusätzlich zu dem üblichen würzigen Gemüse, einige getrocknete Steinpilze. Das bekannte neapolitanische *ragù* schließlich basiert oft auf Schweinefleisch, das traditionsgemäß in Schmalz angebraten wird.

Der absolute Klassiker unter allen Pastasaucen ist die Tomatensauce. Lange herrschte allgemein die irrige Annahme, allein ein wenig Tomatensauce verleihe einem Gericht eine Note *all'italiana*. In jüngerer Zeit kam es zu einer Gegenreaktion: Ein Gericht, das auch nur den Hauch von Tomatensauce verriet, schien geradezu vulgär.

Gewiß, Pasta läßt sich auf hunderterlei köstliche Arten zubereiten. Mit einer Sauce aus aromatischen Tomaten aber, geschmacklich abgerundet durch Gemüse und Kräuter, schmeckt sie beinahe unübertroffen gut. Wenn Sie die beiden Tomatensaucen, die ich nachfolgend vorstelle, beherrschen, kommen Ideen für Variationen mit weiteren würzenden Zutaten von selbst.

Mehr als einmal ist mir außerhalb Italiens auf Speisekarten ein Pastagericht mit Tomatensauce aufgefallen, das unter dem Namen *alla marinara*, übersetzt »auf Seemannsart«, angeboten wurde – fälschlicherweise. Denn in Italien bezeichnet dieser Name eine Pastasauce auf der Basis von Olivenöl und Knoblauch, manchmal mit Chilischoten feurig gewürzt. Tomaten haben darin nichts zu suchen. Als die Sauce seinerzeit erfunden wurde, hatten die Seeleute keine Tomaten an Bord, auch nicht in Dosen, die erst Anfang dieses Jahrhunderts allgemein verfügbar wurden.

Die meisten italienischen Saucen werden mit Olivenöl zubereitet. Es sollte stets von guter Qualität sein. Wer an dem unvergleichlichen Olivenöl aus erster Pressung einmal Geschmack gefunden hat, erkennt schlechte Qualität sofort. Auch durch noch so langes Kochen oder intensives Würzen läßt sie sich nicht kaschieren.

Ragù di carne

Fleischsauce

In Italien gibt es etwa so viele verschiedene Fleischsaucen wie Herde, auf denen sie zubereitet werden. Die Fleischsorte wie auch Kräuter, Gewürze und andere aromatische Zutaten werden je nach überliefertem Familienrezept oder persönlicher Vorliebe mannigfach abgewandelt, von den regionalen Variationen einmal ganz abgesehen. Das nachfolgende Grundrezept entstammt der Bologneser Küche.

Traditionsgemäß werden Fleischsaucen mit frischer Pasta kombiniert, wobei man sie heute jedoch, wie viele andere Saucen auch, immer häufiger mit getrockneter Pasta bekommt. Entscheidend für das Gelingen ist, daß das Fleisch nicht vor dem Braten gehackt wird, da es sonst klumpt. Die zweite wichtige Regel besagt: Je länger die Kochzeit, desto schmackhafter die Sauce.

Die Sauce hält sich im Kühlschrank etwa 24 Stunden und tiefgefroren bis zu 3 Monate.

Ergibt knapp 1 Liter

1 Handvoll getrocknete Steinpilze
4 EL Butter
2 EL feingehackte Zwiebel
60 g Pancetta (ungeräucherter Bauchspeck),
klein gewürfelt
2 EL feingehackte glatte Petersilie
2 EL feingehackte Möhre
2 EL feingehackter Bleichsellerie
1 Lorbeerblatt
300 g Rindfleisch zum Schmoren,
in 2,5 cm große Würfel geschnitten
300 g Kalbfleisch zum Schmoren,
in 2,5 cm große Würfel geschnitten
300 g Schweinefleisch zum Schmoren,
in 2,5 cm große Würfel geschnitten
120 ml guter Rotwein
300 g sehr reife Tomaten, enthäutet und gehackt,
ersatzweise Dosentomaten mit dem Saft
Salz
Frisch gemahlener Pfeffer

Die Pilze etwa 30 Minuten in Wasser einweichen, abgießen, dabei das Wasser auffangen und durchseihen. Die Pilze ausdrücken, fein hacken und beiseite stellen.

Die Butter in einem schweren Topf bei niedriger Temperatur zerlassen. Zwiebel und Speck unter gelegentlichem Rühren etwa 3 Minuten braten, bis die Zwiebel glasig wird. Petersilie, Möhre, Sellerie und Lorbeerblatt hinzufügen und alles weitere 2 Minuten braten.

Die Fleischwürfel in den Topf geben und bei mittlerer Temperatur anbräunen, dabei gelegentlich rühren. Das Fleisch herausnehmen, fein hacken und zurück in den Topf geben.

Den Rotwein angießen, köcheln und verdampfen lassen. Die Tomaten mit den Pilzen in den Topf geben, salzen, pfeffern und durchmischen. Einen Deckel auflegen und die Sauce auf kleinster Stufe etwa 3 Stunden leise köcheln lassen. Es sollte zuletzt keine überschüssige Flüssigkeit mehr im Topf sein. Bei Bedarf von Zeit zu Zeit etwas Wasser hinzufügen.

Salsa di pomodoro a crudo

Rohe Tomatensauce

Eine typische Sauce für den Hochsommer, wenn der Markt sonnengereifte, vollaromatische Tomaten bietet. Am besten entfaltet sich ihr herrlicher Geschmack, wenn man sie mit frisch gekochten und gut abgetropften Spaghetti vermischt und das Ganze auf Zimmertemperatur abkühlen läßt. Die Hitze der Pasta verstärkt noch das Aroma. Frische Kräuter runden die Sauce köstlich ab. Besonders beliebt ist Basilikum, doch eignen sich auch glatte Petersilie sowie frischer Oregano, Thymian oder Majoran, ja sogar frisches Koriandergrün (Cilantro).

Ergibt etwa $^3/_4$ Liter

900 g sehr reife Eiertomaten
4 EL natives Olivenöl extra
2 EL gehacktes frisches Basilikum oder ein anderes
Kraut (siehe Rezepteinleitung)
Salz
Frisch gemahlener Pfeffer

Die Tomaten 1 Minute in kochendem Wasser blanchieren, kalt abschrecken und enthäuten; halbieren, Samen entfernen und das Fruchtfleisch würfeln. Mit dem Olivenöl, dem Kraut sowie Salz und Pfeffer in einer Schüssel vermischen. Über frisch gekochte und gründlich abgetropfte Nudeln verteilen und sofort servieren.

Wenn Sie die Sauce einige Stunden im voraus zubereiten und einstweilen kalt stellen, geben Sie das Kraut erst vor dem Anrichten dazu und lassen die Sauce Raumtemperatur annehmen.

Rechte Seite: Fleischsauce

Salsa di pesce
Fischsauce

Diese Sauce serviere ich gern zu langen Nudeln, wie etwa Spaghetti, Bucatini oder Linguine. Sie gelingt mit den meisten Fischarten, sofern sie nicht zu fett sind. Vor allem Kabeljau paßt geschmacklich und von der Konsistenz vorzüglich. Ebenso können Sie Rotbrassen oder Pompano verwenden.

Ergibt etwa ½ Liter

120 ml natives Olivenöl extra
1 kleine Zwiebel, gehackt
900 g Kabeljau oder anderer Fisch (siehe Rezepteinleitung),
enthäutet und in größere Stücke geschnitten
2 Lorbeerblätter
1 EL gehackte glatte Petersilie
Salz

Das Öl in einer Pfanne erhitzen. Die Zwiebel unter häufigem Rühren etwa 3 Minuten glasig anschwitzen. Den Fisch mit den Lorbeerblättern dazugeben und etwa 10 Minuten braten, bis er zart gebräunt ist, dabei mehrmals durchmischen. Die Lorbeerblätter entfernen. Die Petersilie, Salz und knapp ½ l Wasser hinzufügen. Den Fisch zugedeckt bei niedriger Temperatur etwa 30 Minuten schmoren, dabei nach Bedarf weiteres Wasser angießen, damit er nicht austrocknet. Die Pfanne vom Herd nehmen, den Fisch etwas abkühlen lassen und sorgfältig entgräten. Fisch und Zwiebel über einem Topf durch ein Passiergerät streichen. So viel von dem Schmorfond hinzufügen, daß man eine nicht zu dicke Sauce erhält. Die Sauce nochmals erhitzen und mit der frisch gekochten, gut abgetropften Pasta gründlich vermischen.

Salsa di verdura
Gemüsesauce

Aufgrund ihres frischen Aromas erfreut sich diese nur kurz gegarte und pürierte Sauce zunehmender Beliebtheit. Sie läßt sich ganzjährig mit dem zubereiten, was der Markt an schmackhaftem Gemüse bereithält: im Sommer beispielsweise Zucchini, Tomaten, Paprikaschoten und grüne Bohnen, im Herbst und Winter Fenchel, Artischocken, Brokkoli und Speiserüben und im Frühjahr dicke Bohnen und Erbsen. Paprikaschoten, Tomaten, dicke Bohnen und Gemüseknollen müssen vorher enthäutet beziehungsweise geschält werden.

Ergibt etwa ½ Liter

250 g Gemüse nach Wahl (bei Artischocken die Menge wegen
des beträchtlichen Abfalls verdoppeln)
120 ml natives Olivenöl extra
Salz und frisch gemahlener Pfeffer

Das Gemüse sorgfältig waschen, je nach Art putzen und zerkleinern.

Die Hälfte des Öls in einer großen Pfanne bei mittlerer Temperatur erhitzen. Das Gemüse etwa 5 Minuten darin dünsten, bis es eben gar ist, salzen und pfeffern.

In den Mixer füllen und cremig pürieren, dabei das restliche Öl und etwa 120 ml des Pastakochwassers hinzufügen. Die Sauce nochmals erhitzen und mit den gut abgetropften Nudeln vermischen.

Selbst im Kühlschrank läßt sich die Sauce nur einige Stunden aufbewahren.

Pesto alla genovese
Basilikumsauce

Nur frisch zubereiteter Pesto behält, wenn man ihn mit den heißen Nudeln vermischt, seine appetitliche grüne Farbe. Schon einige Tage im Kühlschrank lassen ihn dunkel anlaufen. Da er im Nu gemacht ist, sollte man ihn also stets frisch servieren. Die verwendeten Basilikumblätter sollten weder zu groß noch zu klein und natürlich topfrisch sein. In Ligurien, der Heimat dieser Spezialität, verarbeitet man hierfür nur die Blätter von höchstens 10 cm großen Pflanzen. So erhält der Pesto hier sein unvergleichliches Aroma.

Ergibt etwa 180 Milliliter (ohne Wasser)

3 EL Pinienkerne, 2 Knoblauchzehen
60 g frische Basilikumblätter, grob geschnitten
3 EL frisch geriebener Parmesan
2 EL frisch geriebener Pecorino (Romano)
120 ml natives Olivenöl extra
Salz

Die Pinienkerne und den Knoblauch im Mörser kräftig zerstoßen. Die Basilikumblätter dazugeben und fein zerreiben. Den Käse nach und nach untermischen. Das Olivenöl in dünnem Strahl einlaufen lassen und gründlich unterrühren. Bei Bedarf (hängt vom Käse ab) salzen. – Dies ist die Originalzubereitung. Der Pesto kann aber auch im Mixer hergestellt werden. Bei Bedarf bis zu 250 ml des Pastakochwassers untermixen, um eine dünnere Sauce zu erhalten.

Rechte Seite: Basilikumsauce

Battuto di verdure

Frühlingssauce

Diese Sauce hat sich aus dem italienischen *soffritto* entwickelt. Hierbei handelt es sich um eine Mischung aus feingehacktem Gemüse wie Möhren, Zwiebeln und Sellerie und dazu Petersilie, die je nach Region in Olivenöl, Butter oder beidem gebraten wird. *Soffritto* ist die Grundlage vieler italienischer Saucen. In dieser Variante als Pastasauce können die Gemüsesorten beliebig abgewandelt werden. Die Frühlingssauce, wie sie außerhalb Italiens heißt, paßt gut zu kurzen Nudeln wie Farfalle, Conchiglie, Penne oder Rigatoni, schmeckt aber auch vorzüglich mit Bandnudeln. Nach Landessitte wird kein Käse darübergestreut.

Ergibt etwa $^1/_2$ Liter

2 EL Butter
120 ml natives Olivenöl extra
1 kleiner Zucchino, gewürfelt
1 Möhre, gewürfelt
4 Spargelstangen, gewürfelt
1 Handvoll zarte grüne Bohnen, 5 Minuten blanchiert und
in kurze Stücke geschnitten
75 g ausgepalte sehr feine Erbsen
1 große, sehr reife Tomate, enthäutet, Samen entfernt
und gewürfelt
1 EL gehackte glatte Petersilie
Salz

Die Butter mit der Hälfte des Öls in einer großen Pfanne bei niedriger Temperatur zerlassen. Das gesamte Gemüse außer der Tomate darin unter häufigem Rühren etwa 5 Minuten dünsten. Die frisch gekochte und gut abgetropfte Pasta mit der Tomate und der Petersilie hinzufügen und alles zusammen weitere 2 Minuten garen. Das restliche Öl gründlich untermischen. Die Sauce mit Salz abschmecken und sehr heiß servieren.

Salsa besciamella

Béchamelsauce

Schon in Rezeptsammlungen aus dem 13. Jahrhundert wie »Anonimo Toscano« oder »Anonimo Veneziano«, verfaßt also von einem Anonymus aus der Toskana beziehungsweise Venedig, begegnet man dieser Sauce unter der Bezeichnung *balsamella*. Bedenkt man weiterhin, daß es zu jener Zeit in Frankreich nicht einmal Kochbücher gab, scheint der Anspruch auf die Urheberschaft für diese Sauce durch die französische Gastronomie null und nichtig! Etwas frisch geriebener Parmesan, zuletzt in die Sauce gerührt, verleiht ihr eine besondere Note. Man kann Béchamelsauce auch mit fettarmer Milch zubereiten.

Ergibt etwa $^1/_2$ Liter

30 g Butter
4 EL Mehl
$^1/_2$ l Milch
Salz

Die Butter in einem schweren Topf bei mittlerer Temperatur zerlassen. Das Mehl unter ständigem Rühren mit einem Holzlöffel anschwitzen, bis es sich mit der Butter zu einer geschmeidigen Paste verbindet. Nach und nach die Milch hinzugießen und dabei ständig rühren, bis sie jeweils ganz aufgenommen ist. Wenn die gesamte Milch eingerührt ist, die Sauce nach Geschmack salzen und, falls sie nicht gleich verwendet wird, mit Klarsichtfolie abdecken, damit sich keine Haut bildet.

Béchamelsauce läßt sich einige Stunden im Kühlschrank aufbewahren, wobei sie jedoch leicht eindickt. In dem Fall verdünnt man sie vor dem erneuten Aufwärmen mit etwas Milch. Sie ist die Basissauce für zahlreiche Variationen.

Rechte Seite: Frühlingssauce, angerichtet mit Farfalle

Salsa di pomodoro cotta

Gekochte Tomatensauce

Es kursieren zahlreiche Variationen dieser Sauce, wobei ich die hier vorgestellte am häufigsten zubereite. Meist verwendet man in Italien dafür Dosentomaten, da es nur im Sommer wirklich aromatische frische Tomaten zu kaufen gibt. Allerdings muß man auch bei einer Konserve darauf achten, daß die Tomaten schön und wirklich schmackhaft sind und in dickem Saft liegen.

Ergibt etwa ½ Liter

1 EL gehackte Zwiebel
2 Knoblauchzehen, gehackt
1 EL gehackte glatte Petersilie
4 EL natives Olivenöl extra
900 g gehackte Dosentomaten mit dem Saft oder
frische Tomaten, enthäutet und gehackt
Salz und frisch gemahlener Pfeffer

Zwiebel, Knoblauch und Petersilie in einem schweren Topf bei niedriger Temperatur vermischen. Das Öl einrühren und in etwa 3 Minuten die Zwiebeln glasig schwitzen. Die Tomaten einrühren.

Einen Deckel halb auflegen und die Sauce köcheln lassen, bis die gesamte Flüssigkeit verdampft und die Mischung eingedickt ist. Mit Salz und Pfeffer abschmecken.

Im Kühlschrank hält sie sich mehrere Tage.

Salsa all'Alfredo

Sauce nach Art von Alfredo

Der Name dieser Sauce leitet sich von dem bekannten römischen Restaurant »Alfredo alla Scrofa« ab, in dem sie erfunden und in Kombination mit Fettuccine berühmt wurde. Das Mischen von Sauce und Pasta wurde dort mit einer goldenen Gabel und einem goldenen Löffel zelebriert. Exzellent schmeckt die *salsa all'Alfredo* auch zu Lasagne oder Ravioli oder einfach vermischt mit Röhrennudeln wie Penne oder Rigatoni.

Ergibt etwa ¼ Liter

¼ l Sahne
2 EL Butter
120 g Parmesan, frisch gerieben
Salz und frisch gemahlener Pfeffer

Die Sahne mit der Butter in einem Topf bei niedriger Temperatur einige Minuten köcheln lassen.

Den Topf vom Herd ziehen. Die Hälfte des Parmesan einrühren und die Sauce nach Geschmack salzen und pfeffern. Mit frisch gekochter und gut abgetropfter Pasta vermischen, mit dem restlichen Parmesan bestreuen und sofort servieren.

Diese Sauce ist dem berühmten Rezept Fettuccine all'Alfredo nachempfunden. Im Original wird niemals Sahne verwendet. Die Pasta wird in einer Schüssel angerichtet, die weiche Butter und der Käse werden dazugegeben und unter beständigem Wenden in der Pasta geschmolzen. Bei Bedarf kann ein wenig Nudelwasser zugefügt werden. Alfredo zelebrierte diesen Vorgang vor dem Gast.

Salsa aglio, olio e peperoncino

Feurige Öl-Knoblauch-Sauce

Ursprünglich stammt dieser Klassiker unter den Spaghettisaucen aus Neapel. Er gelingt eigentlich immer, nur darf der Knoblauch nicht verbrennen, da er sonst bitter wird – er soll zart goldgelb sein.

Zur Abwechslung kann man einige Sardellenfilets oder auch Sardellen und Fenchelsamen hinzufügen. Doch ist meine Devise in diesem Fall: je einfacher, desto besser. Beginnen Sie mit der Zubereitung der Sauce erst 3 Minuten vor dem Abgießen der Pasta.

Ergibt etwa ¼ Liter

¼ l natives Olivenöl extra
8 Knoblauchzehen, fein gehackt
1 kleine, scharfe Pfefferschote, zerstoßen

Öl, Knoblauch und Pfefferschote in eine große Pfanne geben. Bei mittlerer Temperatur etwa 3 Minuten erhitzen, bis der Knoblauch leicht Farbe annimmt. Sogleich die frisch abgegossene Pasta und dann eine Schöpfkelle des Kochwassers hinzufügen. Alles zusammen 2 Minuten ziehen lassen und servieren.

Rechte Seite: Gekochte Tomatensauce

BASISREZEPTE

Es gibt einige wenige Basiszubereitungen, die in den Rezepten dieses Buches als Zutat vorausgesetzt werden. Natürlich gibt es heute als Ersatz für eine frisch gekochte Brühe und für Teige eine Auswahl an Fertigprodukten. Sie sollten aber nur im äußersten Notfall darauf zurückgreifen, denn gerade die aus frischen Zutaten selbstgekochten Brühen sind in Geschmack und Qualität nicht zu überbieten.

Brodo di carne o pollo

Fleisch- oder Hühnerbrühe

Von Fall zu Fall bereite ich eine Fleischbrühe oder eine Hühnerbrühe zu, und oft kombiniere ich beide Fleischsorten in einer Brühe, die sich als Grundlage für beinahe jede Suppe eignet. Für eine Kalbsbrühe ersetzen Sie das Rindfleisch durch Schmorfleisch vom Kalb.

Ergibt knapp 2 Liter

900 g Rindfleisch (Kamm oder Querrippe) oder 1 Suppenhuhn, alternativ auch 450 g Rindfleisch und $\frac{1}{2}$ Suppenhuhn
1 Zwiebel, in große Stücke geschnitten
1 Stange Lauch, in große Stücke geschnitten
1 Möhre, in große Stücke geschnitten
1 Stange Bleichsellerie, in große Stücke geschnitten
1 Handvoll glatte Petersilie
1 Lorbeerblatt
Salz

Alle Zutaten in einen großen Topf füllen, 2½ l Wasser zugießen, langsam zum Kochen bringen und nach Bedarf abschäumen. Die Temperatur herunterschalten, den Deckel nur halb auflegen und alles etwa 2 Stunden köcheln lassen, zwischendurch immer wieder abschäumen. Das Fleisch herausnehmen und beiseite legen – es kann noch anderweitig verwendet werden. Die Brühe über einer großen Schüssel durch ein sehr feines Sieb gießen. Mit Salz abschmecken und abkühlen lassen. Die Brühe zugedeckt kalt stellen. Das Fett abnehmen, sobald es an der Oberfläche erstarrt ist.

Im Kühlschrank hält sich die Brühe bis zu 24 Stunden. Für eine längere Aufbewahrung frieren Sie sie ein.

Brodo vegetale

Gemüsebrühe

Bisweilen verwende ich als Suppengrundlage eine Hühner- oder Fleischbrühe, oft aber ziehe ich eine Gemüsebrühe vor. Dafür können Sie beinahe jedes Gemüse verwenden. Allerdings sind Sorten mit kräftigem Geschmack wie Kohl zu vermeiden oder zumindest sparsam zu dosieren, da sie sonst alle übrigen Aromen übertönen.

Ergibt etwa 1,2 Liter

2 Möhren, geschabt
1 große Zwiebel
2 kleine Zucchini
2 Stangen Bleichsellerie, gründlich gewaschen
1 Stange Lauch, längs halbiert und gründlich gewaschen
1 Fenchelknolle, längs halbiert und gründlich gewaschen
1 Handvoll glatte Petersilie
2 Lorbeerblätter
Salz

Gemüse, Petersilie, Lorbeerblätter und 1,5 l Wasser in einen großen Topf füllen, langsam zum Kochen bringen und nach Bedarf abschäumen. Bei niedriger Temperatur im halb verschlossenen Topf etwa 1 Stunde köcheln lassen. Die Brühe nach Geschmack salzen und durch ein Sieb abgießen. Abkühlen lassen und zugedeckt bis zur Verwendung kalt stellen.

Im Kühlschrank hält sich die Brühe nur einen Tag, doch läßt sie sich gut einfrieren.

Pangrattato fritto

Geröstete Semmelbrösel

In Süditalien streut man sie oft anstelle von Parmesan, der ja eigentlich aus dem Norden des Landes stammt, über Nudelgerichte oder gibt sie auch über Fischgerichte, die sich nicht mit Käse vertragen. Nach diesem Rezept zubereitet, lassen sie sich bei Zimmertemperatur gut bis zu einer Woche aufbewahren. Im Kühlschrank werden sie dagegen schnell weich. Die Semmelbrösel können Sie nach Belieben fertig kaufen oder auch mühelos selbst herstellen.

Ergibt etwa 180 Gramm

1 EL natives Olivenöl extra
150 g getrocknete feine Semmelbrösel
1 Sardellenfilet in Öl oder Salzlake,
abgetropft und gehackt
1 Knoblauchzehe, sehr fein gehackt

Das Öl in einem Topf bei mittlerer Temperatur erhitzen. Die Semmelbrösel mit dem Sardellenfilet und dem Knoblauch unter ständigem Rühren etwa 5 Minuten darin goldgelb braten. Sie dürfen nicht zu dunkel werden, sonst schmecken sie bitter.

Pasta sfoglia

Blätterteig

Es ist entscheidend, daß der Teig und die Buttermischung die gleiche Konsistenz und Temperatur besitzen, andernfalls zerreißt die Butter den Teig beim Ausrollen. Die angegebene Wassermenge ist nur ein Richtwert, da sie letztlich davon abhängt, wieviel Flüssigkeit das Mehl in der jeweiligen Raumtemperatur aufnimmt.

Ergibt etwa 450 Gramm

180 g Mehl
6 EL eiskaltes Wasser
Salz
180 g Butter, zimmerwarm

Ein Fünftel des Mehls beiseite stellen. Den Rest auf die Arbeitsfläche häufen und in die Mitte eine Mulde drücken. Zunächst 3 Eßlöffel von dem eiskalten Wasser mit einer Prise Salz hineingeben und mit den Fingerspitzen zu groben Krümeln verarbeiten. Das restliche eiskalte Wasser einarbeiten und kneten, bis ein glatter, elastischer Teig entsteht. Zu einer Kugel formen, in Klarsichtfolie einwickeln und mindestens 1 Stunde kalt stellen.

Die weiche Butter mit den Fingern in das restliche Mehl einarbeiten, bis die Mischung die gleiche Konsistenz wie der Teig hat. Zu einem 9 cm großen Quadrat formen.

Den Teig auf der leicht bemehlten Arbeitsfläche zu einem 18 cm großen Quadrat von etwa 1 cm Stärke ausrollen. Das Butterquadrat in die Mitte legen und die Teigecken darüberschlagen. Sie sollen das Butterstück einschließen, ohne daß sich die Teigkanten überlappen. Einwickeln und mindestens 20 Minuten kalt stellen.

Auswickeln. Auf der leicht bemehlten Arbeitsfläche zu einem Rechteck von etwa 30 × 20 cm ausrollen und von den schmalen Seiten aus zweimal zusammenlegen: das untere Drittel nach oben, das obere Drittel nach unten umlegen. Mit dem Rollholz locker zusammendrücken, wieder einwickeln und 20 Minuten kalt stellen. Damit ist die erste Tour beendet. Sie wird noch fünfmal wiederholt, wobei der Teig jedesmal um 90 Grad gedreht wird. Das Drehen und das Ausrollen erfolgen stets in der gleichen Richtung. Nach der sechsten Tour den Teig in der erforderlichen Größe ausrollen oder zugedeckt bis zur Verwendung kalt stellen.

Pasta frolla neutra

Auslegeteig

Ergibt etwa 350 g Teig,
ausreichend für eine Backform mit 20 cm Durchmesser

210 g Mehl
90 g Butter, gewürfelt
Salz
3 EL eiskaltes Wasser

Das Mehl in eine Küchenmaschine mit Schlagmesser geben. Die Butter und eine Prise Salz hinzufügen und alles zu einer krümeligen Mischung mixen. Das Wasser zugießen und weitermixen, bis sich der Teig um das Messer legt. Herausnehmen, zu einer Kugel formen, fest in Klarsichtfolie einschlagen und bis zur Verwendung mindestens 1 Stunde kalt stellen.

Abbildung Seite 68: Getrocknete Orecchiette

TEIL III

PASTA IN SUPPEN

Nudeln als Suppeneinlage sind auch hierzulande nicht völlig unbekannt, bei weitem aber nicht so populär wie in Italien. Dort unterscheidet man grundsätzlich zwischen *pastasciutta* und *pasta in brodo*. Der erste Begriff lautet übersetzt »trockene Pasta« und meint nicht etwa nur getrocknete Pasta, sondern jede Art von Nudeln, die mit einer Sauce angerichtet sind. Dagegen bezeichnet der zweite Begriff Nudeln, die in Brühe gekocht und somit »naß« sind. Zu den Gerichten dieser Kategorie zählen alle regionalen Variationen herzhafter Bohneneintöpfe mit Nudeln ebenso wie die *minestra,* eine leichte Fleischbrühe mit Nudeleinlage.

Sehr beliebt als Suppeneinlage ist *pastina.* Hinter diesem Namen verbergen sich verschiedene kleine bis kleinste Nudelformen, etwa *tubetti* (Röhren), *anellini* (Ringe), *quadrucci* (Quadrate), *stelline* (Sterne), *maccheroncini* (Mini-Maccheroni), *gramigna* (Gabelspaghetti), *tempestina* (winzige Zylinder) und, nicht zu vergessen, *alfabetini,* die Buchstaben, die zugleich den kindlichen Appetit und den Lerntrieb wecken sollen. Daneben werden auch besonders feine lange Nudeln wie *capelli d'angelo* (Engelshaar) und *taglierini* sowie gefüllte Pastaformen wie *cappelletti* und *tortellini* in Brühe gekocht. *Ditalini* schließlich, kurze, gerillte Röhren, sind die typische Einlage für *minestrone.*

Nudeln machen eine Suppe nicht nur nahrhafter, sie sehen auch ansprechend aus. *Pastasciutta* ist in Italien zum Abendessen unüblich, sieht man einmal von besonderen gebackenen Zubereitungen ab. Daher bereite ich für meine Familie wie für Gäste häufig eine Suppe aus Zutaten der Saison zu, die ich mit Pasta anreichere. Auch als erster Gang bei einem Mittagessen sind solche Suppen bestens geeignet.

Getrocknete Suppennudeln gibt es abgepackt zu kaufen. Mit Pasta aus eigener Herstellung (Seite 47) aber wird die einfachste Suppe zu einem kulinarischen Genuß. Außerdem bieten sie eine gute Gelegenheit, Teig, der bei der Zubereitung frischer Eiernudeln übriggeblieben ist, sinnvoll zu verwerten.

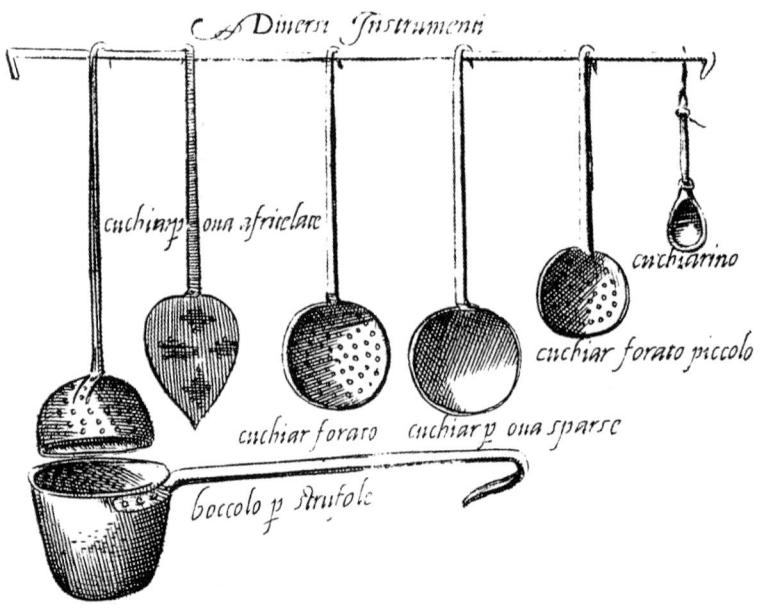

Minestra di ditalini e fave

Dicke-Bohnen-Suppe mit Ditalini

Junge, frische dicke Bohnen muß man nur aus den Hülsen lösen, ihre Haut ist noch ganz zart und muß nicht entfernt werden. Bei älteren und besonders großen Bohnenkernen ist das Enthäuten dagegen unumgänglich. Außerhalb der Saison können Sie getrocknete Bohnen verwenden, die Sie über Nacht in kaltem Wasser einweichen, am nächsten Tag abgießen, in einem Topf mit frischem Wasser bedecken und in 1½ Stunden gar kochen. Wieder abgießen und nach Rezept weiterverarbeiten.

Für 4 Personen

60 g Pancetta (ungeräucherter Bauchspeck),
in Scheiben geschnitten
1 große Zwiebel, in Scheiben geschnitten
200 g frische Dicke-Bohnen-Kerne,
ersatzweise 90 g getrocknete dicke Bohnen
2 große Eiertomaten, enthäutet und püriert
Salz und frisch gemahlener Pfeffer
200 g Ditalini
4 EL frisch geriebener Pecorino (Romano)
6 EL natives Olivenöl extra

Speck und Zwiebel in einem großen Topf bei niedriger Temperatur etwa 5 Minuten unter Rühren erhitzen, bis der Speck ausgebraten und die Zwiebel glasig ist. Die Temperatur auf die mittlere Stufe hochschalten. Bohnen, Tomatenpüree, Salz, Pfeffer und ein Glas Wasser zufügen und alles 5 Minuten köcheln lassen. 1¼ Liter Wasser aufgießen und zum Kochen bringen. Die Ditalini einstreuen und weiterkochen, bis die Nudeln *al dente* sind. Den Käse in die Suppe streuen und mit Pfeffer übermahlen. Die Suppe in einer vorgewärmten Terrine anrichten, mit dem Olivenöl beträufeln und sofort servieren.

Minestra di capelli d'angelo e frutti di mare

Muschelsuppe mit Capelli d'angelo

Dem betörenden Meeresduft dieser Spezialität aus Neapel kann man nicht widerstehen. Anstelle der Capelli d'angelo können Sie selbstgemachte Taglierini verwenden (wenn Sie den zusätzlichen Arbeitsaufwand nicht scheuen, bereiten Sie nach den Anleitungen auf den Seiten 47, 51 und 52 die halbe Menge frischen Nudelteig mit Ei zu). Aber diese Suppe schmeckt auch mit getrockneter Pasta ganz vorzüglich.

Für 4 Personen

1,8 kg frische Miesmuscheln und Venusmuscheln
zu gleichen Teilen
4 EL natives Olivenöl extra
2 Knoblauchzehen
4 reife Eiertomaten, enthäutet und püriert
120 ml trockener Weißwein
Salz und frisch gemahlener Pfeffer
200 g Capelli d'angelo
1 Handvoll glatte Petersilie, fein gehackt

Die Muscheln waschen und sorgfältig abbürsten. Offene beziehungsweise Exemplare, die bei Berührung geöffnet bleiben, aussortieren, sie könnten verdorben sein. Die Muscheln ablaufen lassen und in einem großen Topf bei hoher Temperatur zugedeckt erhitzen. Wenn sich nach etwa 5 Minuten die Schalen geöffnet haben, die Muscheln abtropfen lassen (den Sud auffangen) und auslösen; beiseite stellen. Ungeöffnete Muscheln nicht verwenden. Den Muschelsud durch ein feines Sieb gießen und beiseite stellen.

Das Öl in einem großen Topf bei niedriger Temperatur erhitzen. Den Knoblauch darin unter gelegentlichem Rühren etwa 5 Minuten braten, herausnehmen. Die pürierten Tomaten, den Muschelsud, den Wein und 1¼ Liter warmes Wasser hinzufügen, salzen, pfeffern und aufkochen lassen.

Die Pasta und die Muscheln zugeben und die Suppe noch etwa 3 Minuten kochen, bis die Nudeln *al dente* sind. Die Petersilie einstreuen und mit Pfeffer übermahlen. Die Suppe in einer vorgewärmten Terrine anrichten und sofort servieren.

Minestra di capelli d'angelo e cipolline

Hühnerbrühe mit Perlzwiebeln und Capelli d'angelo

Taglierini, sehr schmale Bandnudeln, sind eine gute Alternative zu Capelli d'angelo. Wenn Sie sie nicht bekommen, stellen Sie selbst nach dem Rezept auf Seite 47 die halbe Menge frischen Nudelteig mit Ei her, den Sie ausrollen und schneiden, wie auf den Seiten 51 und 52 beschrieben.

Für 4 Personen

450 g Perlzwiebeln
4 EL natives Olivenöl extra
1½ l Hühnerbrühe (Seite 66)
Salz
½ TL Chiliflocken
200 g Capelli d'angelo
4 EL frisch geriebener Pecorino (Romano)

Die Zwiebeln mit dem Öl in einen großen Topf füllen und bei niedriger Temperatur etwa 10 Minuten goldgelb anschwitzen, dabei gelegentlich rühren.

Die Brühe, Salz und die Chiliflocken zufügen und etwa 1 Stunde kochen.

Die Nudeln hineingeben und eben *al dente* kochen. Die Suppe mit dem Pecorino bestreuen, in einer vorgewärmten Terrine anrichten und sofort servieren.

Minestra d'ovoli

Gemüsebrühe mit Kaiserlingen und Capelli d'angelo

Weil Caesar diesen Pilz angeblich sehr schätzte, erhielt er seinen deutschen Namen, während die italienische Bezeichnung auf seine Eiform anspielt. Kaiserlinge *(Amanita caesaria)* sind eine seltene Delikatesse. Als Ersatz empfehlen sich am ehesten Steinpilze. Die Pilze nur mit einem trockenen Tuch abreiben, jedoch nicht waschen, sie werden sonst schlaff und verlieren ihr Aroma.

Für 4 Personen

4 EL natives Olivenöl extra
300 g Kaiserlinge (siehe Rezepteinleitung), geputzt und in feine Scheiben geschnitten
1¼ l Gemüsebrühe (Seite 66)
Abgeriebene Schale von ½ unbehandelten Zitrone
Salz und frisch gemahlener Pfeffer
200 g Capelli d'angelo
1 Handvoll glatte Petersilie, fein gehackt

Das Öl in einem großen Topf bei mittlerer Temperatur erhitzen und die Pilze darin etwa 3 Minuten unter gelegentlichem Rühren anbraten. Die Brühe mit der Zitronenschale zufügen, aufkochen lassen, salzen und pfeffern. Die Nudeln dazugeben und *al dente* kochen. Die Suppe mit der Petersilie bestreuen, in einer vorgewärmten Suppenschüssel anrichten und sofort servieren.

Minestra di capelli d'angelo e asparagi

Spargelsuppe mit Capelli d'angelo

Eier verleihen dieser Suppe eine samtige Konsistenz. Köstlich schmeckt sie auch mit Hühnerbrühe (Seite 66) anstelle von Wasser.

Für 4 Personen

900 g frischer grüner Spargel, gewaschen und die holzigen Enden entfernt
4 EL natives Olivenöl extra
Salz und frisch gemahlener Pfeffer
200 g Capelli d'angelo
2 Eier
Abgeriebene Schale von 1 unbehandelten Zitrone
4 EL frisch geriebener Pecorino (Romano)

Den Spargel etwa 5 Minuten in sehr wenig Salzwasser kochen, abgießen und gründlich abtropfen lassen.

Das Öl in einem großen Topf bei niedriger Temperatur erhitzen und den Spargel etwa 3 Minuten dünsten. Salzen, pfeffern und 1¼ Liter Wasser aufgießen. Aufwallen lassen, die Nudeln hineingeben und *al dente* kochen.

Unterdessen die Eier in eine Tasse aufschlagen und die Zitronenschale mit einer Gabel einrühren.

Wenn die Nudeln gar sind, den Topf vom Herd nehmen und die Eimischung gründlich einrühren. Die Suppe abschmecken, in einer vorgewärmten Terrine anrichten und sogleich servieren. Den Käse in einer kleinen Schüssel dazu reichen.

Minestrone di verdura

Gemüsesuppe mit Ditalini

Gemüsesuppen werden in Italien in großer Vielfalt zubereitet. Hier eine leichte Version, bei der das Gemüse nicht in Öl angebraten, sondern die Suppe zuletzt nur mit etwas Öl beträufelt wird. Die idealen Nudeln für diese Suppe sind Ditalini oder Tubetti.

Für 4 Personen

1 kleine Möhre, gewürfelt
1 Kartoffel, gewürfelt
1 Stange Bleichsellerie, gewürfelt
1 Zucchino, gewürfelt
1 Handvoll ausgepalte Erbsen
1 Handvoll frische Borlotti-Bohnen
Salz und frisch gemahlener Pfeffer
180 g Ditalini
2 EL natives Olivenöl extra
4 EL frisch geriebener Parmesan

Das gewürfelte Gemüse und die Hülsenfrüchte mit 1½ Liter Wasser in einen großen Topf füllen. Langsam zum Kochen bringen und bei niedriger Temperatur zugedeckt einige Stunden köcheln lassen.

Salzen und pfeffern. Die Ditalini einstreuen und *al dente* kochen. Die Suppe in vier Suppenschalen verteilen, jede Portion mit Olivenöl beträufeln und mit Parmesan bestreuen. Sehr heiß servieren.

Minestra di cavolo nero e ditalini

Schwarzkohlsuppe mit Ditalini

Schwarzkohl ist typisch für die Küche der Toskana. Es handelt sich um eine hochwüchsige Grünkohlvarietät mit langen, kräftigen, dunklen Blättern. Wirsing bildet einen hervorragenden Ersatz.

Für 4 Personen

4 Schwarzkohlblätter oder 8 Wirsingblätter
1 Zwiebel, gehackt
1 Möhre, gehackt
1 Stange Bleichsellerie, gehackt
1 Handvoll glatte Petersilie, gehackt
120 ml natives Olivenöl extra
2 große Tomaten, enthäutet und püriert
1½ l Fleischbrühe (Seite 66)
200 g Ditalini
Salz und frisch gemahlener Pfeffer

Den Kohl waschen, die groben Blattrippen herausschneiden und die Blätter in feine Streifen schneiden. Zwiebel, Möhre, Sellerie und Petersilie mit der Hälfte des Olivenöls in einen großen Topf füllen und bei mittlerer Temperatur etwa 3 Minuten anschwitzen, dabei gelegentlich rühren, bis das Gemüse glasig schimmert. Den Kohl mit den pürierten Tomaten und der Fleischbrühe zufügen und alles bei niedriger Temperatur etwa 1 Stunde köcheln lassen.

Die Ditalini einstreuen und *al dente* kochen. Die Suppe in einer vorgewärmten Terrine anrichten, mit dem restlichen Öl beträufeln, salzen und pfeffern. Umrühren und sogleich servieren.

Minestra di ditalini e borragine

Borretschsuppe mit Ditalini

Borretsch ist ein Kraut mit azurblauen Sternblüten, das wild wächst, aber auch in Gärten kultiviert wird. In der Genueser Küche finden die Blätter mit ihrem milden, gurkenähnlichen Aroma als Zutat in Gemüsegerichten und Ravioli-Füllungen Verwendung.

Für 4 Personen

120 g Linsen
Salz
450 g reife Eiertomaten, enthäutet, Samen entfernt und klein gewürfelt, ersatzweise Dosentomaten mit dem Saft
2 Handvoll Borretschblätter, in feine Streifen geschnitten
4 EL natives Olivenöl extra
200 g Ditalini

Die Linsen über Nacht in kaltem Wasser einweichen. Am nächsten Tag alle Linsen, die an der Oberfläche schwimmen, entfernen, den Rest in ein Sieb abgießen, gründlich waschen und abtropfen lassen.

Die Linsen mit 1½ Liter Wasser in einen großen Topf füllen und salzen. Tomaten, Borretsch und Olivenöl zufügen, aufkochen und bei verringerter Temperatur 1 Stunde köcheln lassen. Die Temperatur hochschalten, die Pasta in die kochende Suppe einstreuen und *al dente* kochen. In einer vorgewärmten Terrine anrichten und sogleich servieren.

Linke Seite: Gemüsesuppe mit Ditalini

Minestra di fagioli e maccheroni

Bohnensuppe mit Maccheroni

Borlotti-Bohnen, erkennbar an ihrer rotgestreiften Schale, ergeben besonders sämige Suppen. Wenn Sie getrocknete Bohnenkerne verwenden, nehmen Sie die halbe Menge und weichen sie mindestens 12 Stunden in kaltem Wasser ein. Die Suppe gelingt genausogut mit Maccheroncini.

Für 4 Personen

200 g ausgepalte frische Borlotti-Bohnen
Salz
6 EL natives Olivenöl extra
60 g Pancetta (ungeräucherter Bauchspeck), klein gewürfelt
1 Zwiebel, in dünne Scheiben geschnitten
180 g Wirsing, in feine Streifen geschnitten
1 Möhre, in dünne Scheiben geschnitten
4 reife Eiertomaten, enthäutet, Samen entfernt
und klein gewürfelt
1 Knoblauchzehe, in Scheiben geschnitten
1 Stange Bleichsellerie, in dünne Scheiben geschnitten
Frisch gemahlener Pfeffer
1 Handvoll frisches Basilikum, fein gehackt
1 Rosmarinzweig, die Blättchen fein gehackt
1 TL frischer Thymian
200 g Maccheroni

Die Bohnen knapp mit Wasser bedecken, salzen und etwa 1½ Stunden bei sehr niedriger Temperatur garen. Abgießen, dabei das Kochwasser auffangen. Die Hälfte der Bohnen durch ein Passiergerät streichen.

Inzwischen die Hälfte des Öls in einem großen Topf bei niedriger Temperatur erhitzen. Den Speck und die Zwiebel darin etwa 3 Minuten glasig anschwitzen, dabei ab und zu rühren. Den Wirsing, die Möhre, die Tomaten, den Knoblauch, den Sellerie, die ganzen und die pürierten Bohnen, ihr Kochwasser und zusätzlich 1,2 Liter Wasser dazugeben. Salzen, pfeffern und etwa 30 Minuten köcheln lassen.

Basilikum, Rosmarin und Thymian einrühren, die Pasta zufügen und *al dente* kochen. Die Suppe in einer vorgewärmten Terrine anrichten, das restliche Öl darüberträufeln und sehr heiß servieren. Üblicherweise reicht man dazu keinen Käse.

Minestrone di cavolo

Wirsingsuppe mit Ditalini

Am besten schmecken in dieser herzhaften Suppe Ditalini oder Tubetti. Wenn Sie keinen guten rohen Schinken bekommen – am besten ist natürlich Parmaschinken –, nehmen Sie statt dessen Pancetta (ungeräucherten Bauchspeck).

Für 4 Personen

150 g getrocknete Bohnenkerne,
etwa Borlotti- oder Cannellini-Bohnen
4 EL natives Olivenöl extra
4 Knoblauchzehen, gehackt
60 g roher Schinken oder Pancetta, klein gewürfelt
450 g Wirsing, in feine Streifen geschnitten
1½ l Fleischbrühe (Seite 66)
1 EL Tomatenmark
1 Rosmarinzweig
Salz und frisch gemahlener Pfeffer
180 g Ditalini

Die Bohnen etwa 12 Stunden in kaltem Wasser einweichen, abgießen.

Das Öl in einem Topf bei niedriger Temperatur erhitzen. Knoblauch und Schinken oder Pancetta darin etwa 3 Minuten unter Rühren glasig werden lassen. Den Wirsing 3 Minuten mitdünsten, dabei ständig weiterrühren.

Die Brühe, das Tomatenmark, die Bohnen und den Rosmarinzweig zufügen, salzen, pfeffern und zugedeckt etwa 2 Stunden köcheln lassen.

Die Nudeln einstreuen und *al dente* kochen. Den Rosmarinzweig entfernen. Die Suppe in einer vorgewärmten Terrine anrichten und sofort servieren.

Rechte Seite: Bohnensuppe mit Maccheroni

Minestra di manzo e farfalline

Hackfleischsuppe mit Farfalline

Das Rindfleisch aus der Toskana ist bekanntlich besonders gut und zart. Kochen Sie, um die Suppe geschmacklich etwas abzuwandeln, ein Lorbeerblatt mit, und hobeln Sie zuletzt ein wenig schwarze Trüffel darüber. Anstelle von Farfalline, kleinen Schmetterlingsnudeln, können Sie ebenso Ditalini verwenden.

Für 4 Personen

1 Möhre, in dünne Scheiben geschnitten
1 Stange Lauch, in dünne Scheiben geschnitten
1 Stange Bleichsellerie, in dünne Scheiben geschnitten
4 EL natives Olivenöl extra
200 g Hackfleisch vom Rind
1¹/₂ l Fleischbrühe (Seite 66)
Salz und frisch gemahlener Pfeffer
200 g Farfalline
Frisch geriebener Parmesan

Das Suppengemüse mit dem Olivenöl in einen großen Topf füllen und bei niedriger Temperatur in etwa 5 Minuten glasig werden lassen, dabei gelegentlich rühren. Das Hackfleisch, die Brühe sowie Salz und Pfeffer zufügen und bei niedriger Temperatur etwa 1 Stunde köcheln lassen.

Die Farfalline einstreuen und *al dente* kochen. Die Suppe in einer vorgewärmten Terrine anrichten, großzügig mit Parmesan bestreuen und sofort servieren.

Minestra di ortiche e fettuccine

Brennesselsuppe mit Fettuccine

Wer noch nie Brennesseln gekostet hat, sollte den Versuch unbedingt wagen. Man kann sie im Frühjahr und Herbst gut in freier Natur sammeln. Wappnen Sie sich mit dicken Handschuhen, und pflücken Sie nur die zarten Spitzen. Ersatzweise verwenden Sie Spinat oder Mangold.

Für 4 Personen

60 g Pancetta (ungeräucherter Bauchspeck), gewürfelt
1 Zwiebel, in Scheiben geschnitten
4 EL natives Olivenöl extra
4 reife Eiertomaten, enthäutet, Samen entfernt
und klein gewürfelt
600 g frische, zarte Brennesseln, gewaschen und fein zerpflückt
1¹/₄ l Gemüsebrühe (Seite 66)
Salz und frisch gemahlener Pfeffer
150 g frischer Nudelteig mit Ei (Seite 47 und 51),
in Fettuccine geschnitten (Seite 52)

Speck und Zwiebel mit dem Öl in einer Pfanne bei niedriger Temperatur in etwa 3 Minuten glasig werden lassen, dabei ständig rühren. Die Tomaten etwa 10 Minuten mitdünsten, anschließend die Brennesseln und die Brühe zufügen, aufkochen, salzen, pfeffern und die Fettuccine dazugeben. Wenn die Suppe erneut aufsprudelt und die Nudeln an die Oberfläche steigen, sind sie gar. Die Suppe in einer vorgewärmten Terrine anrichten und sogleich servieren.

Minestra di finocchi e ditalini

Fenchelsuppe mit Ditalini

Fenchel wird in Italien gern gegessen und auf vielerlei Arten zubereitet; er wird gekocht, aber ebenso roh in Salaten verwendet. So ist er häufiger Bestandteil des *pinzimonio*, einer Mischung aus mundgerecht zugeschnittener Rohkost, die man in gutes Olivenöl tunkt und dann mit Salz bestreut.

Für 4 Personen

4 Fenchelknollen, die Außenblätter entfernt, die Knolle halbiert
und in dünne Scheiben geschnitten
1 Knoblauchzehe, fein gehackt
1 Handvoll glatte Petersilie, fein gehackt
Salz
200 g Ditalini
4 EL natives Olivenöl extra
Frisch gemahlener Pfeffer

Fenchel, Knoblauch und Petersilie mit 1¹/₄ Liter Wasser und ein wenig Salz in einen großen Topf füllen, zum Kochen bringen und bei verminderter Hitze etwa 20 Minuten köcheln lassen, bis der Fenchel gar ist. Die Nudeln einstreuen und *al dente* kochen. Die Suppe in einer vorgewärmten Terrine anrichten. Das Öl einrühren, mit Pfeffer übermahlen und sofort servieren. Man reicht üblicherweise keinen Käse zu dieser Suppe.

Pasta e ceci

Kichererbsensuppe mit Pappardelle

Als wir unser Restaurant in der Badia a Coltibuono eröffnet hatten, entdeckte ich meine Freude daran, neue Rezepte zu entwickeln, die der Küchenchef dann ausprobierte. Hier eine Idee, die bei den Besuchern bald großen Anklang fand.

Kichererbsen sind mit ihrem wundervollen Geschmack die ideale Ergänzung zu Pasta. Ebenso aber eignen sich Cannellini-Bohnen in Geschmack und Konsistenz vorzüglich. Manchmal verwende ich anstelle von Pappardelle auch Ditalini.

Für 4 Personen

120 g getrocknete Kichererbsen
1 Rosmarinzweig, die Blättchen fein gehackt
4 Knoblauchzehen, fein gehackt
6 EL natives Olivenöl extra
2 EL Tomatenmark
150 g frischer Nudelteig mit Ei (Seite 47 und 51),
in Pappardelle geschnitten (Seite 52)
Salz und frisch gemahlener Pfeffer

Die Kichererbsen über Nacht in reichlich kaltem Wasser einweichen, abgießen und mit 1½ l frischem Wasser in einen großen Topf füllen. Langsam zum Kochen bringen und bei verminderter Temperatur etwa 2 Stunden köcheln lassen. Die Kichererbsen mitsamt ihrem Kochwasser durchpassieren, zurück in den ausgespülten Topf geben und zum Kochen bringen.

Unterdessen den Rosmarin mit dem Knoblauch in der Hälfte des Öls bei niedriger Temperatur etwa 3 Minuten braten, dabei gelegentlich rühren. Das Tomatenmark in die Suppe einrühren, die Pappardelle zugeben und *al dente* kochen. Die Suppe mit Salz und Pfeffer abschmecken und in einer vorgewärmten Terrine anrichten. Das zischend heiße Öl mit dem Rosmarin und dem Knoblauch darübergeben, mit dem restlichen Öl beträufeln und die Suppe sofort zu Tisch bringen.

Minestra di pappardelle e fagioli

Bohnensuppe mit Pappardelle

In der Toskana bereiten wir diese Suppe normalerweise mit Cannellini-Bohnen zu, doch gelingt sie auch mit anderen Sorten. Lassen Sie sich vom Marktangebot anregen. Ditalini oder die größeren Ditali sind ein guter Ersatz für hausgemachte Pappardelle.

Für 4 Personen

300 g frische oder 90 g getrocknete Cannellini-Bohnen,
letztere über Nacht in Wasser eingeweicht
Salz
60 g roher Schinken, klein gewürfelt
1 Zwiebel, gehackt
6 EL natives Olivenöl extra
300 g reife Eiertomaten, enthäutet
1 große Kartoffel, in dünne Scheiben geschnitten
1 Stange Bleichsellerie, in dünne Scheiben geschnitten
Frisch gemahlener Pfeffer
150 g frischer Nudelteig mit Ei (Seite 47 und 51),
in Pappardelle geschnitten (Seite 52)

Die Bohnen mit 1½ Liter Wasser in einem großen Topf bei niedriger Temperatur zum Kochen bringen und 1 Stunde köcheln lassen. Salzen.

Unterdessen den Schinken und die Zwiebel in 2 Eßlöffel Olivenöl bei niedriger Temperatur 3 Minuten anschwitzen, dabei gelegentlich rühren. Beiseite stellen.

Die Tomaten passieren oder im Mixer pürieren. Zusammen mit den Kartoffel- und Selleriescheiben und der Schinken-Zwiebel-Mischung zu den Bohnen in den Topf geben, salzen und pfeffern, gründlich umrühren und weitere 30 Minuten köcheln lassen.

Die Hälfte der Bohnen aus dem Topf nehmen und mit dem Passiergerät oder im Mixer pürieren. Das Püree zurück in die Suppe geben und erneut aufkochen. Die Pappardelle in der Suppe al dente kochen. Die Bohnensuppe in einer vorgewärmten Terrine anrichten, mit dem restlichen Öl beträufeln und sofort servieren.

Minestra di spaghetti e lenticchie

Linsensuppe mit Spaghetti

Für diese Suppe eignen sich Linsen aller Art, ob braun, grün oder rot.

Für 4 Personen

120 g Linsen
Salz
2 Knoblauchzehen, gehackt
1 kleine Zwiebel, gehackt
2 Stangen Bleichsellerie, gehackt
200 g Spaghetti
4 EL natives Olivenöl extra
1 EL Fenchelsamen

Die Linsen über Nacht in kaltem Wasser einweichen. Alle, die an der Oberfläche schwimmen, entfernen. Die restlichen Linsen in ein Sieb abgießen, waschen, abtropfen lassen und mit 1½ Liter Wasser sowie Salz in einen großen Topf füllen. Knoblauch, Zwiebel und Sellerie zufügen und alles zum Kochen bringen. Die Temperatur herunterschalten und die Linsen im halb geschlossenen Topf etwa 1 Stunde köcheln lassen, bei Bedarf abschäumen. Die Suppe sollte zuletzt ziemlich sämig sein.

Die Spaghetti in kurze Stücke brechen und in der Suppe al dente kochen. Die Suppe mit Salz abschmecken und mit dem Olivenöl und den Fenchelsamen aromatisieren. Gründlich durchrühren, in einer vorgewärmten Terrine anrichten und sofort servieren.

Quadrucci in brodo

Fleischbrühe mit Quadrucci

Einige Jahre nach unserer Hochzeit hatten mein Mann und ich das Glück, ein Ehepaar zu finden, das uns als Köchin und Diener treue Dienste leistete. Sie kamen aus den Marken, einer Region, in der man Pasta nur aus Mehl und Eigelb – ohne Eiweiß – herstellt. Daher sind die Nudeln ziemlich fest. Ich erinnere mich noch sehr gut an die köstliche selbstgemachte Brühe mit frischen Quadrucci als Einlage, mit der Nunziata uns oft erfreute.

Bei diesem Rezept handelt es sich um eine feinere Version der *pastina in brodo*. Da frische Pasta sich ohne weiteres mehrere Monate aufbewahren läßt, können Sie die kleinen Nudelquadrate ruhig in größeren Mengen herstellen, so haben Sie immer einen Vorrat im Haus.

Für 4 Personen

1 l Fleischbrühe (Seite 66)
150 g frischer Nudelteig mit Ei (Seite 47 und 51),
in Quadrucci geschnitten (Seite 52)
Salz und frisch gemahlener Pfeffer
5 EL frisch geriebener Parmesan

Die Brühe in einem großen Topf aufkochen. Die Teigquadrate hineingeben und kochen, bis sie an die Oberfläche steigen. Bei getrockneten Quadrucci beträgt die Garzeit etwa 3 Minuten. Die Suppe mit Salz und Pfeffer abschmecken, in einer vorgewärmten Terrine anrichten und sogleich servieren. Den Parmesan separat dazu reichen.

Quadrucci e piselli in brodo

Hühnerbrühe mit Erbsen und Quadrucci

Fast immer habe ich größere Vorräte an selbstgemachter Pasta im Haus. Sie hält sich eine ganze Weile, und wenn man schon einmal dabei ist, kann man gleich mehr davon herstellen. Alternativ können Sie Stelline (Sternchen) oder Anellini (kleine Ringe) verwenden.

Für 4 Personen

60 g Pancetta (ungeräucherter Bauchspeck),
in dünne Scheiben geschnitten
1 Zwiebel, in dünne Scheiben geschnitten
1 Knoblauchzehe, in dünne Scheiben geschnitten
60 g roher Schinken, in dünne Scheiben geschnitten
200 g ausgepalte Erbsen
2 große Eiertomaten, enthäutet und püriert
1¼ l Hühnerbrühe (Seite 66)
Salz und frisch gemahlener Pfeffer
150 g frischer Nudelteig mit Ei (Seite 47 und 51),
in Quadrucci geschnitten (Seite 52)
1 EL feingehackte glatte Petersilie

Speck, Zwiebel, Knoblauch und Schinken in einem großen Topf bei niedriger Temperatur etwa 3 Minuten anschwitzen, dabei gelegentlich rühren, bis Zwiebel und Knoblauch glasig sind. Die Erbsen und die pürierten Tomaten dazugeben und kurz mitschwitzen.

Die Brühe aufgießen, salzen und pfeffern und zum Kochen bringen. Die Quadrucci in der Suppe *al dente* kochen. Die Suppe mit der Petersilie bestreuen, in einer vorgewärmten Terrine anrichten und sofort servieren.

Pastina in brodo

Leichte Brühe mit Nudeleinlage

Die vielleicht berühmteste aller italienischen Suppen ist bei groß und klein gleichermaßen beliebt. Traditionsgemäß wird die ausgesprochen leichte Fleisch- oder Hühnerbrühe selbst gemacht. Eilige können aber auch einen Brühwürfel nehmen. Als Einlage empfehle ich Anellini, Stelline oder Gramigna.

Für 4 Personen

1 l leichte Hühner- oder Kalbsbrühe (Seite 66)
90 g Suppennudeln nach Wahl
4 EL frisch geriebener Parmesan

Die Brühe in einem Topf zum Kochen bringen und die Nudeln darin *al dente* kochen. Die Suppe in einer vorgewärmten Terrine anrichten und sogleich zu Tisch bringen. Den Käse dazu reichen.

Minestra di spaghetti e zucca

Kürbissuppe mit Spaghetti

Um diese sämige Püreesuppe zu variieren, bestreuen Sie sie unmittelbar vor dem Servieren mit etwas gehackter Petersilie oder ersetzen die Spaghetti durch kurze Nudeln wie Tubetti. Kürbis ist im Herbst bei Ihrem Gemüsehändler zu bekommen; vom Riesenkürbis schneidet er die erforderliche Menge ab.

Für 4 Personen

1¼ l Milch
450 g Kürbis, geschält, entkernt und gehackt
Salz und frisch gemahlener Pfeffer
120 g Spaghetti, in kurze Stücke gebrochen
30 g Butter
4 EL frisch geriebener Parmesan

Die Milch in einem großen Topf aufkochen. Den Kürbis etwa 20 Minuten darin garen, bis er weich ist. Abgießen und die Milch auffangen. Den gut abgetropften Kürbis durch ein Sieb passieren oder im Mixer pürieren. Zusammen mit der Milch zurück in den Topf füllen und erneut aufkochen. Salzen, pfeffern, die Spaghetti zufügen und al dente kochen. Vom Herd nehmen, die Butter und den Parmesan einrühren. In einer vorgewärmten Terrine anrichten und sogleich servieren.

Agliata

Knoblauchsuppe mit Tagliatelle

Traditionsgemäß serviert man diese schmackhafte Suppe mit frischen Tagliatelle. Wenn Ihnen aber nicht nach viel Arbeit in der Küche zumute ist, verwenden Sie fertige Capelli d'angelo.

Für 4 Personen

60 g Weißbrot ohne Rinde
1¼ l Milch
200 g Walnüsse (mit Schalen gewogen)
8 Knoblauchzehen, geschält
Salz und frisch gemahlener Pfeffer
150 g frischer Nudelteig mit Ei (Seite 47 und 51),
in Tagliatelle geschnitten (Seite 52)

Das Weißbrot in einer Schüssel mit etwas Milch bedecken und etwa 20 Minuten einweichen.

Inzwischen die Walnüsse knacken und die Kerne mit den Knoblauchzehen im Mörser zu einer Paste verreiben (oder den Mixer verwenden).

Das Weißbrot ausdrücken und mit der Walnuß-Knoblauch-Paste zu einer cremigen Mischung verrühren. Salzen, pfeffern und beiseite stellen.

Die restliche Milch in einem großen Topf zum Kochen bringen und die Walnußmischung einrühren. Die Tagliatelle zufügen und, sobald die Suppe erneut aufwallt, noch so lange kochen, bis die Nudeln an die Oberfläche steigen. Die Suppe in einer vorgewärmten Terrine anrichten und sofort servieren.

Minestra di tubetti e cipolle

Zwiebelsuppe mit Tubetti

Besonders gut gelingt diese Suppe mit Frühlingszwiebeln. Falls Sie nur gewöhnliche Haushaltszwiebeln zur Hand haben, schneiden Sie sie in Scheiben und wässern sie vor der Verarbeitung einige Stunden. So werden sie leichter verdaulich.

Für 4 Personen

60 g Pancetta (ungeräucherter Bauchspeck),
in Streifen geschnitten
4 EL natives Olivenöl extra
450 g Frühlingszwiebeln, in feine Scheiben geschnitten
450 g reife Eiertomaten, enthäutet und püriert
Salz und frisch gemahlener Pfeffer
200 g Tubetti
2 Eier
1 EL gehackte glatte Petersilie
6 EL frisch geriebener Parmesan

Den Speck mit dem Öl in einem großen Topf bei niedriger Temperatur etwa 5 Minuten braten, dabei gelegentlich rühren, bis das Fett ausgeschmolzen und der Speck knusprig ist. Die Frühlingszwiebeln etwa 5 Minuten unter häufigem Rühren mitdünsten. 1½ Liter warmes Wasser aufgießen, die pürierten Tomaten zufügen, salzen, pfeffern und zugedeckt etwa 1½ Stunden köcheln lassen.

Die Temperatur hochschalten. Die Nudeln in die kochende Suppe geben und al dente kochen.

Inzwischen die Eier in einer Schüssel mit der Petersilie und etwas Salz verquirlen. Den Topf vom Herd nehmen, die Eier und den Parmesan einrühren. Die Suppe in einer vorgewärmten Terrine anrichten und sogleich auftragen.

Rechte Seite: Kürbissuppe mit Spaghetti

Minestra di taglierini e zucchine

Zucchinisuppe mit Taglierini

Minze anstelle des traditionellen Basilikums gibt der Suppe eine interessante Note. Wenn Sie in Eile sind, verwenden Sie getrocknete Capelli d'angelo.

Für 4 Personen

60 g Pancetta (ungeräucherter Bauchspeck), klein gewürfelt
4 EL natives Olivenöl extra
4 Zucchini, gewürfelt
Salz und frisch gemahlener Pfeffer
2 Eier
4 EL frisch geriebener Parmesan
1 Handvoll glatte Petersilie, fein gehackt
1 Handvoll frisches Basilikum, fein gehackt
150 g frischer Nudelteig mit Ei (Seite 47 und 51),
in Taglierini geschnitten (Seite 52)

Den Speck mit dem Öl in einen großen Topf füllen und bei niedriger Temperatur unter gelegentlichem Rühren auslassen, bis er leicht knusprig ist. Die Zucchini darin etwa 5 Minuten dünsten, dabei ständig rühren. Salzen, pfeffern und 1½ Liter Wasser zugießen. Einen Deckel auflegen, einmal aufwallen und bei niedriger Temperatur 1 Stunde köcheln lassen.

Die Eier in einer kleinen Schüssel mit einer Gabel verquirlen und den Parmesan sowie die Kräuter einrühren.

Die Temperatur hochschalten und die Taglierini in die Suppe geben. Sobald diese wieder sprudelnd kocht und die Nudeln nach oben steigen, sind sie gar. Die verquirlten Eier einrühren und den Topf sogleich vom Herd nehmen. Die Suppe noch einige Minuten mit einer Gabel umrühren, damit sich alle Zutaten schön verteilen. In einer vorgewärmten Terrine anrichten und sofort zu Tisch bringen.

Minestra di spinaci e stelline

Spinatsuppe mit Stelline

Bereiten Sie die Suppe zur Abwechslung einmal mit Mangold oder Roter Bete zu anstelle von Spinat, oder nehmen Sie anstelle der Sternchennudeln eine andere Nudelform, die jedoch ebenfalls klein sein sollte, wie beispielsweise Anellini.

Für 4 Personen

600 g frischer Spinat, gründlich gewaschen
Salz und frisch gemahlener Pfeffer
60 g Butter
2 Eier
4 EL frisch geriebener Parmesan
1 Prise frisch geriebene Muskatnuß
1¼ l Gemüsebrühe (Seite 66)
200 g Stelline

Den Spinat mit ganz wenig Wasser in einen großen Topf füllen, salzen und pfeffern. Etwa 3 Minuten dünsten, bis er eben zusammenfällt. Abtropfen lassen, kräftig ausdrücken und sehr fein hacken.

Die Butter in einem Topf zerlassen und den Spinat darin zugedeckt etwa 3 Minuten dünsten, dabei mehrmals durchmischen. Völlig abkühlen lassen.

Die Eier mit dem Parmesan, der Muskatnuß und Pfeffer verquirlen und unter den Spinat ziehen.

Die Gemüsebrühe in einem großen Topf erhitzen. Wenn sie aufsprudelt, die Nudeln einstreuen und knapp *al dente* kochen. Die Spinat-Ei-Mischung einrühren und die Suppe noch 1 Minute köcheln lassen. Den Topf vom Herd nehmen und die Suppe abschmecken. In einer vorgewärmten Suppenterrine anrichten und sofort servieren.

Minestra di tubetti e broccoli

Brokkolisuppe mit Tubetti

Brokkoli läßt sich gut durch Blumenkohl ersetzen, und etwas feingehackter Schnittlauch gibt der Suppe ein kräftigeres Aroma. Anstelle der Tubetti können Sie jede andere kleine Pastaform wie Ditalini oder auch zerbrochene Spaghetti verwenden.

Für 4 Personen

1 Knoblauchzehe, geschält
60 g Schweineschmalz
2 große Eiertomaten, enthäutet und püriert
1¼ l Gemüsebrühe (Seite 66)
450 g frischer Brokkoli, in Röschen geteilt
und die Stiele gehackt
Salz und frisch gemahlener Pfeffer
120 g Tubetti
4 EL frisch geriebener Parmesan

Den Knoblauch mit dem Schmalz im Mörser oder Mixer zu einer glatten Paste verarbeiten. In einen großen Topf geben und bei niedriger Temperatur etwa 3 Minuten unter ständigem Rühren zerlaufen lassen. Die pürierten Tomaten, ein Viertel der Brühe und den Brokkoli dazugeben, salzen, pfeffern und zugedeckt etwa 10 Minuten köcheln lassen.

Die restliche Brühe zugießen. Sobald sie aufwallt, die Nudeln einstreuen und *al dente* kochen. Die Suppe in einer vorgewärmten Terrine anrichten und sofort servieren. Den Parmesan dazu reichen.

Taglierini in brodo

Fleischbrühe mit Taglierini

Die sehr schmalen Bandnudeln machen diese berühmte Suppe zu einem besonderen Genuß. Schneller ist sie mit getrockneten Capelli d'angelo auf dem Tisch.

Für 4 Personen

1 l Fleischbrühe (Seite 66)
150 g frischer Nudelteig mit Ei (Seite 47 und 51),
in Taglierini geschnitten (Seite 52)
4 EL frisch geriebener Parmesan

Die Brühe in einem großen Topf aufkochen und die Taglierini hineingeben. Sobald die Flüssigkeit erneut aufwallt und die Nudeln an der Oberfläche schwimmen, sind sie gar. Die Suppe in einer vorgewärmten Terrine anrichten und sofort servieren. Den Parmesan dazu reichen.

Cappelletti in brodo

Fleischbrühe mit Cappelletti

Cappelletti oder auch Tortellini in frisch gekochter Brühe sind eine Bologneser Spezialität. Wenn Sie nicht die Zeit oder Geduld haben, diese etwas aufwendigen gefüllten Nudeln zu formen, stellen Sie einfach kleine Ravioli her.

Für 4 Personen

1 l Fleischbrühe (Seite 66)
150 g frischer Nudelteig mit Ei (Seite 47 und 51),
zu Cappelletti geformt (Seite 54)
4 EL frisch geriebener Parmesan

Die Brühe in einem großen Topf zum Kochen bringen. Die Cappelletti einlegen und nach dem erneuten Aufwallen der Brühe noch etwa 2 Minuten kochen. Die Suppe in einer vorgewärmten Terrine anrichten und sogleich servieren. Den Parmesan dazu reichen.

Pasta grattugiata in brodo

Fleischbrühe mit geriebener Pasta

Für diese Suppe, ebenfalls eine Bologneser Spezialität, läßt man etwas Nudelteig, zu einer Kugel geformt, trocknen und reibt ihn dann wie Käse.

Für 4 Personen

200 g frischer Nudelteig mit Ei (Seite 47 und 51),
zu einer Kugel geformt
1 l Fleischbrühe (Seite 66)
4 EL frisch geriebener Parmesan

Die Teigkugel etwa 2 Stunden trocknen lassen, anschließend auf der Käsereibe über einem Tuch reiben. Etwa 1 Stunde, bei niedriger Luftfeuchtigkeit auch kürzer, trocknen lassen.

Die Brühe in einem großen Topf erhitzen. Sobald sie aufsprudelt, den geriebenen Teig einstreuen und an die Oberfläche steigen lassen. Dann sofort in einer vorgewärmten Terrine anrichten und servieren. Den Parmesan dazu reichen.

PASTA MIT GEMÜSE UND KÄSE

Als ich vor vielen Jahren erstmals Apulien, den Absatz des italienischen Stiefels, besuchte, fiel mir etwas Ungewöhnliches an den Bezeichnungen der lokalen Pastagerichte auf. Vor allem bei Pasta mit Gemüse steht dieses dort an erster Stelle. So sagt man etwa *carciofi con penne* (Artischocken mit Penne) oder *rape con orecchiette* (Stengelkohl mit Orecchiette), nennt also zuerst das Gemüse und danach die Pasta. Das entsprach vollkommen meinem Empfinden, denn das Gemüse der Saison steht bei diesen Zubereitungen absolut im Vordergrund, und die Pasta ist eine perfekte Ergänzung. Dennoch benenne ich die folgenden Rezepte in der üblichen Weise.

Nach meinem Geschmack gehören Nudeln, mit Kräutern und Gemüse der jeweiligen Saison kombiniert, zu den besten Gerichten der Welt. Sie sind nahrhaft, unverfälscht, appetitlich anzusehen und meist schnell und leicht zuzubereiten. Pasta, einfach vermischt mit Olivenöl und Knoblauch, mit einer Basilikumsauce, Kichererbsen oder auch nur wundervoll aromatischen Tomaten – schlichter geht es wohl nicht. Oder stellen Sie sich die fröhlichen Farben frischer Erbsen oder gerösteter gelber und roter Paprikaschoten vor! Wer auch nur einen kleinen Garten hat, kann die Zutaten für viele Saucen selbst ziehen, was viel Spaß macht. Darüber hinaus hat diese Kategorie von Saucen den großen Vorteil, daß sie für Experimente mit immer neuen Kombinationen viel Raum läßt. Mitunter kommen dabei die gelungensten Neuschöpfungen heraus.

Da die Verbindung von Gemüse und Pasta typisch für die süditalienische Küche ist, verlangen die meisten Rezepte getrocknete Pasta. Doch auch für frische Eiernudeln werden nachfolgend köstliche Saucen vorgestellt.

Käse wird grundsätzlich frisch gerieben über Pastagerichte gestreut. Er dient keineswegs nur der geschmacklichen Abrundung, sondern bildet auch die Grundlage für herrliche Saucen. Hierzu enthält dieses Kapitel eine Reihe von Vorschlägen mit landestypischen Käsesorten, die man inzwischen auch außerhalb Italiens, etwa in den Käseabteilungen der Supermärkte und Kaufhäuser, gut bekommt, zum Beispiel Mozzarella, Gorgonzola, Fontina, Pecorino (Schafkäse), Caprino (Ziegenkäse) und Ricotta. Auch sie lassen sich mit etwas Phantasie austauschen oder anders kombinieren.

Conchiglie con broccoli e zafferano

Conchiglie mit Brokkoli und Safran

Am besten wird diese herzhafte Sauce von den großen, muschelförmigen Conchiglie aufgenommen. Da gemahlener Safran oft verfälscht ist, gebe ich lieber etwas mehr aus und nehme Safranfäden. Damit sie ihre volle Würzkraft entfalten, werden sie in dem heißen Nudelkochwasser aufgelöst – allerdings nicht länger als 5 Minuten, sonst verliert sich ihr Aroma.

Für 4 Personen

450 g Brokkoli, in Röschen geteilt (harte Stiele abschneiden, aber nicht wegwerfen)
120 ml natives Olivenöl extra
4 Knoblauchzehen, gehackt
1 Prise zerriebene Chiliflocken
1 Handvoll getrocknete schwarze Johannisbeeren, etwa 30 Minuten in Wasser eingeweicht und abgegossen
1 Handvoll Pinienkerne
4 Sardellenfilets in Öl oder Salzlake, abgetropft
300 g reife Eiertomaten, enthäutet, Samen entfernt und klein gewürfelt, ersatzweise Dosentomaten mit dem Saft
Salz und frisch gemahlener Pfeffer
1 TL Safranfäden
450 g Conchiglie
6 EL frisch geriebener Pecorino (Romano)

Einen großen Topf mit reichlich Wasser zum Kochen bringen und die Brokkolistiele etwa 7 Minuten darin kochen. Die Brokkoliröschen noch 3 Minuten mitkochen. Abgießen, dabei das Kochwasser auffangen. Die Brokkolistiele ausstechen und wegwerfen.

Das Öl in einer großen Pfanne bei mittlerer Temperatur erhitzen. Den Knoblauch mit den Chiliflocken darin etwa 3 Minuten unter häufigem Rühren glasig werden lassen. Johannisbeeren, Pinienkerne, Sardellen, Tomaten und die Brokkoliröschen zufügen, salzen, pfeffern und zugedeckt etwa 25 Minuten köcheln lassen.

Inzwischen das Brokkolikochwasser wieder erhitzen. Die Safranfäden in einer kleinen Schüssel mit einer Schöpfkelle des Wassers übergießen und 5 Minuten ziehen lassen, zur Sauce geben.

Das Kochwasser salzen und, sobald es sprudelnd kocht, die Conchiglie hineingeben und *al dente* kochen. Abseihen und bei mittlerer Temperatur noch einige Minuten vorsichtig mit der Sauce vermischen, nochmals abschmecken und die Hälfte des Pecorino unterziehen. Das Gericht in einer vorgewärmten Schüssel anrichten, mit dem restlichen Käse bestreuen und sogleich servieren.

Bucatini alla crema d'uovo

Bucatini mit Sahnesauce und Ei

Neben Bucatini passen zu dieser Sauce auch Spaghetti, Linguine oder andere lange getrocknete Nudeln. Frische Pasta würde dagegen verkleben. Da die Sauce im Nu fertig ist, beginnen Sie mit ihrer Zubereitung erst, wenn die Pasta bereits im Wasser ist.

Für 4 Personen

Salz
450 g Bucatini
3 Eigelb
1/4 l Sahne
1/2 TL frisch geriebene Muskatnuß
30 g Butter
6 EL frisch geriebener Parmesan
Frisch gemahlener Pfeffer

Reichlich Wasser in einem großen Topf zum Kochen bringen, salzen und die Bucatini *al dente* kochen.

Inzwischen die Eigelbe in einer Schüssel mit einer Gabel verquirlen und ein Viertel der Sahne, die Muskatnuß und etwas Salz einrühren. Die restliche Sahne in einem Topf bei niedriger Temperatur erhitzen. Sobald sie köchelt, zunächst die Butter und dann die Hälfte des Parmesan einrühren.

Die Nudeln abseihen, in einer vorgewärmten Schüssel anrichten und mit der heißen Käsesahne, der Eimischung und etwas Pfeffer vermischen. Mit dem restlichen Käse bestreuen und sofort servieren.

Rechte Seite: Conchiglie mit Brokkoli und Safran

Farfalle con passato di ceci
Farfalle mit Kichererbsenpüree

So hübsch die Schmetterlingsnudeln auch aussehen, sind sie doch etwas problematisch: Es passiert leicht, daß sie am Rand schon zu weich und in der Mitte noch nicht gar sind. Versuchen Sie also, die goldene Mitte zu treffen. Lieber ist die Pasta etwas zu fest als verkocht, zumal sie dann schwerer verdaulich ist. Conchiglie mit ihrer großen Fläche sind für dieses Gericht ebenso geeignet.

Für 4 Personen

120 g getrocknete Kichererbsen
Salz und frisch gemahlener Pfeffer
6 EL natives Olivenöl extra
2 Knoblauchzehen
3 Rosmarinzweige
2 EL Tomatenmark
450 g Farfalle

Die Kichererbsen 12 Stunden in Wasser einweichen. Abgießen, in einem großen Topf mit frischem Wasser bedecken und langsam aufkochen. Auf kleinerer Stufe etwa 2 Stunden leise köcheln lassen.

Die Kichererbsen abgießen, dabei das Kochwasser auffangen. Die Kichererbsen passieren oder im Mixer pürieren, salzen und pfeffern und mit etwa 1 Glas des Kochwassers geschmeidig rühren.

Das Öl in einem schweren Topf bei mittlerer Temperatur erhitzen und den Knoblauch darin unter Rühren glasig schwitzen, die Rosmarinzweige einlegen und noch kurz mitschwitzen. Das Kichererbsenpüree und das Tomatenmark einrühren und die Sauce gründlich durchkochen.

Einen großen Topf mit reichlich Wasser aufsetzen. Sobald es sprudelnd kocht, salzen und die Nudeln *al dente* kochen. Abseihen und in einer vorgewärmten Servierschüssel anrichten. Knoblauch und Rosmarin aus der Sauce entfernen und diese mit den Nudeln vermischen. Falls sie zu sämig ist, verdünnt man sie mit ein wenig Nudelkochwasser. Das Gericht sehr heiß zu Tisch bringen.

Fettuccine verdi ai piselli e asparagi
Grüne Fettuccine mit Erbsen und Spargel

Beide Gemüsesorten haben nur kurz Saison. Verpassen Sie also im späten Frühjahr nicht die Gelegenheit, dieses Rezept einmal auszuprobieren. Etwas roher Schinken verleiht dem Gericht einen kräftigen Geschmack, doch auch die rein vegetarische Variante ist ein Genuß. Anstelle frischer grüner Fettuccine können Sie auch Spaghetti oder ähnliche getrocknete Pasta verwenden.

Für 4 Personen

4 EL natives Olivenöl extra
120 g roher Schinken, klein gewürfelt (nach Belieben)
2 Frühlingszwiebeln, in feine Scheiben geschnitten
900 g grüner Spargel, die holzigen Enden entfernt,
die Stangen in Stücke geschnitten
200 g ausgepalte Erbsen
Salz und frisch gemahlener Pfeffer
Frischer Nudelteig mit Ei (Seite 47 und 51),
mit Spinat grün gefärbt (Seite 55)
und in Fettuccine geschnitten (Seite 52)
6 EL frisch geriebener Fontina oder Emmentaler

Das Olivenöl in einem Topf bei niedriger Temperatur erhitzen. Den Schinken und die Frühlingszwiebeln etwa 3 Minuten unter häufigem Rühren darin anbraten. Den Spargel und die Erbsen mit etwa 120 ml Wasser zufügen und zugedeckt etwa 20 Minuten sanft dünsten. Mit Salz und Pfeffer abschmecken und warm stellen.

Unterdessen in einem großen Topf reichlich Wasser zum Kochen bringen, salzen und die Fettuccine hineingeben. Sobald das Wasser erneut aufwallt und die Nudeln nach oben steigen, abseihen. Die gründlich abgetropften Fettuccine in eine vorgewärmte Servierschüssel füllen und mit dem Gemüse und der Hälfte der Fontina oder des Emmentalers vermischen. Den restlichen Käse darüberstreuen und das Gericht sofort servieren.

Fettuccine con carciofi e mozzarella

Fettuccine mit Artischocken und Mozzarella

Mozzarella und Artischocken harmonieren geschmacklich mit frischer wie auch getrockneter Pasta. In jedem Fall aber sollten Sie lange Nudeln wählen, da die Mozzarella schmilzt und kurze Nudeln dann zusammenkleben würden. Exquisit schmeckt das Gericht auch mit frischer Minze anstelle von Thymian.

Für 4 Personen

Saft von 1 Zitrone
4 Artischocken
4 EL natives Olivenöl extra
1 Knoblauchzehe
Salz und frisch gemahlener Pfeffer
Frischer Nudelteig mit Ei (Seite 47 und 51).
in Fettuccine geschnitten (Seite 52)
200 g Mozzarella, in Scheiben geschnitten
Etwas frischer Thymian

Eine Schüssel, in der die Artischocken ausreichend Platz haben, mit Wasser füllen und den Zitronensaft einrühren. Die Artischocken putzen: Den Stiel abbrechen, die harten unteren Blätter abzupfen, von den übrigen Blättern die stacheligen Spitzen abschneiden und das Heu aus dem Inneren herausholen. Die Artischocken in Scheiben schneiden und in das Zitronenwasser legen.

Das Öl in einer großen Pfanne erhitzen. Die abgetropften Artischocken mit dem Knoblauch etwa 10 Minuten unter häufigem Rühren andünsten. Den Knoblauch entfernen. Die Artischocken salzen und pfeffern und unter Zugabe von etwas Wasser weitere 10 Minuten dünsten.

Unterdessen reichlich Wasser in einem großen Topf zum Kochen bringen, salzen und die Fettuccine hineingeben. Sie sind gar, wenn das Wasser erneut aufsprudelt und die Nudeln an die Oberfläche steigen. Abseihen und mit der Mozzarella zu den Artischocken geben. Die Pfanne vom Herd nehmen und alles etwa 1 Minute vermischen. In einer vorgewärmten Servierschüssel anrichten, mit wenig Thymian bestreuen und sogleich servieren.

Tagliatelle ai funghi porcini

Tagliatelle mit Steinpilzen

Im Herbst, wenn auf allen Märkten aromatische Steinpilze zu bezahlbaren Preisen angeboten werden, gehört dieses Gericht in Italien zu den Favoriten. Falls Sie keine Steinpilze bekommen, sollten Sie keinen Ersatz suchen, sondern in diesem Fall lieber ein anderes Gericht auswählen. Das delikate Aroma von Steinpilzen verlangt unbedingt nach frischen Nudeln. Sahne rundet den Geschmack perfekt ab. Kräuter sind hier fehl am Platz, sie würden den Pilzgeschmack übertönen.

Für 4 Personen

$^1/_4$ l Sahne
30 g Butter
2 EL natives Olivenöl extra
450 g frische Steinpilze, trocken abgerieben
und in feine Scheiben geschnitten
Salz und frisch gemahlener Pfeffer
Frischer Nudelteig mit Ei (Seite 47 und 51).
in Tagliatelle geschnitten (Seite 52)
6 EL frisch geriebener Parmesan

In einem großen Topf reichlich Wasser zum Kochen bringen. Die Sahne in einem zweiten Topf bei niedriger Temperatur etwa 10 Minuten einköcheln lassen.

Inzwischen die Butter mit dem Öl in einer großen Pfanne bei hoher Temperatur erhitzen. Die Pilze unter häufigem Rühren etwa 2 Minuten darin braten, erst zuletzt salzen und pfeffern.

Das sprudelnde Nudelkochwasser salzen, die Tagliatelle hineingeben und, sobald das Wasser wieder aufwallt und sie an die Oberfläche steigen, abseihen. Mit der Sahne und der Hälfte des Parmesan vermischen. Auf einer vorgewärmten Servierplatte anrichten und die Pilze darüber verteilen. Mit dem restlichen Käse bestreuen und sofort servieren.

Fusilli verdi ai peperoni

Grüne Fusilli mit Paprika

Die cremige Paprikasauce wird besonders gut von spiralförmigen Fusilli oder Eliche, aber auch von anderen Formen wie Pipe aufgenommen. Bunte Paprikastreifen sind eine farbenfrohe Garnitur. Wählen Sie gelbe oder rote Schoten, sie sind lieblicher im Geschmack als die grünen.

Für 4 Personen

2 rote oder gelbe Paprikaschoten, halbiert,
Samen und Scheidewände entfernt
120 ml natives Olivenöl extra
Salz und frisch gemahlener Pfeffer
450 g grüne Fusilli
1 Handvoll frisches Basilikum

Den Ofen auf 180 °C (Gas Stufe 4) vorheizen. Die Paprikaschoten auf einem Backblech etwa 40 Minuten rösten, bis ihre Haut Blasen wirft. In einer Plastiktüte schwitzen lassen, enthäuten, eine Schote in Streifen schneiden und warm stellen. Die zweite Schote im Mixer oder in der Küchenmaschine mit dem Öl, Salz und Pfeffer pürieren. Das Püree in einem Topf sanft erwärmen.

Unterdessen in einem großen Topf reichlich Wasser zum Kochen bringen. Sobald es aufsprudelt, salzen, die Fusilli hineingeben und *al dente* kochen. Abseihen und in einer vorgewärmten flachen Schüssel mit dem Paprikapüree vermischen. Die Paprikastreifen und das Basilikum darüber verteilen und das Gericht sofort servieren.

Insalata di spaghetti alle zucchine

Spaghetti-Zucchini-Salat

Nudelsalate sind ein vorzügliches Sommergericht, sofern sie mit ganz frischem Gemüse der Saison zubereitet und zimmerwarm – keinesfalls eiskalt – serviert werden. Spaghetti bilden, ebenso wie etwa auch Farfalle, Radiatori und Penne, eine gute Ergänzung zu vielen Gemüsesorten. Nicht geeignet sind frische Eiernudeln, die kalt einen etwas unangenehmen Geschmack besitzen.

Für 4 Personen

Salz
450 g Spaghetti
120 ml natives Olivenöl extra
Abgeriebene Schale von 1 unbehandelten Zitrone
450 g kleine Zucchini, in feine Scheiben geschnitten
Frisch gemahlener Pfeffer
1 Handvoll frische Minze, fein geschnitten

Reichlich Wasser in einem großen Topf zum Kochen bringen. Sobald es sprudelt, salzen, die Spaghetti hineingeben und *al dente* kochen. Abseihen und in einer großen Schüssel mit dem Öl vermischen. Auf Zimmertemperatur abkühlen lassen.

Die Zitronenschale und die Zucchini untermischen, den Nudelsalat mit Salz und Pfeffer abschmecken. Nochmals gründlich durchmischen, mit der Minze bestreuen und servieren.

Maccheroni ai quattro formaggi

Maccheroni mit viererlei Käse

Zu diesem herzhaften Klassiker paßt gut getrocknete Pasta wie Maccheroni, Rigatoni oder Ruote. Frische Nudeln sind ungeeignet, sie würden zusammenkleben.

Für 4 Personen

Salz
450 g Maccheroni
90 g Butter
90 g Fontina, in feine Streifen geschnitten
90 g Mozzarella, in feine Streifen geschnitten
90 g Emmentaler, in feine Streifen geschnitten
90 g Parmesan, frisch gerieben
Frisch gemahlener Pfeffer

In einem großen Topf reichlich Wasser zum Kochen bringen. Sobald es sprudelt, salzen, die Maccheroni hineingeben und *al dente* kochen.

Inzwischen die Butter zerlassen, ohne daß sie Farbe annimmt. Die Maccheroni abseihen und in einer vorgewärmten Schüssel mit der Butter, den Käsestreifen und der Hälfte des Parmesan vermischen, bis der gesamte Käse geschmolzen ist. Das Gericht mit dem restlichen Parmesan bestreuen, pfeffern und sofort servieren.

Manicotti con pomodori e olive

Manicotti mit Tomaten und Oliven

Diese typisch süditalienische Sauce serviert man mit getrockneter Pasta. Neben Manicotti passen beispielsweise auch Penne, Rigatoni oder Zite. Die kleinen schwarzen Oliven aus Gaeta können durch griechische Oliven ersetzt werden, die ganz ähnlich schmecken. Am besten machen Sie sich die Mühe, sie selbst zu entsteinen, da bereits entsteinte Oliven oft bitter sind.

Für 4 Personen

6 EL natives Olivenöl extra
1 große Zwiebel, in feine Scheiben geschnitten
450 g reife Eiertomaten, enthäutet, Samen entfernt
und klein gewürfelt, ersatzweise Dosentomaten mit dem Saft
1 EL getrockneter Oregano
1 TL Fenchelsamen
Salz und frisch gemahlener Pfeffer
180 g schwarze Oliven, entsteint
450 g Manicotti

Das Öl in einer großen Pfanne oder einer Kasserolle – sie muß zuletzt alle Zutaten aufnehmen können – bei niedriger Temperatur erhitzen. Die Zwiebel unter gelegentlichem Rühren etwa 3 Minuten darin glasig schwitzen. Die Tomaten dazugeben und mit dem Oregano, den Fenchelsamen sowie Salz und Pfeffer würzen. Zugedeckt etwa 30 Minuten köcheln lassen. Die Oliven einrühren und die Sauce warm stellen.

Unterdessen in einem großen Topf reichlich Wasser zum Kochen bringen. Sobald es aufsprudelt, salzen, die Manicotti hineingeben und *al dente* kochen. Abseihen, die Pasta mit etwa 120 ml des Kochwassers zur Tomatensauce geben und bei mittlerer Temperatur noch einige Minuten durchmischen. In einer vorgewärmten flachen Schüssel anrichten und sofort servieren.

Maccheroni con sedani al formaggio

Maccheroni mit Bleichsellerie und Fontina

In Italien wird Bleichsellerie nur selten als Gemüse zubereitet. Aber er ist ein wesentlicher Bestandteil des *soffritto* und damit in vielen Suppen enthalten. Ebenso darf er beim toskanischen *pinzimonio* nicht fehlen, einer gemischten Rohkost, die man mit gutem Olivenöl als Dip genießt. Vorzüglich schmeckt er auch mit kerniger Pasta wie Maccheroni, Zite, Bucatini oder Rigatoni, ergänzt durch einen mildwürzigen Käse wie Fontina. Die kräftigeren äußeren Stangen müssen sorgfältig entfasert werden.

Für 4 Personen

450 g Bleichsellerie, geputzt und in 2,5 cm lange Stücke geschnitten
3 EL natives Olivenöl extra
$^1/_8$ l Fleischbrühe (Seite 66)
Salz und frisch gemahlener Pfeffer
450 g Maccheroni
60 g Butter
120 g Fontina, in feine Streifen geschnitten

In einem großen Topf reichlich Wasser zum Kochen bringen und den Sellerie darin 3 Minuten blanchieren. Abgießen und dabei das Wasser auffangen, es wird später zum Kochen der Pasta verwendet.

Das Öl in einem großen Topf bei mittlerer Temperatur erhitzen. Den Sellerie unter häufigem Rühren 5 Minuten darin dünsten. Die Brühe zugießen, salzen und pfeffern. Das Gemüse zugedeckt etwa 20 Minuten köcheln lassen.

Das Selleriekochwasser erneut sprudelnd aufkochen, salzen, die Maccheroni hineingeben und *al dente* kochen. Die Butter in einem Topf zerlassen, ohne daß sie Farbe annimmt. Die Nudeln abseihen und in einer vorgewärmten Servierschüssel anrichten. Die Butter, den Sellerie und die Hälfte des Käses gründlich untermischen, mit dem restlichen Käse bestreuen und pfeffern. Sofort servieren.

Orecchiette con le fave

Orecchiette mit dicken Bohnen

Die samtige Sauce aus pürierten dicken Bohnen schmeckt vorzüglich zu hausgemachten Nudeln. Allerdings müssen sie ohne Ei hergestellt sein, da die Sauce sonst klebrig wird. Ebenso können Sie getrocknete Pasta wie Farfalle, Ruote oder Radiatori verwenden. Wenn Sie ganz frische, zarte Bohnen bekommen, lösen Sie sie nur aus den ungenießbaren Hülsen, die Häute können mitgegessen werden. Größere und ältere Kerne müssen dagegen enthäutet werden. Nachfolgend ist die Menge der fertig vorbereiteten Bohnen angegeben.

Für 4 Personen

300 g dicke Bohnen (siehe Rezepteinleitung)
120 ml natives Olivenöl extra
Salz
Frische Orecchiette (Seite 55)
6 EL frisch geriebener Pecorino (Romano)
Frisch gemahlener Pfeffer

In einem großen Topf reichlich Wasser zum Kochen bringen und ein Drittel der Bohnen 1 Minute blanchieren. Mit einem Schaumlöffel herausnehmen und mit dem Öl sowie 75 ml des Kochwassers im Mixer oder in der Küchenmaschine pürieren. In einen Topf füllen und warm halten.

Inzwischen die restlichen Bohnen in das Wasser geben, salzen. Sobald es wieder kocht, die Orecchiette hinzufügen und alles kochen, bis die Nudeln *al dente* und die Bohnen gar sind. Abseihen, auf einer vorgewärmten Servierplatte anrichten und mit dem warmen Bohnenpüree übergießen. Den Pecorino darüberstreuen und mit etwas Pfeffer übermahlen. Das Gericht sehr heiß zu Tisch bringen.

Orecchiette al tarassaco
Orecchiette mit Löwenzahn

Löwenzahn – in Italien je nach Region als *tarassaco*, *soffioni*, *erbucce* oder *dente di leone* bekannt – wächst allerorten in freier Natur. Sammeln Sie im Frühjahr noch vor der Blüte die kleinen, zarten Blätter. Damit haben Sie einen willkommenen Anlaß für einen kleinen Spaziergang. Mir machen solche kulinarischen Exkursionen immer Spaß. In letzter Zeit nehme ich oft meinen ältesten Enkel Giacomo mit, der sich inzwischen schon für Kräuter begeistert und erkennt, welche gut geeignet sind.

Die Kombination aus Löwenzahn und dicken Bohnen findet sich häufig in Pastasaucen und Suppen. Als Ersatz für Löwenzahn eignet sich auch Chicorée.

Für 4 Personen

1 kleine Zwiebel, gehackt
2 Knoblauchzehen, gehackt
120 ml natives Olivenöl extra
300 g reife Eiertomaten, enthäutet, Samen entfernt
und klein gewürfelt, ersatzweise Dosentomaten mit dem Saft
300 g Löwenzahn, sorgfältig gewaschen
300 g ausgepalte dicke Bohnen
Salz und frisch gemahlener Pfeffer
Frische Orecchiette (Seite 55)

Die Zwiebel und den Knoblauch mit dem Öl in eine große Pfanne geben und unter häufigem Rühren sanft anschwitzen, bis sie glasig werden. Die Tomaten, den Löwenzahn und die Bohnen zufügen, salzen, pfeffern und zugedeckt etwa 30 Minuten köcheln lassen.

Gleichzeitig in einem großen Topf reichlich Wasser zum Kochen bringen. Sobald es sprudelt, salzen und die Orecchiette *al dente* kochen. Abseihen und dabei ein Glas Kochwasser auffangen. Die Nudeln in die Pfanne zur Sauce geben und alles zusammen noch einige Minuten vermischen. Falls das Gericht zu trocken ist, das aufgefangene Kochwasser hinzugießen. In einer vorgewärmten Schüssel anrichten und sofort servieren.

Pappardelle al finocchio
Pappardelle mit Fenchel

Pappardelle sind eine Spezialität der Toskana, deshalb bieten sie sich als Begleiter zu Fenchel, einem typischen Gemüse aus der Region, geradezu an. Die sehr breiten Nudeln können den Geschmack anderer Zutaten leicht übertönen. Daher werden sie gewöhnlich mit Fleischsaucen, vor allem Zubereitungen mit Hase oder Ente, kombiniert. Aber auch in einem geschmacksintensiven Gemüse finden sie eine ideale Ergänzung.

Für 4 Personen

60 g Butter
2 Fenchelknollen, die Außenblätter entfernt, die Knollen
längs halbiert und in feine Scheiben geschnitten
Frisch geriebene Muskatnuß
$1/4$ l Sahne
Salz
Frischer Nudelteig mit Ei (Seite 47 und 51),
in Pappardelle geschnitten (Seite 52)
4 EL frisch geriebener Parmesan
Frisch gemahlener Pfeffer

Die Butter in einem Topf bei mittlerer bis niedriger Temperatur zerlassen. Den Fenchel mit etwa 120 ml Wasser zufügen und zugedeckt in etwa 15 Minuten gar dünsten. Mit Muskatnuß würzen. Die Sahne einrühren und einmal kräftig durchkochen. Die Sauce warm stellen.

In einem großen Topf reichlich Wasser zum Kochen bringen. Salzen und die Pappardelle hineingeben. Wenn das Wasser wieder sprudelt und die Nudeln an die Oberfläche steigen, abseihen. In einer vorgewärmten Servierschüssel anrichten und mit der Fenchel-Sahne-Sauce vermischen. Mit dem Parmesan und Pfeffer bestreuen und sofort servieren.

Penne rosse ai carciofi

Rote Penne mit Artischocken

Artischocken sind ein vorzügliches Gemüse, und in ihrer Konsistenz passen sie bestens zu Penne, die kerniger sind als dünne Nudelformen wie Spaghetti oder Linguine. Auch Maccheroni und Rigatoni eignen sich gut für dieses Gericht. Um einen milderen Geschmack zu erzielen, garen Sie die Artischocken nicht mit Tomaten, sondern in Sahne und verwenden frische Nudeln wie Taglierini.

Für 4 Personen

4 Artischocken
Saft von 1 Zitrone
4 EL natives Olivenöl extra
1 Zwiebel, fein gehackt
300 g Eiertomaten, enthäutet, Samen entfernt und klein gewürfelt,
ersatzweise Dosentomaten mit dem Saft
Salz und frisch gemahlener Pfeffer
450 g rote Penne
1 EL gehackte glatte Petersilie

Die Artischocken vorbereiten: Die Stiele abbrechen, die harten unteren Blätter abzupfen, von den übrigen Blättern die stacheligen Spitzen abschneiden und das Heu aus dem Inneren herauslösen. Die Artischocken in feine Scheiben schneiden und in eine Schüssel mit Wasser geben, das mit dem Zitronensaft gesäuert wurde – so laufen sie nicht dunkel an.

Das Öl in einer großen Pfanne bei niedriger Temperatur erhitzen und die Zwiebel etwa 5 Minuten unter Rühren darin glasig anschwitzen. Die abgetropften Artischocken 5 Minuten in der offenen Pfanne mitdünsten. Die Tomaten dazugeben, salzen, pfeffern und zugedeckt etwa 30 Minuten köcheln lassen.

Inzwischen in einem großen Topf reichlich Wasser zum Kochen bringen. Sobald es sprudelt, salzen, die Penne einstreuen und *al dente* kochen. Abseihen (etwas Nudelwasser auffangen) und unter die Artischocken mischen. Die Petersilie und, falls die Sauce zu trocken ist, etwas von dem aufgefangenen Nudelkochwasser einrühren.

Das Gericht bei mittlerer Temperatur noch etwa 2 Minuten in der Pfanne ziehen lassen. In einer vorgewärmten Schüssel anrichten und sogleich zu Tisch bringen.

Penne alla napoletana

Penne mit Auberginen und Mozzarella

Mein Vater liebte dieses Gericht – vielleicht aufgrund seines neapolitanischen Erbes. Er akzeptierte nur Mozzarella bester Qualität, möglichst aus der Milch von Büffeln aus Salerno oder Battipaglia und absolut frisch. Damals ließen sich solche Ansprüche eigentlich nur dann erfüllen, wenn jemand mit dem Nachtzug aus dem Süden zu Besuch kam.

Dagegen bekommt man heute hervorragende Mozzarella auch schon in gutsortierten Käseabteilungen. Geben Sie sich nicht mit minderer Qualität zufrieden, sondern greifen Sie ersatzweise lieber zu Ricotta. Wenn Sie das Ausbacken der Auberginen umgehen möchten, können Sie sie auch grillen, allerdings entwickeln sie dann keinen so intensiven Geschmack. Das Gericht gelingt ebenso mit Rigatoni, Pennette oder auch Ruote.

Für 4 Personen

1 l Pflanzenöl zum Ausbacken
450 g Auberginen, in Scheiben geschnitten
Salz
4 EL natives Olivenöl extra
450 g reife Eiertomaten, enthäutet, Samen entfernt und klein
gewürfelt, ersatzweise Dosentomaten mit dem Saft
Frisch gemahlener Pfeffer
450 g Penne
200 g Mozzarella, in Scheiben geschnitten
1 Handvoll frisches Basilikum

Das Öl in einer hohen Pfanne auf 180 °C erhitzen und die Auberginenscheiben portionsweise ausbacken, sie sollen zart gebräunt sein. Auf Küchenpapier abtropfen lassen und salzen.

Das Olivenöl in einem Topf bei mittlerer Temperatur erhitzen. Die Tomaten etwa 30 Minuten unter häufigem Rühren darin dünsten, bis die Flüssigkeit verdampft ist. Mit Salz und Pfeffer abschmecken und warm stellen.

In einem großen Topf reichlich Wasser zum Kochen bringen. Sobald es aufsprudelt, salzen, die Penne einstreuen und *al dente* kochen. Abseihen und in einer vorgewärmten flachen Schüssel anrichten. Die Tomatensauce, die Auberginen und die Mozzarella hinzufügen, alles vermischen, mit dem Basilikum bestreuen und sehr heiß zu Tisch bringen.

Penne al gorgonzola

Penne
mit Gorgonzola

Mit ihrem herzhaften Geschmack paßt diese Sauce wundervoll zu dickerer Pasta wie Penne, zugleich aber, da sie mit Sahne zubereitet ist, auch zu fast allen frischen Eiernudeln. Der Käse muß frisch sein und darf nicht zu streng schmecken. Verwenden Sie daher die milde Variante, Gorgonzola dolce, und nicht etwa Gorgonzola piccante. Stark gereiften und somit pikanten Blauschimmelkäse erkennt man an der kräftigen Äderung.

Für 4 Personen

Salz
450 g Penne
180 g Gorgonzola
60 g Butter
¼ l Sahne
Abgeriebene Schale von 1 unbehandelten Zitrone
1 Prise frisch geriebene Muskatnuß
Frisch gemahlener Pfeffer

In einem großen Topf reichlich Wasser zum Kochen bringen. Sobald es aufsprudelt, salzen, die Penne einstreuen und *al dente* kochen.

Unterdessen in einem zweiten Topf den Gorgonzola mit der Butter, der Sahne, der Zitronenschale, Muskatnuß und Salz unter häufigem Rühren erhitzen und etwa 5 Minuten köcheln lassen.

Die Nudeln abseihen. In einer vorgewärmten Schüssel anrichten, mit der Käsesauce vermischen und zuletzt etwas Pfeffer darübermahlen. Das Gericht sofort servieren.

Pipe alla lattuga e fagioli verdi

Pipe mit Kopfsalat
und grünen Bohnenkernen

Frisch wie getrocknet schmecken grüne Bohnenkerne, auch als Flageolets bekannt, so zart, daß man sie gern einfach in Butter dünstet. Hier verbinden sie sich mit feinen Streifen von grünem Salat zu einer exquisiten Pastasauce.

Statt mit Pipe können Sie das Gericht auch mit Conchiglie, Ruote oder Farfalle zubereiten.

Für 4 Personen

300 g frische grüne Bohnenkerne, ersatzweise 120 g getrocknete Flageolets, über Nacht in Wasser eingeweicht und abgetropft
6 EL natives Olivenöl extra
1 EL gehackte Frühlingszwiebel
1 Kopfsalat, in feine Streifen geschnitten
Salz und frisch gemahlener Pfeffer
300 g reife Eiertomaten, enthäutet, Samen entfernt und gewürfelt
450 g Pipe

Die Bohnen in einem Topf mit Wasser bedecken, langsam zum Kochen bringen und leise köcheln lassen – frische Kerne benötigen etwa 30 Minuten, getrocknete 1½ Stunden. Abgießen und beiseite stellen.

In einem großen Topf reichlich Wasser zum Kochen bringen. Gleichzeitig in einem zweiten großen Topf das Öl erhitzen und die Frühlingszwiebel darin etwa 3 Minuten glasig anschwitzen. Die Salatstreifen dazugeben, salzen, pfeffern und durchmischen, bis sie zusammenfallen. Die Tomaten und die Bohnen einrühren und im offenen Topf noch 5 Minuten bei mittlerer Temperatur dünsten.

Das sprudelnd kochende Nudelwasser salzen und die Pipe *al dente* kochen. Abseihen, zum Gemüse geben und gründlich vermischen. Auf einer vorgewärmten Servierplatte anrichten und sogleich zu Tisch bringen.

Fusilli alla siciliana

Fusilli mit Oliven und Blumenkohl

Oliven, Sardellen, Blumenkohl und Kapern, typische Elemente der sizilianischen Küche, deren Aromen sich herzhaft miteinander verbinden. Gut schmeckt die Sauce auch mit Bucatini oder Zitoni.

Für 4 Personen

Salz
450 g Fusilli
450 g Blumenkohl, in Röschen geteilt
und die Stiele in Stücke geschnitten
120 ml natives Olivenöl extra
4 Knoblauchzehen, gehackt
90 g entsteinte schwarze Oliven,
möglichst aus Gaeta oder griechische
4 EL Kapern in Essig, abgespült
4 Sardellenfilets in Olivenöl
2 EL gehackte glatte Petersilie

Einen großen Topf mit reichlich Wasser zum Kochen bringen. Sobald es sprudelt, salzen, die Fusilli mit den Blumenkohlröschen und -stielen hineingeben und kochen, bis die Pasta *al dente* und der Blumenkohl gar ist.

Gleichzeitig die Hälfte des Öls in einer großen Pfanne erhitzen und den Knoblauch unter häufigem Rühren etwa 3 Minuten darin glasig schwitzen. Die Oliven, die Kapern, die Sardellenfilets, das restliche Öl und die Petersilie zufügen und weitere 2 Minuten rühren, bis die Sardellen völlig zerfallen sind.

Die Nudeln mit dem Blumenkohl abseihen (etwa 120 ml des Kochwassers auffangen) und zusammen zu der herzhaften Mischung in der Pfanne geben. Noch einige Minuten rühren, bis sich die Aromen verteilt haben. Falls die Mischung zu trocken ist, das aufgefangene Nudelkochwasser zufügen. Das Gericht in einer vorgewärmten flachen Schüssel anrichten und sogleich servieren.

Rigatoni al cavolo nero

Rigatoni mit Schwarzkohl

Dieses deftige Gericht bereite ich gern für Gäste zu, die mich im Winter in Coltibuono besuchen – eine gute Gelegenheit, das ganz frisch gepreßte Olivenöl zu kosten. Ruote oder Zite sind eine adäquate Alternative zu Rigatoni.

Für 4 Personen

900 g Schwarzkohl oder Wirsing, in feine Streifen geschnitten
4 EL natives Olivenöl extra
4 Knoblauchzehen, gehackt
4 Sardellenfilets in Salzlake oder Öl, abgetropft
1 EL frischer Thymian
Salz und frisch gemahlener Pfeffer
450 g Rigatoni

In einem großen Topf reichlich Wasser zum Kochen bringen und den Kohl etwa 3 Minuten blanchieren. Abgießen und das Wasser auffangen.

Das Öl in einer Pfanne erhitzen. Knoblauch und Sardellen einige Minuten darin braten, bis der Knoblauch goldgelb ist und die Sardellen zerfallen. Den Thymian und den Kohl zufügen, alles gründlich vermischen und mit Salz und Pfeffer würzen. Zugedeckt bei niedriger Temperatur etwa 30 Minuten dünsten, dabei mehrfach etwas Wasser zugießen, damit der Kohl schön feucht bleibt.

Unterdessen das Kohlwasser erneut aufkochen, salzen und die Rigatoni darin *al dente* kochen. Abseihen, zum Kohl geben und alles zusammen noch einige Minuten durchmischen. Auf einer vorgewärmten Servierplatte anrichten und sofort servieren.

Linke Seite: Getrocknete Fusilli

Spaghetti cacio e pepe

Spaghetti mit Pecorino und Pfeffer

Ein einfacheres Rezept gibt es nicht, es übertrifft in seiner Schlichtheit noch die feurige Öl-Knoblauch-Sauce von Seite 64. Da es sich aber um einen absoluten Klassiker handelt, sollten weder der Käse noch die Pasta durch etwas anderes ersetzt werden.

Für 4 Personen

Salz
450 g Spaghetti
120 g Pecorino (Romano), frisch gerieben
Frisch gemahlener Pfeffer

In einem großen Topf reichlich Wasser zum Kochen bringen. Sobald es sprudelt, salzen, die Spaghetti hinzufügen und *al dente* kochen. Abseihen, das Kochwasser auffangen und die Nudeln in einer sehr heißen Servierschüssel anrichten. Mit dem Käse, reichlich frisch gemahlenem Pfeffer und etwa 120 ml des aufgefangenen Kochwassers vermischen und sofort zu Tisch bringen.

Ruote con cardoni, peperoni e acciughe

Ruote mit Karden, Paprika und Sardellen

Karden, ein Wintergemüse, das auch unter dem Namen Cardy, Kardonenartischocke oder Gemüseartischocke bekannt ist, sind in Italien sehr beliebt. Wie einige ihrer Namen schon verraten, erinnern sie geschmacklich an Artischocken, die daher einen geeigneten Ersatz bilden. Alternativ können Sie das Gericht mit Bleichsellerie zubereiten und die Ruote durch Penne, Rigatoni oder Manicotti ersetzen.

Für 4 Personen

Saft von 1 Zitrone
600 g Karden
4 EL natives Olivenöl extra
2 Knoblauchzehen, gehackt
4 Sardellenfilets in Salzlake, abgetropft
Salz und frisch gemahlener Pfeffer
2 gelbe oder rote Paprikaschoten, halbiert, Samen und Scheidewände entfernt und in feine Streifen geschnitten
300 g reife Eiertomaten, enthäutet und die Samen entfernt, ersatzweise Dosentomaten mit dem Saft
450 g Ruote

Den Zitronensaft in einer ausreichend großen Schüssel mit kaltem Wasser verrühren. Die Karden vorbereiten: Das Stielende, die Blattreste sowie die stacheligen Ränder entfernen und die zähen Fäden von den Stielen abziehen. Die Blattstiele in 5 cm lange Stücke schneiden und sogleich ins Zitronenwasser legen, damit sie sich nicht dunkel verfärben.

Das Öl in einer Pfanne bei mittlerer Temperatur erhitzen. Den Knoblauch mit den Sardellen unter häufigem Rühren darin anschwitzen, bis der Knoblauch glasig ist und die Sardellen zerfallen. Die Karden abgießen, in die Pfanne geben, salzen, pfeffern und alles unter häufigem Rühren 10 Minuten dünsten. Die Paprikastreifen und die Tomaten zufügen und zugedeckt bei niedriger Temperatur etwa 1 Stunde köcheln lassen, dabei immer wieder etwas Wasser angießen, damit die Sauce nicht zu dick wird.

In einem großen Topf reichlich Wasser zum Kochen bringen, salzen, die Ruote einstreuen und *al dente* kochen. Abseihen und unter die Sauce mischen. Das Gericht mit Salz abschmecken, in einer vorgewärmten Schüssel anrichten und servieren.

Tagliatelle con asparagi, piselli e carciofi

Tagliatelle mit Spargel, Erbsen und Artischocken

Ebenso köstlich schmeckt das Gericht mit anderen frischen Eiernudeln wie Tagliolini, Fettuccine oder *paglia e fieno*, aber auch mit zierlicheren getrockneten Nudeln wie Farfalle.

Für 4 Personen

Saft von 1 Zitrone
2 Artischocken
120 ml natives Olivenöl extra
450 g grüner Spargel, geputzt und in etwa 2,5 cm lange Stücke geschnitten
Salz und frisch gemahlener Pfeffer
200 g ausgepalte Erbsen
¹/₄ l Sahne
Frischer Nudelteig mit Ei (Seite 47 und 51), in Tagliatelle geschnitten (Seite 52)

In einer Schüssel, in der die Artischocken gut Platz haben, Wasser mit dem Zitronensaft vermischen. Von den Artischocken die Stiele abbrechen, die harten unteren Blätter abzupfen, von den übrigen Blät-

tern die stacheligen Spitzen abschneiden und das Heu aus dem Inneren herauslösen. Die Artischocken in feine Scheiben schneiden und sofort ins Zitronenwasser legen. Abgießen und trockentupfen.

Die Hälfte des Öls in einem Topf bei mittlerer Temperatur erhitzen. Den Spargel und die Artischocken etwa 3 Minuten darin dünsten, dabei gelegentlich wenden. Die Temperatur herunterschalten, etwa 120 ml Wasser zugießen und das Gemüse zugedeckt 20 Minuten köcheln lassen, bis die Artischocken gar sind. Salzen, pfeffern und warm stellen.

Unterdessen die Erbsen 1 Minute in kochendem Salzwasser blanchieren, abgießen und mit dem restlichen Öl im Mixer oder in der Küchenmaschine pürieren. Die Sahne untermixen. Die Mischung in einem Topf bei niedriger Temperatur etwa 10 Minuten einkochen lassen und warm stellen.

In einem großen Topf reichlich Wasser zum Kochen bringen, salzen und die Tagliatelle hineingeben. Wenn das Wasser wieder aufsprudelt und die Nudeln nach oben steigen, sofort abseihen. Die Tagliatelle in einer vorgewärmten Schüssel mit dem Erbsenpüree und dem Artischockengemüse vermischen und sogleich servieren.

Spaghetti con fave e pomodoro

Spaghetti mit dicken Bohnen und Tomaten

Rote, grüne oder gelbe Spaghetti oder Linguine sind eine gelungene Ergänzung zu dieser schlichten, deftigen Sauce. Gut schmecken dazu auch hausgemachte Fettuccine in Rot, Grün oder Gelb. Unpassend wären hingegen schwarze Fettuccine, die mit der Tinte von Sepia gefärbt werden. Wenn Sie keine frischen dicken Bohnen bekommen, verwenden sie ausgepalte Erbsen.

Für 4 Personen

4 EL natives Olivenöl extra
90 g Pancetta (ungeräucherter Bauchspeck), klein gewürfelt
1 EL sehr fein gehackte Zwiebel
1 EL gehackter Bleichsellerie
1 EL gehackte glatte Petersilie
300 g Eiertomaten, enthäutet, Samen entfernt und gewürfelt, ersatzweise Dosentomaten mit dem Saft
300 g ausgepalte dicke Bohnen
Salz und frisch gemahlener Pfeffer
450 g rote, grüne oder gelbe Spaghetti

Das Öl in einer großen Pfanne bei mittlerer Temperatur erhitzen. Speck, Zwiebel, Sellerie und Petersilie unter gelegentlichem Rühren anschwitzen, bis die Zwiebel glasig und der Speck knusprig ist. Die Tomaten und die Bohnen einrühren, salzen, pfeffern und zugedeckt etwa 30 Minuten köcheln lassen, bis die Flüssigkeit stark eingekocht ist.

Unterdessen in einem großen Topf reichlich Wasser zum Kochen bringen, salzen, die Spaghetti hineingeben und *al dente* kochen. Abseihen und bei mittlerer Temperatur noch etwa 2 Minuten in der Sauce schwenken. In einer vorgewärmten Servierschüssel anrichten und sogleich servieren.

Tagliatelle con cipolle fritte

Tagliatelle mit fritierten Zwiebelringen

Eine meiner besten Freundinnen, Lidia Orsi, ist eine ausgezeichnete Köchin. Da wir in Mailand nur drei Häuser voneinander entfernt wohnen, besuchen wir uns oft und probieren gemeinsam neue Rezepte aus. Hier eine ihrer Neuschöpfungen, der sie manchmal noch sonnengetrocknete Tomaten, leicht in Butter gebraten, beifügt.

Im Grunde paßt diese Sauce zu Pasta jeder Art. Am besten schmeckt sie mir jedoch zu frischen langen und nicht zu feinen Nudeln. Wählen Sie kleinere Zwiebeln, um kleinere Ringe zu erhalten.

Für 4 Personen

300 g kleine Zwiebeln, in dünne Scheiben geschnitten und in Ringe geteilt
Mehl zum Bestauben
1 l Olivenöl zum Ausbacken
100 g Butter
Salz
Frischer Nudelteig mit Ei (Seite 47 und 51), in Tagliatelle geschnitten (Seite 52)
6 EL frisch geriebene Fontina
Frisch geriebene Muskatnuß

Die Zwiebelringe mit Mehl in eine Papiertüte geben und schütteln, bis sie gleichmäßig überzogen sind.

In einem großen Topf reichlich Wasser zum Kochen bringen. Den Ofen auf kleinster Stufe vorheizen. Das Öl in einer großen Pfanne auf 180 °C erhitzen und die Zwiebeln darin portionsweise goldgelb ausbacken. Auf Küchenpapier abtropfen lassen und im Ofen warm stellen.

Die Butter in einem Topf langsam zerlassen, ohne daß sie Farbe annimmt.

Das sprudelnde Nudelwasser salzen und die Tagliatelle hineingeben. Abseihen, sobald das Wasser erneut aufwallt und die Nudeln an die Oberfläche steigen. In einer vorgewärmten Schüssel mit der Butter und dem Käse vermischen. Mit Muskatnuß und den Zwiebelringen bestreuen und sogleich servieren.

Tagliatelle coi porri alla panna

Tagliatelle mit Lauch-Sahne-Sauce

Mit seinem delikaten Geschmack paßt Lauch zu jeder Art von frischen Eiernudeln. Er muß gründlich gewaschen werden, da zwischen den Blättern oft Erde sitzt. Die grünen Abschnitte, die meist hart sind, werden für dieses Rezept größtenteils entfernt. Sehr gut gelingt die Sauce auch mit Frühlingszwiebeln anstelle von Lauch.

Für 4 Personen

3 EL natives Olivenöl extra
900 g Lauch, längs aufgeschnitten, gründlich abgespült
und in feine Streifen geschnitten
Salz und frisch gemahlener Pfeffer
$^1/_4$ l Sahne
1 Prise frisch geriebene Muskatnuß
6 EL frisch geriebener Parmesan
Frischer Nudelteig mit Ei (Seite 47 und 51),
in Tagliatelle geschnitten (Seite 52)

Das Öl in einer großen Pfanne bei mittlerer Temperatur erhitzen. Den Lauch einige Minuten darin andünsten, dabei gelegentlich rühren, bis er leicht glasig wird. Salzen, pfeffern, etwas Wasser hinzufügen und zugedeckt etwa 20 Minuten sanft dünsten.

In einem großen Topf reichlich Wasser zum Kochen bringen. Die Sahne in einem zweiten Topf erhitzen und ein wenig einkochen lassen. Die Muskatnuß und die Hälfte des Parmesan einrühren und die Sauce warm stellen.

Das Nudelwasser salzen und die Tagliatelle hineingeben. Sie sind gar, wenn das Wasser wieder sprudelt und die Nudeln nach oben steigen. Abseihen und zum Lauch geben. Die Sahnesauce dazugießen und alles bei niedriger Temperatur 1 Minute vermischen. Auf einer vorgewärmten Servierplatte anrichten, mit dem restlichen Parmesan bestreuen und sogleich zu Tisch bringen.

Taglierini ai fiori di zucca

Taglierini mit Zucchiniblüten

Als meine Kinder noch klein waren, lebten wir in Mailand in einem Haus mit großer Terrasse. Anfangs standen dort nur Zierpflanzen. Nach und nach aber wurde sie immer mehr zu einem Gemüsegarten, denn ich hatte entdeckt, wie hübsch auch Zucchini, grüne Bohnen und Erbsen aussehen. So konnte ich, wenn unerwartet Besuch kam, einfach hinausgehen und die Blüten für diese köstliche Sauce pflücken.

Die zarten Zucchiniblüten verlangen nach ebensolchen Nudeln. Ideal sind die feinen Taglierini. Sie dürfen jedoch auf keinen Fall übergart werden, sonst schmecken sie nicht mehr und kleben überdies zu einem Klumpen zusammen.

Für 4 Personen

300 g Zucchiniblüten
120 ml natives Olivenöl extra
1 EL gehackte glatte Petersilie
Salz und frisch gemahlener Pfeffer
Frischer Nudelteig mit Ei (Seite 47 und 51),
in Taglierini geschnitten (Seite 52)

In einem großen Topf reichlich Wasser zum Kochen bringen.

Die Zucchiniblüten seitlich einschneiden und die Stempel entfernen.

In einer großen Pfanne die Hälfte des Öls bei mittlerer Temperatur erhitzen und die Blüten darin einige Minuten braten. Mit der Petersilie bestreuen, salzen und pfeffern.

Unterdessen das Nudelwasser salzen und die Taglierini hineingeben. Sobald das Wasser erneut aufsprudelt und die Nudeln an die Oberfläche steigen, sind sie gar. Abseihen. Mit dem restlichen Öl zu den Zucchiniblüten geben und noch 1 Minute in der Pfanne schwenken. Auf einer vorgewärmten Servierplatte anrichten und sofort zu Tisch bringen.

Trenette al radicchio e caprino

Trenette mit Radicchio und Ziegenfrischkäse

Neben Trenette, die nicht immer zu bekommen sind, eignen sich auch andere lange Pastaformen wie Spaghetti, Linguine und Bucatini. Frische Nudeln passen indes nicht wegen der aromatischen, kräftigen Sauce.

Für 4 Personen

90 g Frühstücksspeck, die Schwarte entfernt, klein gewürfelt
450 g Radicchio, in feine Streifen geschnitten
Salz
450 g Trenette
120 g Ziegenfrischkäse, in dünne Scheiben geschnitten
Frisch gemahlener Pfeffer

Den Speck in einem großen Topf bei niedriger Temperatur etwa 5 Minuten knusprig ausbraten. Den Radicchio zufügen und zugedeckt etwa 20 Minuten dünsten, dabei gelegentlich etwas Wasser zugießen, damit er nicht zu trocken wird.

Inzwischen in einem großen Topf reichlich Wasser zum Kochen bringen, salzen und die Trenette *al dente* garen. Abseihen (etwas Kochwasser auffangen) und mit einer Schöpfkelle des Nudelkochwassers zum Radicchio geben. Alles bei mittlerer Temperatur noch einige Minuten vermischen. Den Käse und Pfeffer nach Geschmack untermischen. Das Gericht auf einer vorgewärmten Platte anrichten und sofort servieren.

Zitoni alle cipolle

Zitoni mit Perlzwiebeln

Da die Zwiebeln beim Kochen etwas auseinanderfallen, legen sie sich schön in und um die Nudeln. Somit ist jede hohle Pastaform für dieses Gericht geeignet. Noch besser als Perlzwiebeln schmecken die kleinen, flachrunden Schaschlikzwiebeln, die man jedoch außerhalb Italiens selten findet.

Für 4 Personen

4 EL natives Olivenöl extra
6 frische Salbeiblätter
450 g Perlzwiebeln
Etwa 120 ml trockener Weißwein
300 g Eiertomaten, enthäutet, Samen entfernt und gewürfelt,
ersatzweise Dosentomaten mit dem Saft
Salz und frisch gemahlener Pfeffer
450 g Zitoni

Das Öl in einer Pfanne bei niedriger Temperatur erhitzen und den Salbei einige Minuten sein Aroma an das Öl abgeben lassen. Die Zwiebeln darin etwa 5 Minuten anschwitzen, dabei gelegentlich rühren. Den Wein zugießen und verdampfen lassen. Die Tomaten einrühren, salzen, pfeffern und alles zugedeckt etwa 30 Minuten sanft köcheln lassen, bis kaum noch Flüssigkeit in der Pfanne ist.

Inzwischen in einem großen Topf reichlich Wasser zum Kochen bringen, salzen und die Zitoni *al dente* kochen. Abseihen und noch 2 Minuten in der Sauce schwenken. In einer vorgewärmten Schüssel anrichten und sofort servieren.

Trenette al pesto

Trenette mit Basilikumsauce

In der Gegend um Genua ist dieses Gericht ein absoluter Klassiker. Traditionsgemäß wird es mit grünen Bohnen und Kartoffeln zubereitet und mit hausgemachter Pasta serviert, die man in Ligurien üblicherweise ohne Ei herstellt. Genausogut schmecken getrocknete Nudeln wie Linguine. Die Basilikumsauce wird mit Nudelkochwasser verdünnt.

Für 4 Personen

Salz
300 g grüne Bohnen, geputzt, quer halbiert
300 g mehligkochende Kartoffeln, geschält, halbiert,
in sehr feine Streifen (Julienne) geschnitten
450 g Trenette
$1/4$ 1 Basilikumsauce (Seite 60)

In einem großen Topf reichlich Wasser zum Kochen bringen, salzen und die Bohnen 10 Minuten kochen. Die Kartoffelstreifen zufügen. Nach dem erneuten Aufsprudeln die Trenette hineingeben und *al dente* kochen.

Abseihen und in einer vorgewärmten Servierschüssel anrichten. Mit der Basilikumsauce übergießen und alles gründlich vermischen. Das Gericht sofort servieren.

Rechte Seite: Trenette mit Radicchio und Ziegenfrischkäse

Pasta mit Fisch und Meeresfrüchten

Nirgends zeigt sich die kulinarische Vielseitigkeit von Pasta deutlicher als in der harmonischen Verbindung, die sie mit den verschiedenen Fischen und Meeresfrüchten jeder Art eingeht. Zugleich können Sie bei diesen Pastagerichten Ihr ganzes Können unter Beweis stellen, denn ihre Zubereitung verlangt einen feinen Gaumen, ein kritisches Auge und ein gutes Gespür. Einmal mehr ist Schlichtheit das Geheimnis des Erfolgs.

Die nachfolgend vorgestellten Pastagerichte sind, ganz ähnlich wie Pizza mit Meeresfrüchten, italienische Spezialitäten, die man zumindest einmal in ihrer Heimat gekostet haben muß, damit sie anderenorts überzeugend gelingen. Schließlich liefert das Mittelmeer seit jeher Fische und Meeresfrüchte von einer Güte, wie sie nur dort zu finden ist. Die Fänge aus dem Mittelmeer sind der Ursprung einer kulinarischen Tradition, die sich über Jahrhunderte entwickelt und heute gastronomische Spitzenqualität erreicht hat.

Spaghetti mit Venusmuscheln etwa schmecken nirgends so wie die *spaghetti alle vongole veraci*. Die Venusmuschel bekommt man in Italien aus frischen Fängen. Glücklicherweise aber sind italienische Fische und Meeresfrüchte auch im Ausland in immer besserer Auswahl und Qualität zu haben. Achten Sie darauf, daß Sie bei Ihrem Fischhändler fangfrische Ware bekommen.

Außerdem tragen die Kräuter und Zubereitungsmethoden wesentlich zum Gelingen eines italienischen Gerichts bei. Dies gilt besonders für Pastasaucen mit Fisch und Meeresfrüchten.

Ich habe für dieses Kapitel Rezepte ausgewählt, die sich auch außerhalb ihres Heimatlandes mühelos zubereiten lassen. Die Fülle an Zutaten umfaßt unter anderem frischen und geräucherten Lachs, Thunfisch aus der Dose, Sardellen und Sardinen, Klippfisch, andere weißfleischige Fische und Kaviar. Natürlich kommen auch die Krustentiere und Muscheln nicht zu kurz. In Kombination mit immer wieder anderen Pastasorten ergibt sich daraus eine breitgefächerte Palette kulinarischer Genüsse.

Die meisten Gerichte empfehlen sich als erster Gang, einige ergeben auch exzellente Hauptspeisen, etwa die köstlichen Fischspieße auf Tagliatelle oder die herzhaften Rigatoni mit Tintenfisch und Mangold. Alle Nudelsalate mit Meeresfrüchten munden, mit einem gutgekühlten Weißwein serviert, vorzüglich als leichtes Sommeressen. Sie sollten immer Raumtemperatur haben, also nicht zu kalt gereicht werden.

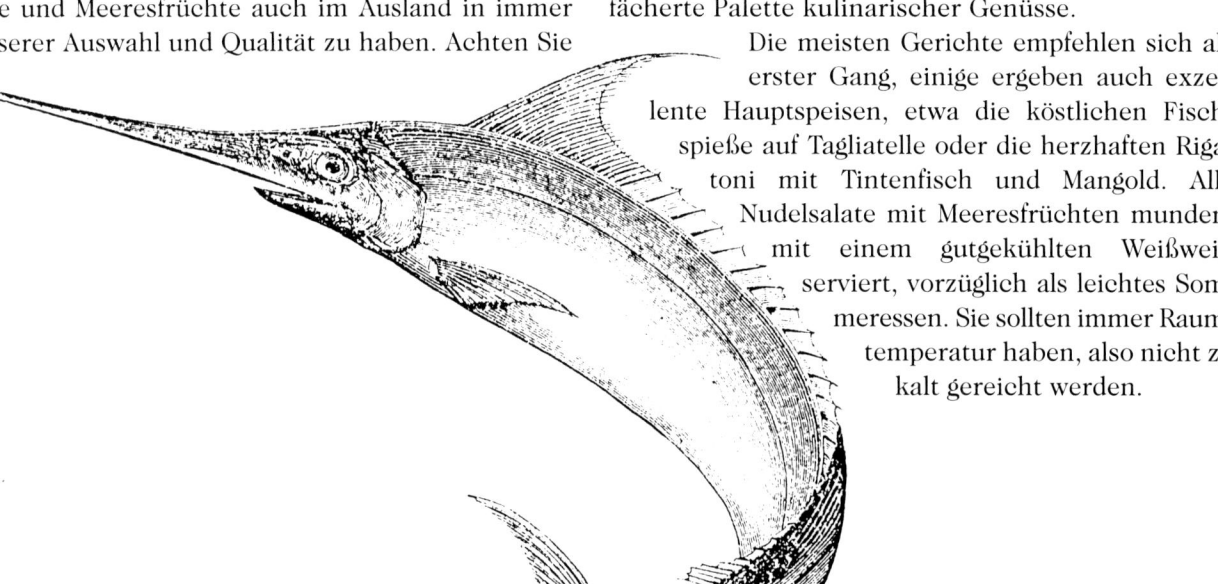

Fettuccine alle carote e scampi

Fettuccine mit Möhren und Scampi

Zarte Eiernudeln verbinden sich mit Meeresfrüchten und einer sahnigen Sauce zu einem exquisiten Genuß. Möhren verleihen dieser ungewöhnlichen, delikaten Kreation einen Hauch von Süße.

Für 4 Personen

¹/₄ l Sahne
30 g Butter
2 Lorbeerblätter
Salz und frisch gemahlener Pfeffer
200 g gekochte Scampi, geschält und der Darm entfernt
Frischer Nudelteig mit Ei (Seite 47 und 51),
in Fettuccine geschnitten (Seite 52)
2 Möhren, in sehr feine Streifen geschnitten
120 g Fontina, in sehr feine Streifen geschnitten

In einem großen Topf reichlich Wasser zum Kochen bringen. In einem zweiten Topf die Sahne und die Butter mit den Lorbeerblättern sowie Salz und Pfeffer nach Geschmack bei niedriger Temperatur erhitzen. Die Scampi hineingeben und 2 Minuten sanft garen; warm stellen.

Das Nudelwasser salzen. Die Fettuccine mit den Möhren hineingeben und kochen, bis die Nudeln *al dente* und die Möhren weich sind. Abseihen und in eine vorgewärmte Servierschüssel füllen. Die Sahnesauce mit den Scampi sowie die Hälfte der Fontina untermischen und mit dem restlichen Käse bestreuen. Unverzüglich servieren.

Linguine e sogliola al rosmarino

Linguine mit Seezunge und Rosmarin

Für dieses aparte und köstliche Gericht werden die Seezungenfilets zwar im ganzen gebraten, sie zerfallen aber beim Vermischen mit den Nudeln in kleine Stücke. Der Rosmarin muß sehr fein gehackt werden.

Für 4 Personen

Salz
300 g Linguine
90 g Butter
2 EL feingehackter frischer Rosmarin
300 g Seezungenfilets, enthäutet
60 g Mehl

In einem großen Topf reichlich Wasser zum Kochen bringen. Salzen und die Linguine *al dente* kochen.

Unterdessen die Butter in einer großen Pfanne bei niedriger Temperatur zerlassen. Den Rosmarin einige Minuten darin braten. Die Fischfilets im Mehl wenden und überschüssiges Mehl abschütteln. In die Pfanne legen und auf jeder Seite etwa 3 Minuten braten, dabei nur einmal wenden.

Die Linguine abseihen und in eine vorgewärmte Schüssel füllen. Die Seezungenfilets mitsamt der Rosmarinbutter daraufgeben, gut durchmischen und sogleich servieren.

Penne alla crema di sardine

Penne mit Sardinencreme

Vor Jahren, als wir ein kleines Segelboot mit wenig Raum für Proviant hatten, entstand dieses schnelle und köstliche Gericht. Da wir damals mit unseren vier Kindern unterwegs waren, wollte und konnte ich nicht die ganze Zeit mit Kochen zubringen und erfand diese Sauce, die sich mühelos überall zubereiten läßt. Sie schmeckt auch gut mit Farfalle oder Conchiglie.

Für 4 Personen

2 reife, feste Tomaten, enthäutet und die Samen entfernt
6 EL natives Olivenöl extra
120 g Sardinen in Öl, abgetropft
2 Sardellenfilets in Öl oder Salzlake, abgetropft
1 Handvoll frisches Basilikum
1 EL Kapern in Essig, abgetropft
Salz
450 g Penne

Tomaten, Olivenöl, Sardinen, Sardellen, Basilikum und Kapern im Mixer oder in der Küchenmaschine cremig pürieren. Die Mischung bei Bedarf mit einigen Eßlöffeln Wasser verdünnen.

In einem großen Topf reichlich Wasser zum Kochen bringen. Salzen und die Penne *al dente* kochen. Abseihen, mit der Sardinencreme vermischen und bis zum Servieren auf Raumtemperatur abkühlen lassen.

Insalata di farfalle al tonno

Salat von Farfalle mit Thunfisch

Dieser Salat kann einige Stunden im voraus zubereitet werden. In dem Fall stellt man ihn einstweilen kalt, läßt ihn aber vor dem Servieren unbedingt wieder Raumtemperatur annehmen, denn kalte Pasta ist alles andere als appetitanregend. Conchiglie oder Fusilli sind ein geeigneter Ersatz für die Farfalle.

Für 4 Personen

1 gelbe und 1 rote Paprikaschote
Salz
300 g Farfalle
6 EL natives Olivenöl extra
1 EL Kapern in Salzlake, abgetropft
120 g schwarze Oliven, zum Beispiel aus Gaeta
oder griechische, entsteint
200 g Thunfisch in Öl oder Salzlake, abgetropft
und in mundgerechte Stücke zerpflückt
Frisch gemahlener Pfeffer
1 Handvoll frisches Basilikum

Den Ofen auf 180 °C (Gas Stufe 4) vorheizen.

Ein Backblech mit Alufolie auslegen, die Paprikaschoten darauflegen und im Ofen rösten, bis sie weich sind und ringsum Blasen werfen. Etwa 10 Minuten in einer Plastiktüte schwitzen lassen; danach enthäuten, halbieren und die Samen und Scheidewände entfernen. Die Schoten längs in etwa 1 cm breite Streifen schneiden und beiseite legen. (Bei Bedarf lassen sie sich einen Tag im Kühlschrank aufbewahren.)

In einem großen Topf reichlich Wasser zum Kochen bringen. Salzen und die Farfalle *al dente* kochen. Abseihen, in eine Schüssel füllen und das Olivenöl unterziehen. Die Paprikastreifen, die Kapern, die Oliven und den Thunfisch hinzufügen und alles gründlich vermischen. Nach Geschmack salzen und pfeffern. Auf Raumtemperatur abkühlen lassen, mit dem Basilikum garnieren und servieren.

Penne al pescespada

Penne mit Schwertfisch

Im Sommer, wenn die Schwertfisch- und Thunfischsaison ihren Höhepunkt hat, ist diese sizilianische Spezialität äußerst populär.

Für 4 Personen

6 EL natives Olivenöl extra
1 Zwiebel, gehackt
2 Knoblauchzehen, gehackt
300 g Eiertomaten, enthäutet, Samen entfernt und gewürfelt,
oder Dosentomaten mit dem Saft
2 EL Kapern in Salzlake, abgetropft
75 g schwarze Oliven, zum Beispiel aus Gaeta
oder griechische, entsteint
Salz und frisch gemahlener Pfeffer
300 g Penne
2 Schwertfischscheiben (insgesamt 300 g),
enthäutet und gewürfelt
1 EL gehackte glatte Petersilie
1 EL gehacktes frisches Basilikum

Das Öl in einer großen Pfanne bei niedriger Temperatur erhitzen. Die Zwiebel mit dem Knoblauch etwa 3 Minuten darin glasig schwitzen. Die Tomaten, die Kapern und die Oliven hinzufügen und alles nach Geschmack salzen und pfeffern. Zugedeckt etwa 30 Minuten sanft dünsten, bis beinahe die gesamte Flüssigkeit verdampft ist.

In einem großen Topf reichlich Wasser zum Kochen bringen. Salzen und die Penne *al dente* kochen.

Inzwischen die Fischwürfel 10 Minuten in der Sauce garen. Die Kräuter einrühren. Den Fisch wieder herausnehmen und warm stellen. Die Nudeln abseihen und einige Minuten in der Sauce schwenken. Auf einer vorgewärmten Platte anrichten und servieren.

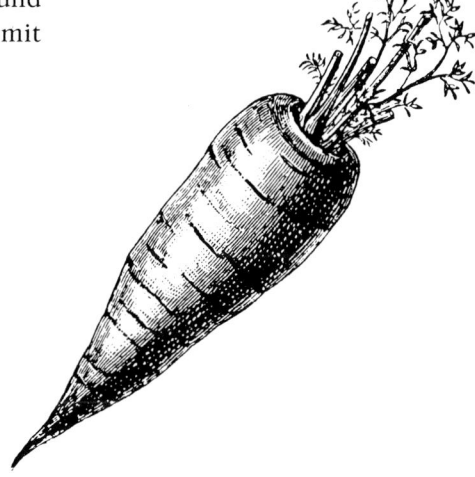

Fettuccine al caviale e ricotta

Fettuccine mit Kaviar und Ricotta

In einem besonders schönen Restaurant probierte ich diese ungewöhnliche, sehr elegante Kombination, zubereitet aus schwarzen und gelben Fettuccine und angerichtet mit schwarzem und rotem Kaviar. Sehr lecker auch mit Taglierini.

Für 4 Personen

200 g frische Ricotta
1 EL Wodka
$^1/_8$ l Sahne
Salz
Frischer Nudelteig mit Ei (Seite 47 und 51),
in Fettuccine geschnitten (Seite 52)
4 EL schwarzer Kaviar

In einem großen Topf reichlich Wasser zum Kochen bringen. Die Ricotta mit dem Wodka verrühren und im Wasserbadtopf über heißem, aber nicht kochendem Wasser warm halten.

Die Sahne in einem Topf erhitzen, etwas einkochen lassen und leicht salzen.

Das sprudelnde Nudelwasser salzen und die Fettuccine kochen, bis das Wasser erneut aufwallt und die Nudeln an die Oberfläche steigen. Abseihen und in einer vorgewärmten Schüssel mit der Sahne vermischen. Die Ricottamischung und den Kaviar darauf verteilen und das Gericht sogleich servieren.

Fettuccine con le ostriche

Fettuccine mit Austern

Für diese sehr delikate Sauce eignen sich frische Fettuccine oder Taglierini besser als getrocknete Pasta.

Für 4 Personen

20 große Austern
60 g feine Semmelbrösel
4 EL natives Olivenöl extra
Frisch gemahlener Pfeffer
$^1/_8$ l Sahne
60 g Butter
2 EL feingehackte glatte Petersilie
Salz
Frischer Nudelteig mit Ei (Seite 47 und 51),
in Fettuccine geschnitten (Seite 52)

Linke Seite: Fettuccine mit Kaviar und Ricotta

In einem großen Topf reichlich Wasser zum Kochen bringen. Den Ofen auf 200 °C (Gas Stufe 6) vorheizen.

Die Austern aufbrechen und die leeren Oberschalen wegwerfen. Die gefüllten Schalen nebeneinander in eine ofenfeste Form legen. Mit den Semmelbröseln bestreuen, mit dem Öl beträufeln und pfeffern. 10 Minuten in den Ofen schieben.

Inzwischen die Sahne mit der Butter in einem größeren Topf aufkochen und die Petersilie einrühren.

Das kochende Wasser salzen und die Fettuccine hineingeben. Sie sind gar, sobald das Wasser erneut aufsprudelt und die Nudeln an die Oberfläche steigen. Abseihen, im Topf mit der Sahne vermischen und in eine vorgewärmte Schüssel füllen. Die Austern darauf anrichten und das Gericht sogleich servieren.

Fettuccine con merluzzo e piselli

Fettuccine mit Kabeljau und Erbsen

Wenn Sie in Eile sind, verwenden Sie getrocknete Pasta wie Penne, Farfalle oder auch Linguine.

Für 4 Personen

4 EL natives Olivenöl extra
2 Knoblauchzehen, zerdrückt
2 EL feingehackte glatte Petersilie
180 g ausgepalte Erbsen
Salz und frisch gemahlener Pfeffer
4 Scheiben Kabeljau, je etwa 90 g
Etwa 120 ml trockener Weißwein
Frischer Nudelteig mit Ei (Seite 47 und 51),
in Fettuccine geschnitten (Seite 52)

In einem großen Topf reichlich Wasser zum Kochen bringen.

Das Öl in einem zweiten großen Topf bei mittlerer Temperatur erhitzen. Den Knoblauch mit der Petersilie darin glasig schwitzen. Die Erbsen mit Salz und Pfeffer nach Geschmack sowie etwa 120 ml Wasser hinzufügen. Zugedeckt bei niedriger Temperatur etwa 3 Minuten dünsten. Den Fisch mit dem Wein dazugeben und ohne Deckel 10 Minuten garen, dabei nur einmal wenden.

Unterdessen das sprudelnde Nudelwasser salzen und die Fettuccine hineingeben. Sie sind gar, wenn das Wasser erneut aufwallt und die Nudeln an die Oberfläche steigen. Abseihen, zur Sauce geben und unter vorsichtigem Rühren noch einige Minuten bei mittlerer Temperatur ziehen lassen. Auf einer vorgewärmten Platte anrichten und sehr heiß servieren.

Linguine al carpaccio di tonno

Linguine
mit Thunfisch-Carpaccio

Zu diesem Rezept wurde ich bei meiner ersten Japanreise inspiriert. Dort lernte ich rohen Fisch schätzen und machte mich mit seiner Zubereitung vertraut. Seither versuche ich gelegentlich zur Freude meiner Gäste, traditionelle japanische Gerichte zu »italisieren«.

Besonders an einem warmen Sommertag ist dieser herrliche, leichte Salat ein Hochgenuß. Er gelingt auch gut mit Farfalle oder Ruote, und zur Abwechslung ersetze ich den Thunfisch auch mal durch frische Sardellenfilets.

Für 4 Personen

250 g frisches Thunfischfilet, papierdünn geschnitten
Saft von 4 Zitronen
Salz
300 g Linguine
6 EL natives Olivenöl extra
Frisch gemahlener Pfeffer
2 EL feingehackte glatte Petersilie
Abgeriebene Schale von 1 unbehandelten Zitrone

Den Thunfisch auf einem flachen Teller auslegen. Mit dem Zitronensaft übergießen und mindestens 2, aber höchstens 6 Stunden kalt stellen.

In einem großen Topf reichlich Wasser zum Kochen bringen. Salzen und die Linguine *al dente* kochen. Abseihen und in einer Schüssel mit dem Öl und etwas Pfeffer vermischen; auf Raumtemperatur abkühlen lassen.

Den Zitronensaft vom Fisch abgießen. Den Fisch mit der Pasta durchmischen. Mit der Petersilie und der Zitronenschale bestreuen, nochmals Pfeffer darübermahlen und servieren.

Ruote verdi agli scampi e acciughe

Grüne Ruote
mit Scampi und Sardellen

Mit Spinat gefärbte Nudeln setzen einen hübschen farblichen Akzent. Auch kurze Röhrennudeln nehmen die herzhafte Sardellensauce gut auf. Sie ist in wenigen Minuten fertig. Beginnen Sie daher erst mit der Zubereitung, wenn die Nudeln im Wasser sind.

Für 4 Personen

Salz
300 g grüne Ruote
6 EL natives Olivenöl extra
1 Knoblauchzehe, zerdrückt
4 Sardellenfilets in Öl, abgetropft
300 g große rohe Scampi, geschält und der Darm entfernt
1 Prise Chiliflocken

In einem großen Topf reichlich Wasser zum Kochen bringen. Salzen und die Ruote *al dente* kochen.

Unterdessen das Öl mit dem Knoblauch in einer Pfanne erhitzen. Die Sardellenfilets darin mit einer Gabel zerdrücken. Die Scampi mit den Chiliflocken zufügen und einige Minuten garen, dabei mehrmals wenden.

Die Pasta abseihen und noch 2 Minuten in der Sauce schwenken. In eine vorgewärmte Schüssel füllen und sogleich servieren.

Rechte Seite: Linguine mit Thunfisch-Carpaccio

Rigatoni con seppie in zimino

Rigatoni mit Tintenfisch und Mangold

Anstelle von Mangold können Sie für diese köstliche toskanische Spezialität auch Spinat verwenden. Er schmeckt allerdings kräftiger und übertönt unter Umständen das Tintenfischaroma.

Für 4 Personen

15 g getrocknete Steinpilze
450 g Mangold, gründlich gewaschen und die Blattstiele entfernt
6 EL natives Olivenöl extra
1 kleine Zwiebel, gehackt
300 g Tintenfische (Sepia), küchenfertig vorbereitet und in Ringe geschnitten
Etwa 120 ml trockener Weißwein
2 Eiertomaten, enthäutet, Samen entfernt und gewürfelt
Salz und frisch gemahlener Pfeffer
300 g Rigatoni

Die Pilze etwa 30 Minuten in einer Schüssel in Wasser einweichen. Abseihen und ausdrücken, dabei das Wasser auffangen – es kann gefiltert noch zum Aromatisieren eines Risottos, einer Sauce oder einer Suppe verwendet werden.

Den Mangold 1 Minute in kochendem, ungesalzenem Wasser blanchieren, bis er eben zusammenfällt. Abseihen und ausdrücken.

Das Öl in einer großen Pfanne bei mittlerer Temperatur erhitzen. Die Zwiebel etwa 3 Minuten glasig schwitzen. Den Tintenfisch 2 Minuten unter Rühren darin braten und mit dem Wein ablöschen. Die Pilze, die Tomaten und den Mangold untermischen, salzen und pfeffern. Zugedeckt bei niedriger Temperatur etwa 30 Minuten köcheln lassen, bis die Flüssigkeit weitestgehend aufgenommen ist.

Inzwischen in einem großen Topf reichlich Wasser zum Kochen bringen. Salzen und die Rigatoni *al dente* kochen. Abseihen und noch einige Minuten in der Sauce schwenken. In eine vorgewärmte Schüssel füllen und sogleich servieren.

Rigatoni con le sarde e finocchietto

Rigatoni mit Sardinen und wildem Fenchel

Wilder Fenchel – auch als Sizilianischer oder Italienischer Fenchel bekannt – ist schwierig zu bekommen, doch können Sie sich mit Fenchelsamen behelfen, die Sie in jedem Supermarkt finden.

Für 4 Personen

450 g frische Sardinen, filetiert
Salz
300 g Rigatoni
6 EL natives Olivenöl extra
1 EL gehackter wilder Fenchel oder Fenchelsamen
1 große Prise Safranfäden
Frisch gemahlener Pfeffer
2 EL Pinienkerne

Die Sardinenfilets gründlich abspülen und beiseite legen. In einem großen Topf reichlich Wasser zum Kochen bringen. Salzen und die Rigatoni *al dente* kochen.

Unterdessen die Hälfte des Öls in einer großen Pfanne bei mittlerer Temperatur erhitzen. Die Sardinenfilets mit dem Fenchelgewürz darin etwa 2 Minuten braten, dabei einmal wenden. Die Safranfäden in 120 ml Nudelkochwasser verrühren und unter die Sardinen mischen.

Die Nudeln abseihen und in die Pfanne geben. Mit Salz und Pfeffer würzen und mit den Pinienkernen bestreuen. Einige Minuten durchmischen und zuletzt das restliche Öl darüberträufeln.

Das Gericht in einer vorgewärmten Schüssel anrichten und sehr heiß servieren.

Spaghetti al merluzzo e acciughe

Spaghetti mit Kabeljau und Sardellen

Auch dieses sehr einfache Gericht entstammt der sizilianischen Küche. Dort wird es mit ganz kleinen Kabeljaus von nur etwa 200 Gramm zubereitet. Genausogut aber gelingt es mit Scheiben von einem größeren Fisch.

Für 4 Personen

4 eingesalzene Sardellen, filetiert
2 kleine Kabeljaus, je etwa 200 g, oder 2 Scheiben
von entsprechendem Gewicht, enthäutet
Salz
300 g Spaghetti
6 EL natives Olivenöl extra
4 Knoblauchzehen, fein gehackt
2 EL feingehackte glatte Petersilie

Die Sardellenfilets und die Kabeljaus abspülen und mit Küchenpapier trockentupfen.

In einem großen Topf reichlich Wasser zum Kochen bringen. Salzen und die Spaghetti *al dente* kochen.

Inzwischen das Öl in einem weiten, großen Topf bei mittlerer Temperatur erhitzen. Die Sardellen mit dem Knoblauch unter häufigem Rühren darin braten, bis sie zerfallen. Die Petersilie und den Fisch hinzufügen und noch einige Minuten mitbraten.

Die Spaghetti abseihen und in einer vorgewärmten Schüssel anrichten. Mit dem Fisch und der Sauce vermischen. Das Gericht sehr heiß servieren.

Sedani alle biete e capesante

Sedani mit Mangold und Jakobsmuscheln

Sedani sind gerillte Röhrennudeln, die diese grüne Sauce schön aufnehmen. Vorzüglich gelingt das ungewöhnliche Rezept auch mit großen Garnelen anstelle von Jakobsmuscheln, und die Sedani können Sie durch Rigatoni oder Penne ersetzen.

Für 4 Personen

450 g Mangold
Salz
6 EL natives Olivenöl extra
Frisch gemahlener Pfeffer
300 g Sedani
300 g ausgelöste Jakobsmuscheln

Den Mangold waschen. Die Blätter von den Stielen trennen und die Stiele längs in sehr feine Streifen schneiden. In einem großen Topf reichlich Wasser zum Kochen bringen und salzen. Die Mangoldblätter 2 Minuten blanchieren. Mit einer Schaumkelle herausnehmen und mit 4 Eßlöffeln Öl sowie 120 ml des Kochwassers im Mixer oder in der Küchenmaschine pürieren – es soll sich eine flüssige Sauce ergeben. Nach Geschmack salzen und pfeffern.

Das Kochwasser erneut erhitzen und, sobald es sprudelt, die Sedani *al dente* kochen.

Das restliche Öl in einer großen Pfanne erhitzen. Die Jakobsmuscheln und die Mangoldstiele einige Minuten darin braten, dabei mehrmals wenden. Salzen und pfeffern.

Die Pasta abseihen und mit der grünen Sauce vermengen. Die Jakobsmuscheln und die Mangoldstiele untermischen und das Gericht sogleich servieren.

Spaghetti in insalata con pesce e melanzane

Salat von Spaghetti, Fisch und Auberginen

Für dieses Rezept eignet sich jeder festfleischige Fisch wie Wittling, Rochen, Brassen oder Meeräsche.

Für 4 Personen

1 kleine Zwiebel, grob gehackt
1 Möhre, grob gehackt
1 Stange Bleichsellerie, grob gehackt
1 Handvoll glatte Petersilie, gehackt
450 g küchenfertiger Fisch (siehe Rezepteinleitung)
¹/₂ l Pflanzenöl zum Ausbacken
300 g Auberginen, in 5 mm dicke Scheiben geschnitten
Salz
6 EL natives Olivenöl extra
Saft von ¹/₂ Zitrone
1 Handvoll frisches Basilikum
300 g Spaghetti
Frisch gemahlener Pfeffer

Zwiebel, Möhre, Sellerie und Petersilie mit Wasser in einen großen Topf füllen, zum Kochen bringen und bei verminderter Temperatur etwa 1 Stunde köcheln lassen. Den Sud abkühlen lassen.

Inzwischen den Fisch abspülen. In den Sud einlegen, aufkochen, sofort die Temperatur reduzieren und den Fisch etwa 10 Minuten garziehen lassen. Herausheben und etwas abkühlen lassen. Sobald man sich nicht mehr die Finger verbrennt, enthäuten, entgräten, in mundgerechte Stücke zerteilen und in eine große Salatschüssel füllen.

Das Pflanzenöl in einer tiefen Pfanne auf 180 °C erhitzen und die Auberginen portionsweise goldgelb ausbacken. Auf Küchenpapier abtropfen lassen, salzen, würfeln und zum Fisch in die Schüssel geben. Das Olivenöl, den Zitronensaft und das Basilikum vorsichtig untermischen.

In einem großen Topf reichlich Wasser zum Kochen bringen. Salzen und die Spaghetti *al dente* kochen. Abseihen und mit den Zutaten in der Schüssel gründlich vermischen. Den Salat pfeffern und zum Servieren auf Raumtemperatur abkühlen lassen. Pastasalate niemals zu kalt servieren.

Spaghetti al baccalà e peperoni

Spaghetti mit Klippfisch und Paprika

Üblicherweise wird dieses deftige süditalienische Gericht mit Spaghetti serviert, doch gelingt es genausogut mit Vermicelli oder Bucatini. Da italienische Paprikaschoten eine zarte Haut haben, ziehe ich sie in diesem Fall nicht ab. Falls Sie nicht darauf verzichten möchten, rösten Sie die Schoten einfach unter dem Grill und lassen sie anschließend, um die Haut leichter zu entfernen, etwa 10 Minuten in einer verschlossenen Plastiktüte schwitzen.

Für 4 Personen

450 g Klippfisch
60 g Mehl
¹/₂ l Pflanzenöl zum Ausbacken
1 große Zwiebel, in dünne Scheiben geschnitten
2 gelbe Paprikaschoten, Samen und Scheidewände entfernt und die Schoten quer in 1 cm breite Streifen geschnitten
4 Eiertomaten, enthäutet, Samen entfernt und gewürfelt
1 Prise Chiliflocken
Salz
300 g Spaghetti
1 EL gehackte glatte Petersilie

Den Fisch etwa 24 Stunden wässern und dabei das Wasser mindestens viermal wechseln. Abgießen, enthäuten, entgräten und in größere Würfel schneiden. Im Mehl wenden und das überschüssige Mehl abschütteln.

Das Öl in einem großen Topf auf 180 °C erhitzen. Die Fischwürfel goldgelb ausbacken und zum Abtropfen auf Küchenpapier legen. Das Öl aufbewahren.

In einem Topf 6 Eßlöffel des Öls bei mittlerer Temperatur erhitzen. Die Zwiebel etwa 3 Minuten darin glasig schwitzen, dabei ab und zu rühren. Die Paprikaschoten etwa 3 Minuten unter gelegentlichem Rühren mitbraten. Die Tomaten mit den Chiliflocken zufügen und salzen. Zugedeckt etwa 30 Minuten bei sehr niedriger Temperatur köcheln lassen.

Unterdessen in einem großen Topf reichlich Wasser zum Kochen bringen. Salzen und die Spaghetti *al dente* kochen.

Gleichzeitig den Fisch zum Gemüse geben und darin ziehen lassen, bis die Spaghetti gar sind. Die Pasta abseihen und in einer vorgewärmten Schüssel mit der Fisch-Gemüse-Sauce vermischen. Mit der Petersilie bestreuen und sogleich servieren.

Spaghetti all'aragosta

Spaghetti mit Hummer

Dieses Gericht stammt von Marettimo, einer winzigen Insel bei Sizilien. Glücklicherweise gibt es dort noch kein Hotel und kaum Tourismus. Bei unseren gelegentlichen Aufenthalten im Haus eines Freundes auf Marettimo genießen wir nicht nur das herrliche Meer und die Einsamkeit, sondern auch den phantastischen Hummer, den die Inselfischer von ihren Fahrten mitbringen.

Für 4 Personen

1 großer oder 2 kleine gekochte Hummer
(insgesamt etwa 900 g)
Salz
300 g Spaghetti
6 EL natives Olivenöl extra
1 kleine Zwiebel, gehackt
450 g frische, reife Eiertomaten, enthäutet, Samen entfernt
und klein gewürfelt
Frisch gemahlener Pfeffer
1 EL gehackter frischer Schnittlauch

Das Schwanzfleisch des Hummers auslösen und würfeln. Dazu mit einem großen, scharfen Messer zwischen Kopf- und Schwanzteil einstechen und zum Schwanzfächer hin durchschneiden. In einem großen Topf reichlich Wasser zum Kochen bringen und salzen. Den Schwanzpanzer samt Kopfteil etwa 1 Stunde darin kochen.

Mit einer Schaumkelle alle Teile aus dem Wasser nehmen und dieses erneut aufsprudeln lassen. Die Spaghetti hineingeben und *al dente* kochen.

Unterdessen das Öl in einem großen Topf bei mittlerer Temperatur erhitzen. Die Zwiebel unter häufigem Rühren etwa 3 Minuten darin glasig schwitzen. Die Tomaten zufügen und bei hoher Temperatur 3 Minuten unter häufigem Rühren garen, so daß ihr Saft rasch verkocht. Das gewürfelte Hummerfleisch bei verminderter Temperatur 3 Minuten mitgaren.

Die Spaghetti abseihen und zur Sauce geben. Nach Geschmack salzen und pfeffern und einige Minuten durchmischen. In einer vorgewärmten Schüssel anrichten, mit dem Schnittlauch bestreuen und unverzüglich servieren.

Spaghetti con calamari
Spaghetti mit Kalmar

Auch dieses Gericht ist ein Klassiker aus Süditalien und wird ebenfalls traditionsgemäß mit Spaghetti serviert. Normalerweise verwende ich ganz kleine Kalmare, doch gelingt es auch mit größeren Exemplaren sowie mit Sepia.

Für 4 Personen

6 EL natives Olivenöl extra
1 kleine Zwiebel, fein gehackt
1 Knoblauchzehe, zerdrückt
2 EL feingehackte glatte Petersilie
450 g Kalmare, küchenfertig vorbereitet und gewürfelt
450 g sehr reife Eiertomaten, enthäutet, Samen entfernt und gewürfelt, oder Dosentomaten mit dem Saft
Salz und frisch gemahlener Pfeffer
300 g rote Spaghetti

Das Öl in einer großen Pfanne bei mittlerer Temperatur erhitzen. Die Zwiebel und den Knoblauch mit der Petersilie unter häufigem Rühren etwa 3 Minuten darin glasig schwitzen. Die Kalmare 5 Minuten mitbraten, dabei immer wieder rühren. Die Tomaten dazugeben, salzen, pfeffern und zugedeckt bei niedriger Temperatur etwa 1 Stunde köcheln lassen, bis kaum noch Flüssigkeit in der Pfanne ist. Wird die Mischung zu trocken, etwas Wasser zugießen.

In einem großen Topf reichlich Wasser zum Kochen bringen. Salzen, die Spaghetti *al dente* kochen und abseihen. In die Pfanne geben und alles bei mittlerer Temperatur noch einige Minuten vermischen. Auf einer vorgewärmten Platte anrichten und heiß servieren.

Spaghettini alle acciughe
Spaghettini mit Sardellen

Spaghettini sind die klassische Pasta für diese sehr schlichte und herzhafte Sauce. Doch auch von Spaghetti oder Linguine wird sie vorzüglich aufgenommen. Man kann frische Brotkrumen oder auch feine Semmelbrösel verwenden.

Für 4 Personen

Salz
450 g Spaghettini
120 ml natives Olivenöl extra
90 g frische Weißbrotkrumen
4 Knoblauchzehen, sehr fein gehackt
4 Sardellenfilets in Öl oder Salzlake, abgetropft
Frisch gemahlener Pfeffer
1 EL feingehackte glatte Petersilie

In einem großen Topf reichlich Wasser zum Kochen bringen. Salzen und die Spaghettini *al dente* kochen.

Inzwischen das Öl in einer großen Pfanne erhitzen. Die Weißbrotkrumen mit dem Knoblauch und den Sardellen zufügen und rühren, bis sie leicht Farbe annehmen.

Die Spaghettini abseihen und mit etwas aufgefangenem Kochwasser in die Pfanne geben. Alles zusammen einige Minuten bei hoher Temperatur vermischen und mit Salz und Pfeffer abschmecken. Auf einer vorgewärmten Platte anrichten und mit der Petersilie bestreuen. Das Gericht heiß servieren.

Spaghettini alle vongole al pomodoro

Spaghettini mit Venusmuscheln und Tomaten

Mit keiner anderen Pasta mundet dieser südliche Klassiker so wie mit Spaghettini. Zur Abwechslung können Sie aber die Venusmuscheln durch Miesmuscheln ersetzen. Am besten bereiten Sie das Gericht nur dann zu, wenn der Markt die sonnengereiften, aromatischen Tomaten bietet.

Für 4 Personen

900 g Venusmuscheln
6 EL natives Olivenöl extra
2 Knoblauchzehen, sehr fein gehackt
6 reife Eiertomaten, enthäutet, Samen entfernt und klein gewürfelt
Salz
450 g Spaghettini
Frisch gemahlener Pfeffer
1 EL feingehackte glatte Petersilie

Muscheln, die sich bei Berührung nicht schließen, aussortieren und wegwerfen, sie könnten verdorben sein. Die übrigen in einen großen Topf füllen und zugedeckt bei sehr hoher Temperatur und häufigem Rütteln etwa 3 Minuten erhitzen, bis sich die Schalen geöffnet haben. Noch ungeöffnete Exemplare wegwerfen. Den Muschelsud (die Muscheln »spucken« das Meerwasser aus) durchseihen und beiseite stellen.

Das Öl in einem Topf bei mittlerer Temperatur erhitzen. Den Knoblauch etwa 3 Minuten unter Rühren darin glasig schwitzen. Die Tomaten zufügen und etwa 10 Minuten köcheln lassen, bis ihr Saft verdampft ist.

Unterdessen in einem großen Topf reichlich Wasser zum Kochen bringen. Salzen und die Spaghettini *al dente* kochen. Die Muscheln mit dem Sud unter die Tomaten mischen und gründlich erwärmen. Die Spaghettini abseihen, in eine vorgewärmte Schüssel füllen und mit der Muschel-Tomaten-Sauce vermischen. Das Gericht nach Geschmack pfeffern, mit der Petersilie bestreuen und sehr heiß servieren.

Tagliatelle al finocchio e salmone

Tagliatelle mit Fenchel und Räucherlachs

Im Winter habe ich stets einen größeren Vorrat an Fenchel im Haus. Denn ich esse ihn gern roh, nur mit etwas Olivenöl und Zitronensaft beträufelt, probiere aber ebenso immer wieder neue Rezepte mit diesem köstlichen Gemüse aus. Hier ein Ergebnis meiner Experimentierfreude. Das Gericht ist besonders schmackhaft und einfach, so daß ich es oft zubereite, wenn ich Fischliebhaber erwarte. Die liebliche Note des Fenchels wird durch die Tomaten reizvoll ausgeglichen, und seine hellgrünen, aufgefächerten Fleischschalen liefern eine hübsche Garnitur.

Für 4 Personen

2 frische Fenchelknollen, geputzt, geviertelt und längs in feine Scheiben geschnitten
4 sehr reife Eiertomaten, enthäutet, Samen entfernt und klein gewürfelt
45 g Butter
Salz und frisch gemahlener Pfeffer
Frischer Nudelteig mit Ei (Seite 47 und 51), in Tagliatelle geschnitten (Seite 52)
200 g Räucherlachs, in dünne Scheiben und diese in feine Streifen geschnitten
1 EL gehacktes Fenchelgrün

Den Fenchel und die Tomaten mit der Butter sowie Salz und Pfeffer nach Geschmack in einen Topf füllen. Bei mittlerer Temperatur unter gelegentlichem Rühren etwa 10 Minuten garen, bis alle Flüssigkeit verkocht ist.

Unterdessen in einem großen Topf reichlich Wasser zum Kochen bringen. Salzen und die Tagliatelle kochen, bis das Wasser erneut sprudelt und die Nudeln nach oben steigen. Abseihen, in eine vorgewärmte Schüssel füllen und den Lachs zufügen. Mit der Tomatensauce übergießen und gründlich vermischen. Mit dem Fenchelgrün bestreuen und sogleich servieren.

Taglierini agli scampi

Taglierini mit Scampi

Carlo Camerana, ein sehr guter, langjähriger Freund, ist nicht nur ein exzellenter Koch, sondern auch ein großer Opernliebhaber. Wir treffen uns oft in der Scala und tauschen bei dieser Gelegenheit neben unserer Meinung über die Musik auch Rezepte aus. Dieses Rezept zählt zu seinen liebsten, und auch ich habe es schon viele Male nachgekocht. Am besten schmeckt es ganz frisch zubereitet, doch kann es auch einige Stunden im voraus gekocht und im Ofen aufgewärmt werden.

Für 4 Personen

350 ml Sahne
2 EL Tomatenmark
Salz und frisch gemahlener Pfeffer
30 g Butter
300 g rohe Scampi, geschält und der Darm entfernt
Etwa 90 ml Cognac oder ein anderer Weinbrand
6 EL frisch geriebener Parmesan
Frischer Nudelteig mit Ei (Seite 47 und 51),
in Taglierini geschnitten (Seite 52)

Die Sahne und das Tomatenmark mit etwas Salz und Pfeffer in einem Topf bei niedriger Temperatur erhitzen und etwa 10 Minuten sanft einkochen lassen.

Unterdessen in einem großen Topf reichlich Wasser zum Kochen bringen. Die Butter in einem Topf bei mittlerer Temperatur erhitzen. Die Scampi etwa 3 Minuten darin braten, bis sie sich krümmen und eine rosa Farbe annehmen. Den Cognac zugießen und verdampfen lassen. Die Scampi mit dem Parmesan unter die Sahne rühren und die Sauce warm stellen.

Das Wasser salzen und die Taglierini hineingeben. Sie sind gar, wenn das Wasser erneut aufsprudelt und die Nudeln an die Oberfläche steigen. Abseihen und in einer vorgewärmten Schüssel mit der Scampi-Sahne-Sauce vermischen. Das Gericht entweder sogleich auftragen oder in eine ofenfeste Form füllen und bis zur Verwendung kalt stellen. In diesem Fall im vorgeheizten Ofen bei 180 °C (Gas Stufe 4) in etwa 20 Minuten wieder erwärmen.

Tagliatelle con spiedini di pesce

Tagliatelle mit Fischspießen

Für dieses Gericht ist Thunfisch oder Schwertfisch am besten geeignet. Garnelen oder Jakobsmuscheln sind eine vorzügliche Alternative.

4 dicke Fischscheiben, je etwa 150 g
4 EL natives Olivenöl extra
Saft von 1 Zitrone
Salz und frisch gemahlener Pfeffer
12 Kirschtomaten
12 Perlzwiebeln
1 frischer Rosmarinzweig oder einige große, frische
Basilikumblätter
Frischer Nudelteig mit Ei (Seite 47 und 51),
in Tagliatelle geschnitten (Seite 52)
90 g Butter, zerlassen

Jede Fischscheibe in vier Stücke teilen und in eine Schüssel legen. Mit dem Öl, dem Zitronensaft, etwas Salz und ein wenig Pfeffer marinieren und 2 Stunden in den Kühlschrank stellen. Die Fischstücke zwischendurch mehrmals wenden. Vier Holzspieße wässern.

Auf jeden Spieß vier Fischstücke abwechselnd mit je drei Tomaten und Zwiebeln stecken. Den Grill auf mittlerer Stufe vorheizen.

Die Spieße etwa 10 Minuten grillen, dabei häufig drehen und mit Hilfe des Rosmarinzweigs oder der Basilikumblätter mit der Marinade bestreichen. Das Fischfleisch soll gar sein und sich leicht auffächern.

Gleichzeitig in einem großen Topf reichlich Wasser zum Kochen bringen. Salzen und die Tagliatelle hineingeben. Sie sind gar, wenn das Wasser wieder sprudelt und die Nudeln an die Oberfläche steigen. Abseihen und in einer vorgewärmten Schüssel mit der Butter vermischen. Die Fischspieße darauf anrichten und sehr heiß servieren.

Rechte Seite: Tagliatelle mit Fischspießen

Taglierini agli scampi e formaggio feta

Taglierini mit Scampi und Feta

Die Anregung zu diesem Rezept erhielt ich in einem Restaurant in San Francisco. Hier treffen die verschiedensten kulinarischen Traditionen aufeinander und bringen dabei die herrlichsten »multikulturellen« Gaumenfreuden hervor.

Für 4 Personen

120 ml natives Olivenöl extra
1 Zwiebel, gehackt
2 Knoblauchzehen, sehr fein gehackt
4 reife Eiertomaten, enthäutet, Samen entfernt und gewürfelt
Salz und frisch gemahlener Pfeffer
Frischer Nudelteig mit Ei (Seite 47 und 51),
in Taglierini geschnitten (Seite 52)
300 g rohe Scampi, geschält und der Darm entfernt
1 EL getrockneter Oregano
150 g Feta (griechischer Schafkäse), zerbröckelt

Das Öl in einem Topf bei mittlerer Temperatur erhitzen. Die Zwiebel und den Knoblauch unter häufigem Rühren etwa 3 Minuten darin glasig schwitzen. Die Tomaten zufügen, salzen, pfeffern und ihren Saft bei hoher Temperatur in etwa 10 Minuten verkochen lassen.

Unterdessen in einem großen Topf reichlich Wasser zum Kochen bringen. Salzen und die Taglierini garen, bis das Wasser erneut aufsprudelt und die Nudeln nach oben steigen. Inzwischen die Scampi in die Sauce geben und noch einige Minuten bei hoher Temperatur garziehen lassen, bis sie sich krümmen und eine rosa Farbe annehmen. Die Pasta abseihen und unter die Sauce mischen. In einer vorgewärmten Schüssel anrichten, mit dem Oregano und dem Schafkäse bestreuen und heiß servieren.

Tagliolini al ragù di pesce

Tagliolini mit Fischsauce

Für eine solche Fischsauce lassen sich alle möglichen Arten von Fisch verwenden, man muß sie nur vor der Zubereitung sorgfältig entgräten. Besonders geeignet sind Seebarsch, Schwarzer Sägebarsch und Kabeljau oder eine Mischung aus allen dreien oder anderen drei Fischarten. Am besten passen dazu frische Tagliolini oder Spaghetti alla chitarra.

Für 4 Personen

4 EL natives Olivenöl extra
4 Knoblauchzehen, fein gehackt
450 g reife Eiertomaten, enthäutet, Samen entfernt und gewürfelt,
oder Dosentomaten mit dem Saft
Frischer Nudelteig mit Ei (Seite 47 und 51),
in Tagliolini geschnitten (Seite 52)
450 g Fischfilets, gewürfelt
1 EL getrockneter Oregano
Salz und frisch gemahlener Pfeffer

Das Öl in einem großen Topf bei mittlerer Temperatur erhitzen. Den Knoblauch unter häufigem Rühren etwa 3 Minuten darin glasig schwitzen. Die Tomaten zufügen und etwa 10 Minuten dünsten, dabei ihren Saft verkochen lassen. Den Fisch einige Minuten in der Sauce garen.

Unterdessen in einem großen Topf reichlich Wasser zum Kochen bringen. Salzen, die Tagliolini hineingeben und garen, bis das Wasser beinahe wieder sprudelt. Abseihen und zum Fisch in den Topf füllen. Mit dem Oregano bestreuen und mit Salz und Pfeffer abschmecken. Noch einige Minuten in der Sauce schwenken, bis die Sauce wieder heiß ist und die Nudeln *al dente* sind. In einer vorgewärmten Schüssel anrichten und sehr heiß servieren.

Tagliolini ai funghi e cozze

Tagliolini mit Steinpilzen und Miesmuscheln

Das Aroma von Meeresfrüchten kommt mit frischer Pasta am besten zur Geltung. Dies gilt insbesondere für so delikate Arten wie Miesmuscheln, Garnelen oder Venusmuscheln. Hier liefern Wildpilze einen herzhaften Kontrast.

Für 4 Personen

900 g Miesmuscheln, unter fließendem Wasser abgebürstet
30 g Butter
1 Frühlingszwiebel, gehackt
300 g Steinpilze, trocken abgerieben und in Scheiben geschnitten
Salz und frisch gemahlener Pfeffer
Frischer Nudelteig mit Ei (Seite 47 und 51),
in Tagliolini geschnitten (Seite 52)
1 EL feingehackte glatte Petersilie

In einem großen Topf reichlich Wasser zum Kochen bringen.

Geöffnete Miesmuscheln wegwerfen, sie sind verdorben. Alle anderen in einem großen Topf bei mittlerer Temperatur etwa 5 Minuten erhitzen, dabei den Topf häufig rütteln. Die nun geöffneten Muscheln in den Schalen warm stellen, noch geschlossene Exemplare aussortieren und wegwerfen. Den Muschelsud durchseihen und auf etwa ein Glas reduzieren; ebenfalls warm stellen.

Die Butter in einem großen Topf bei mittlerer Temperatur zerlassen. Die Frühlingszwiebel etwa 3 Minuten darin glasig anschwitzen, dabei mehrmals rühren. Die Pilze dazugeben, salzen und pfeffern und etwa 5 Minuten unter häufigem Rühren dünsten.

Das kochende Wasser salzen und die Tagliolini hineingeben. Sie sind gar, wenn das Wasser erneut aufsprudelt und die Nudeln an die Oberfläche steigen. Abseihen und mit dem Muschelsud zu den Pilzen geben. Alles zusammen noch einige Minuten ziehen lassen. In eine vorgewärmte Schüssel füllen und die Muscheln darauf anrichten. Mit der Petersilie bestreuen und sogleich servieren.

Farfalle al salmone e zucchine

Schwarze Farfalle mit Lachs und Zucchini

Dieses Gericht findet bei den Teilnehmern meiner Kochkurse in der Badia a Coltibuono stets großen Anklang. Denn es ist köstlich und elegant und braucht dabei nur etwa eine Viertelstunde – 5 Minuten zum Erhitzen des Wassers und 10 Minuten zum Kochen von Pasta und Sauce.

Für 4 Personen

Salz
300 g schwarze Farfalle
6 EL natives Olivenöl extra
4 Zucchini, fein gewürfelt
1 EL frische Schnittlauchröllchen
Frisch gemahlener Pfeffer
4 Lachsscheiben (insgesamt etwa 300 g), in Würfel geschnitten

In einem großen Topf reichlich Wasser zum Kochen bringen. Salzen und die Farfalle *al dente* kochen.

Inzwischen das Öl in einer großen Pfanne bei mittlerer Temperatur erhitzen. Die Zucchini mit dem Schnittlauch etwa 3 Minuten unter häufigem Rühren darin dünsten, salzen und pfeffern. Den Lachs zum Gemüse geben und einige Minuten mitgaren.

Die Farfalle abseihen und in der Pfanne gründlich mit der Sauce vermischen. In eine vorgewärmte Schüssel füllen und sehr heiß servieren.

Insalata di pasta al tonno

Nudelsalat mit Thunfisch

Kurze Röhrennudeln wie Penne oder Rigatoni eignen sich vorzüglich für Nudelsalate, da die Zutaten in die Öffnungen rutschen und sich so alles besonders gut vermischt. Ihre Eigenschaft als Saucenschlucker wird zusätzlich erhöht, wenn Sie gerillte Nudeln verwenden. Wenn Sie Pasta abkühlen lassen, beträufeln Sie sie unbedingt gleich nach dem Abseihen mit Olivenöl, damit sie nicht zusammenklebt. Verteilen Sie sie auf einem großen Teller, so daß sie die Hitze rasch und gleichmäßig abgibt.

Für 4 Personen

Salz
300 g Penne
6 EL natives Olivenöl extra
200 g Thunfisch aus der Dose, abgetropft
200 g frische Mozzarella, gewürfelt
1 hartgekochtes Ei, gewürfelt
20 sehr reife Kirschtomaten
1 Handvoll frischer Oregano oder Majoran
2 EL feine Schnittlauchröllchen
1 EL Zitronensaft
Frisch gemahlener Pfeffer nach Geschmack

In einem großen Topf reichlich Wasser zum Kochen bringen. Salzen und die Penne *al dente* kochen. Abseihen und mit dem Öl vermischen, auf einem großen Teller ausbreiten und abkühlen lassen.

Die Penne mit den übrigen Zutaten in eine Schüssel füllen und alles gründlich vermischen. Dieser Salat kann einige Stunden bei Raumtemperatur stehen bleiben. Im Kühlschrank hält er sich einen Tag, sollte aber vor dem Servieren rechtzeitig herausgenommen werden, damit er wieder Raumtemperatur annimmt.

Zitoni alle olive e sardine

Zitoni mit Oliven und Sardinen

Schwarze Oliven und Sardinen wecken unweigerlich Gedanken an mediterrane Gefilde. Der Safran tut mit seinem Duft und der sonnengelben Farbe hierzu ein übriges. Wenn Sie keine Zitoni finden, verwenden Sie Rigatoni.

Für 4 Personen

Salz
450 g Zitoni
4 EL natives Olivenöl extra
1 EL feingehackte Zwiebel
2 Knoblauchzehen, fein gehackt
90 g schwarze Oliven, zum Beispiel aus Gaeta
oder griechische, entsteint
4 Sardinen in Öl, abgetropft
1 kräftige Prise Safranfäden
4 frische Thymianzweige, die Blättchen abgestreift
Frisch gemahlener Pfeffer

In einem großen Topf reichlich Wasser zum Kochen bringen. Salzen und die Zitoni *al dente* kochen.

Währenddessen das Öl in einer Pfanne bei mittlerer Temperatur erhitzen. Die Zwiebel und den Knoblauch unter häufigem Rühren etwa 3 Minuten darin glasig schwitzen. Die Oliven und die Sardinen dazugeben.

Die Pasta abseihen, dabei etwa 120 ml des Kochwassers auffangen und die Safranfäden darin verrühren. Die Pasta mit dem Safranwasser in die Pfanne geben, mit dem Thymian bestreuen und pfeffern. Bei mittlerer Temperatur noch einige Minuten durchmischen, bis die Sardinen völlig zerfallen und die Nudeln gleichmäßig von der Sauce überzogen sind. Das Gericht auf einer vorgewärmten Platte anrichten und sogleich servieren.

Insalata di penne al pesto e scampi

Nudelsalat mit Pesto und Scampi

Im Sommer ist ein Nudelsalat ein angenehmes Essen. Er wird zum Hochgenuß, wenn er nur wenige frische Zutaten enthält und leicht und aromatisch schmeckt.

Für 4 Personen

4 reife, feste Tomaten
Salz
300 g Penne
200 g rohe Scampi, geschält und der Darm entfernt
4 EL Pesto (Seite 60)
4 EL natives Olivenöl extra
Frisch gemahlener Pfeffer

In einem großen Topf reichlich Wasser zum Kochen bringen. Die Tomaten 30 Sekunden blanchieren, herausnehmen. Das Wasser salzen, erneut aufsprudeln lassen, die Penne hineingeben und *al dente* kochen. Die Scampi in der letzten Minute mitkochen.

Unterdessen die Tomaten enthäuten, Samen entfernen und würfeln. Mit dem Pesto und dem Öl in eine tiefe Salatschüssel füllen und pfeffern. Die Penne und die Scampi abseihen und zu den Tomaten geben. Den Salat gründlich durchmischen und bis zum Servieren auf Raumtemperatur abkühlen lassen. Sie können ihn auch einige Stunden im Kühlschrank aufbewahren, sollten ihn aber rechtzeitig wieder herausnehmen, damit er bis zum Servieren Raumtemperatur angenommen hat.

PASTA MIT FLEISCH

Je nach Jahreszeit gilt meine Vorliebe immer wieder anderen Pastagerichten. Mit Fleischsaucen bereite ich sie gern im Winter zum Mittagessen zu. An einem heißen Sommertag würde ich sie dagegen weder gern kochen noch essen. Als meine Kinder noch klein waren, verbrachten wir im Winter oft die Wochenenden auf unserem Landgut in der Toskana. Bis heute erinnere ich mich an den köstlichen Duft, der mich in der Küche umfing, wenn ich Romola, unsere Köchin in Coltibuono, begrüßte. Seit den frühen Morgenstunden köchelte auf dem Herd ihr *sugo di carne,* die toskanische Fleischsauce.

Bei Fleischsaucen denken viele unweigerlich zunächst an das klassische *ragù.* Daneben aber gibt es zahlreiche andere Rezepte, auch einige leichtere Zubereitungen für wärmere Tage. Die Palette der Fleischarten umfaßt Hühnerleber, Lammfleisch, Hase, gekochten Schinken, Bries, Wachtel, Taube, Räucherspeck und andere.

Wenn Sie Pasta mit einer Fleischsauce als ersten Gang servieren, wiederholen Sie die verwendete Fleischart nicht beim Hauptgang, sondern wählen Sie Fleisch, welches das erste Gericht ergänzt oder einen Kontrast dazu bildet. Das könnten in der Jagdsaison zwei unterschiedliche Wildarten sein, oder Sie könnten zunächst eine leichte Geflügelsauce reichen, gefolgt von einem deftigen Fleischgang.

Für Saucen aus dunklem Fleisch verwenden Sie am besten fettreiche Stücke zum Schmoren, beispielsweise Brustkern, denn mageres Fleisch verliert beim langsamen Garen an Saftigkeit. Auch sollten Sie das Fleisch grundsätzlich nicht durch den Fleischwolf drehen, sondern mit einem Messer oder Wiegemesser schneiden, je nach Rezept gröber oder auch ganz fein. So wird die Sauce zarter in der Konsistenz und geschmeidiger, während durchgedrehtes Hackfleisch leicht klumpt.

Geflügel und Federwild wie Huhn, Truthahn, Taube und Ente werden möglichst im ganzen gegart. Anschließend lösen Sie das Fleisch mit den Fingern und mit Hilfe eines Messers von den Knochen und lassen es noch ein wenig in der Sauce ziehen.

In der Regel werden Fleischsaucen mit Butter zubereitet. Dies erklärt sich daraus, daß die meisten Rezepte aus dem Norden des Landes stammen, dem einstigen Zentrum der Butter- und Fleischerzeugung. Nach meinem Geschmack geraten diese Saucen auch mit Olivenöl vorzüglich und sind auf diese Weise viel bekömmlicher.

Die meisten Fleischsaucen werden ohne geriebenen Käse serviert. Ausgenommen hiervon ist vielleicht ein herzhaftes *ragù.*

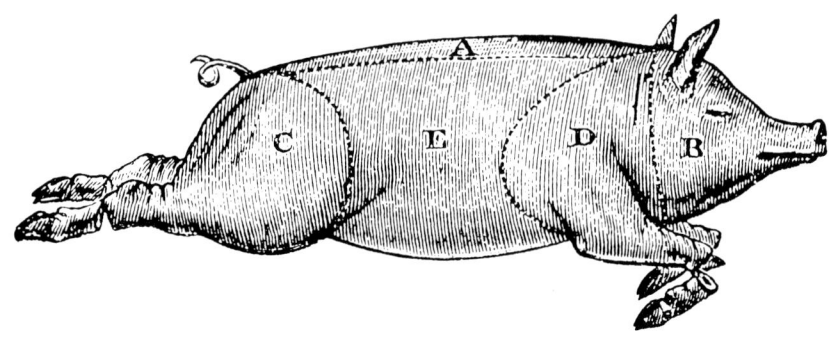

Conchiglie ai broccoli e pancetta

Conchiglie mit Brokkoli und Pancetta

Alle Aromen des italienischen Südens sind in dieser Sauce vereint. Im Winter gehört sie zu meinen Favoriten, wobei ich sie gern, mit kernigen Nudeln kombiniert, als Hauptgericht serviere. Ein Salat rundet die Mahlzeit ab. Eine Art geräucherte Mozzarella oder eine Provola bekommt man in italienischen Delikatessengeschäften, ersatzweise eignet sich Emmentaler. Das Räucheraroma erhalten Sie auch, wenn Sie anstelle von Pancetta geräucherten Frühstücksspeck verwenden, der allerdings fetter ist.

Für 4 Personen

1 kg Brokkoli, in Röschen geteilt, die Stiele gehackt
Salz
120 ml natives Olivenöl extra
90 g Pancetta (ungeräucherter Bauchspeck), klein gewürfelt
Frisch gemahlener Pfeffer
450 g Conchiglie
120 g geräucherte Mozzarella oder Provola, grob gerieben

Die Brokkoliröschen bis zur Verwendung in eine Schüssel mit kaltem Wasser einlegen. Die Stiele etwa 15 Minuten in sprudelndem Salzwasser kochen, bis sie weich sind.

In einer Pfanne 1 Eßlöffel Öl erhitzen. Den Speck etwa 2 Minuten unter Rühren knusprig braten und beiseite stellen.

Die Brokkolistiele abseihen und in einer Schüssel mit Eiswasser abschrecken. Abtropfen lassen und mit dem restlichen Öl im Mixer oder in der Küchenmaschine pürieren. Mit Salz und Pfeffer abschmecken und in einem Topf bei sehr niedriger Temperatur warm halten.

In einem großen Topf reichlich Wasser zum Kochen bringen und salzen. Die Conchiglie mit den Brokkoliröschen hineingeben und kochen, bis die Pasta al dente und das Gemüse gar ist. Abseihen und in eine vorgewärmte Servierschüssel füllen. Das Brokkolipüree und den Käse gründlich untermischen. Das Gericht mit dem Speck bestreuen und sogleich servieren.

Bucatini con ragù alle spezie

Bucatini mit würziger Fleischsauce

Mit Kräutern und Gewürzen lassen sich Speisen vielfältig variieren, und die italienische Küche macht bei den Pastasaucen von dieser Möglichkeit intensiven Gebrauch. Daß im Norden eher Gewürze als Kräuter verwendet werden, rührt noch aus der Renaissance.

Für 4 Personen

1 EL natives Olivenöl extra
1 EL Butter
150 g Schmorfleisch vom Rind, grob gewürfelt
150 g Schmorfleisch vom Kalb, grob gewürfelt
1 EL gehackte Zwiebel
1 EL gehackte Möhre
1 EL gehackter Bleichsellerie
1 EL gehackte Petersilie
1 EL gemahlene Gewürznelke, Zimtstange und Muskatnuß zu gleichen Teilen
Salz und frisch gemahlener Pfeffer
¼ l trockener Rotwein, nach Bedarf auch mehr
450 g Bucatini

Das Öl mit der Butter in einem großen Topf bei mittlerer Temperatur erhitzen. Das Fleisch rundherum darin leicht anbräunen. Zwiebel, Möhre, Sellerie, Petersilie und die Gewürze untermischen und alles noch einige Minuten weiterbraten. Salzen, pfeffern und den Wein zugießen. Auf kleinster Stufe etwa 1 Stunde schmoren lassen; eventuell noch etwas Wein nachgießen.

Das Fleisch ausstechen und auf einem Brett sehr fein schneiden, zurück in den Topf geben. Die Sauce noch mindestens 1 Stunde köcheln lassen und bei Bedarf etwas Wasser oder weiteren Wein zufügen. Zuletzt die Flüssigkeit einkochen lassen und die Sauce warm stellen.

In einem großen Topf reichlich Wasser zum Kochen bringen. Salzen und die Bucatini al dente kochen. Abseihen und in einer vorgewärmten Schüssel gründlich mit der Sauce vermischen. Sogleich servieren.

Rechte Seite: Conchiglie mit Brokkoli und Pancetta

Linguine al maiale e melanzane

Linguine mit Schweinefleisch und Auberginen

Hier eines der wenigen Rezepte in diesem Buch, für das ich Hackfleisch verwende. Es gelingt ebensogut, wenn Sie die Auberginen einfach grillen, anstatt sie auszubacken. Sie werden grundsätzlich nicht vorher gesalzen, da sie sonst ihren Geschmack einbüßen und matschig werden. Achten Sie beim Kauf darauf, daß die Früchte fest sind. Wenn Sie nur große Exemplare finden, vierteln Sie die Scheiben.

Für 4 Personen

1 l Pflanzenöl zum Ausbacken
4 kleine oder 2 große Auberginen,
in etwa 5 mm dicke Scheiben geschnitten
2 EL natives Olivenöl extra
15 g Butter
300 g Schweinehackfleisch
4 Knoblauchzehen, gehackt
4 Frühlingszwiebeln, gehackt
450 g Tomaten, enthäutet, oder Dosentomaten mit dem Saft
$\frac{1}{2}$ TL Chiliflocken
Salz
450 g Linguine
1 EL Kapern in Salzlake, abgetropft
1 Handvoll schwarze Oliven, zum Beispiel aus Gaeta
oder griechische, entsteint

Das Pflanzenöl in einer großen Pfanne mit hohem Rand erhitzen. Die Auberginen portionsweise goldgelb ausbacken, auf Küchenpapier abtropfen lassen und beiseite legen.

Das Olivenöl mit der Butter in einem großen Topf bei mittlerer Temperatur erhitzen. Das Hackfleisch etwa 5 Minuten unter häufigem Rühren darin anbraten. Den Knoblauch und die Frühlingszwiebeln dazugeben und weitere 2 Minuten braten. Die Tomaten untermischen, mit den Chiliflocken und Salz würzen und zugedeckt bei niedriger Temperatur etwa 1 Stunde schmoren lassen, bis kaum noch Flüssigkeit im Topf ist.

Kurz vor Ablauf der Garzeit der Sauce in einem großen Topf reichlich Wasser zum Kochen bringen. Salzen und die Linguine *al dente* kochen. Die Kapern, Oliven und Auberginen in die Sauce rühren und mit Salz abschmecken. Die Pasta abseihen. In einer vorgewärmten Schüssel mit der Sauce vermischen und sofort servieren.

Pici ai fegatini di pollo e radicchio

Pici mit Hühnerleber und Radicchio

Pici – dicke Spaghetti – sind eine Spezialität in dem toskanischen Städtchen Montepulciano, sie werden aber in der gesamten Region gern gegessen. Am besten schmecken sie hausgemacht. Wenn Ihnen dazu die erforderliche Zeit fehlt, verwenden Sie statt dessen 360 Gramm Tagliatelle.

Für 4 Personen

60 g weiche Butter
1 EL grober Dijon-Senf
Salz
Frische Pici (Seite 54)
240 g Hühnerleber, küchenfertig vorbereitet
und in Scheiben geschnitten
1 kleiner Kopf Radicchio, quer in feine Streifen geschnitten
Frisch gemahlener Pfeffer

Drei Viertel der Butter mit einer Gabel zerdrücken und mit dem Senf vermischen.

In einem großen Topf reichlich Wasser zum Kochen bringen. Salzen und die Pici hineingeben. Sie sind gar, wenn das Wasser erneut aufsprudelt und die Nudeln an die Oberfläche steigen.

Die restliche Butter in einer großen Pfanne bei mittlerer Temperatur zerlassen. Die Hühnerleberscheiben etwa 3 Minuten darin braten, dabei mehrmals wenden. Den Radicchio untermischen, salzen und pfeffern. Zugedeckt 1 Minute dünsten, bis der Radicchio eben zusammengefallen ist.

Die Pici abseihen, in eine vorgewärmte Schüssel füllen und die Senfbutter gründlich untermischen. Hühnerleber und Radicchio auf der Pasta anrichten und sofort servieren.

Rechte Seite:
Linguine mit Schweinefleisch und Auberginen

Linguine al sugo d'agnello
Linguine mit Lammfleischsauce

Diese Sauce läßt sich gut im voraus zubereiten, wenn man sie bis zur Verwendung in den Kühlschrank stellt. Sie schmeckt auch köstlich auf Brotscheiben und mit einem Glas Wein als Vorspeise serviert. Die Linguine können Sie durch Spaghetti ersetzen.

Das Rezept stammt von Nanni Guiso. Er ist ein vorzüglicher Koch, ein brillanter Gastgeber, ein großartiger Schriftsteller und für seine Sammlung von Theaterpuppen berühmt. Heute lebt er in Siena, doch stammt er ursprünglich aus Sardinien, dessen kulinarische Tradition er, sehr zur Freude seiner Gäste, mit Begeisterung pflegt. Das hier vorgestellte Pastagericht serviert er oft als ersten Gang beim Silvesteressen in seinem schönen Haus. Nach dem Essen kommen die Gäste in den Genuß einer Opernaufführung mit seinen Puppen, denen Maria Callas, Placido Domingo und José Carreras ihre Stimmen leihen.

Für 4 Personen

15 g getrocknete Steinpilze (nach Belieben)
1 EL natives Olivenöl extra
30 g Butter
450 g beliebiges Lammfleisch mit Knochen,
in große Stücke gehackt
1 Möhre, gewürfelt
1 Stange Bleichsellerie, gewürfelt
Etwa 120 ml trockener Weißwein
300 g Eiertomaten, enthäutet und gewürfelt,
oder Dosentomaten mit dem Saft
Salz und frisch gemahlener Pfeffer
Etwa 450 ml leichte Fleischbrühe (Seite 66)
450 g Linguine

Die Pilze etwa 30 Minuten in $1/4$ Liter lauwarmem Wasser einweichen.

Das Öl mit der Butter in einer großen, schweren Kasserolle bei mittlerer Temperatur erhitzen. Das Fleisch etwa 10 Minuten darin anbraten, dabei die Stücke mehrmals wenden, bis sie ringsum leicht gebräunt sind.

Die Pilze abgießen – das Wasser auffangen – und mit der Möhre und dem Sellerie zum Fleisch geben. Den Wein zugießen, köcheln und verdampfen lassen. Die Tomaten untermischen, salzen und pfeffern. Die Kasserolle schließen und alles bei niedriger Temperatur etwa 5 Stunden schmoren lassen; falls die Mischung zu trocken wird, mehrmals etwas Brühe nachgießen.

Den Topf vom Herd nehmen und den Inhalt abkühlen lassen, bis man sich nicht mehr die Finger verbrennt. Das Fleisch ausstechen und von den Knochen lösen. Das Passiergerät mit der kleingelochten Scheibe versehen und das Fleisch mitsamt dem restlichen Topfinhalt durchdrehen. Falls die Mischung zu trocken ist, das durchgeseihte Einweichwasser der Pilze einrühren. Erneut erhitzen und kochen, bis die Konsistenz von Tomatensauce erreicht ist.

Unterdessen in einem großen Topf reichlich Wasser zum Kochen bringen. Salzen und die Linguine *al dente* kochen. Abseihen und mit der Lammfleischsauce vermischen. Auf einer vorgewärmten Platte anrichten und heiß servieren.

Fusilli alla salsiccia e broccoli
Fusilli mit Salsicce und Brokkoli

Knusprig geröstete Semmelbrösel sind bei vielen Pastagerichten eine gute Alternative zu Parmesan. Stellen Sie eine kleine Schüssel davon auf den Tisch.

Für 4 Personen

1 EL natives Olivenöl extra
250 g Salsicce (milde italienische Wurst),
enthäutet und zerpflückt
Salz
450 g Brokkoli, in Röschen geteilt, die Stiele gewürfelt
450 g Fusilli
60 g geröstete Semmelbrösel (Seite 67)

Das Öl in einer großen Pfanne bei mittlerer Temperatur erhitzen. Die Wurst unter vorsichtigem Rühren mit einem Holzlöffel darin braten, bis sie leicht gebräunt ist; beiseite stellen.

In einem großen Topf reichlich Wasser zum Kochen bringen und salzen. Die Brokkolistiele mit den Fusilli hineingeben und kochen, bis die Pasta beinahe *al dente* ist. Die Brokkoliröschen dazugeben und, sobald das Wasser wieder sprudelt, die Fusilli samt dem Gemüse abseihen.

Die Wurst erneut erhitzen. Die Pasta mit dem Brokkoli hinzufügen und alles zusammen noch einige Minuten durchschwenken. Auf einer vorgewärmten Platte anrichten und sofort servieren. Jeder streut über seine Portion geröstete Semmelbrösel.

Conchiglie al bagù d'agnello alla menta

Conchiglie mit Lammfleischsauce und Minze

Die Lammkeulen, die man bei italienischen Metzgern bekommt, wiegen meist um die 600 Gramm. Wenn Ihr Stück größer ist, bereiten Sie einfach mehr Sauce zu und frieren, was Sie nicht brauchen, ein. Minze verleiht der Sauce einen frischen Geschmack. Alternativ können Sie sie auch mit 1 Eßlöffel Thymianblättchen würzen.

Für 4 Personen

2 EL natives Olivenöl extra
15 g Butter, gewürfelt
600 g Lammkeule
4 Knoblauchzehen, in feine Scheiben geschnitten
1 Handvoll frische Minze
Salz und frisch gemahlener Pfeffer
Etwa 120 ml trockener Weißwein
Abgeriebene Schale von ½ unbehandelten Zitrone
450 g Conchiglie

Das Öl mit der Butter in einen Bratentopf geben. Das Fleisch in regelmäßigen Abständen mit kleinen Einschnitten in Längsrichtung versehen und die Knoblauchscheiben mit den Minzeblättern hineinschieben. Die Lammkeule mit Salz und Pfeffer einreiben, in den Bratentopf legen und diesen in den kalten Ofen schieben. Den Ofen auf 180 °C (Gas Stufe 4) schalten und die Lammkeule etwa 1½ Stunden braten, zwischendurch mit dem Fett begießen. Den Wein mit der Zitronenschale zufügen und weitere 30 Minuten braten.

Aus dem Ofen nehmen und das Fleisch, sobald man sich nicht mehr die Finger daran verbrennt, vom Knochen lösen, hacken und zurück in den Fond legen. Bis hierher können Sie das Gericht einige Stunden vorher zubereiten. Dann sollten Sie aber das Fleisch bis zur Verwendung kalt stellen.

In einem großen Topf reichlich Wasser zum Kochen bringen. Salzen und die Conchiglie *al dente* kochen. Abseihen, dabei einen Teil des Kochwassers auffangen.

Die Nudeln mit 120 ml Kochwasser zum Fleisch geben, alles vermischen und bei hoher Temperatur auf dem Herd einige Minuten gründlich durchwärmen. Das Gericht auf einer vorgewärmten Platte anrichten und sofort servieren.

Pappardelle con ossobuchi al finocchio

Pappardelle mit Ossobuco und Fenchel

Der frische Geschmack des Fenchels bildet einen angenehmen Kontrast zum kräftigen Fleischaroma. Mit einem kleinen Löffel läßt sich das Mark mühelos aus den Knochen lösen.

Für 4 Personen

2 Beinscheiben vom Kalb (Ossobuco), insgesamt etwa 450 g
Mehl nach Bedarf
1 EL natives Olivenöl extra
15 g Butter
Etwa 120 ml trockener Weißwein
Salz und frisch gemahlener Pfeffer
1 Fenchelknolle, halbiert und in feine Scheiben geschnitten
1 EL abgeriebene unbehandelte Orangenschale
Frischer Nudelteig mit Ei (Seite 47 und 51),
in Pappardelle geschnitten (Seite 52)

Die Beinscheiben im Mehl wenden und überschüssiges Mehl abschütteln. Das Öl mit der Butter in einer schweren Pfanne bei niedriger Temperatur erhitzen. Das Fleisch einlegen und bei mittlerer Temperatur ringsum etwa 10 Minuten braun anbraten. Mit dem Wein ablöschen, salzen und pfeffern. Zugedeckt bei niedriger Temperatur etwa 1 Stunde schmoren lassen, dabei gelegentlich etwas Wasser nachgießen, damit das Fleisch schön saftig bleibt. Den Fenchel zum Fleisch geben und alles zusammen 1 weitere Stunde schmoren.

Die Pfanne vom Herd nehmen und den Inhalt abkühlen lassen. Sobald man sich nicht mehr die Finger verbrennt, das Fleisch von den Knochen lösen und das Mark herauslöffeln. Das Fleisch grob hacken und mit dem Mark zurück in die Pfanne geben. Die Orangenschale untermischen und die Sauce warm stellen. Sie läßt sich auch einen Tag im voraus zubereiten. In diesem Fall wird sie bis zur Verwendung kalt gestellt und vor dem Servieren erneut erwärmt.

In einem großen Topf reichlich Wasser zum Kochen bringen. Salzen und die Pappardelle hineingeben. Sie sind gar, wenn das Wasser erneut aufsprudelt und die Nudeln an die Oberfläche steigen. Abseihen, dabei 120 ml des Kochwassers auffangen. Die Nudeln mit dem Kochwasser zur Sauce geben, vermischen und noch einige Minuten durchwärmen. Auf einer vorgewärmten Platte anrichten und sofort servieren.

Penne ai fegatini di pollo e peperoni

Penne mit Hühnerleber und Paprika

Wenn ich diese Sauce koche, bereite ich oft mehr Paprikaschoten vor, als ich tatsächlich benötige. Mit etwas Öl bedeckt, halten sie sich einige Tage. Einfach mit etwas gehacktem Knoblauch und, je nach Jahreszeit, frischem Basilikum oder getrocknetem Oregano bestreut, schmecken sie vorzüglich.

Für 4 Personen

1 gelbe Paprikaschote, längs halbiert,
Samen und Scheidewände entfernt
Salz
450 g Penne
2 EL natives Olivenöl extra
45 g Butter
200 g Hühnerleber, küchenfertig vorbereitet
und in feine Scheiben geschnitten
1 Sardellenfilet in Salzlake, abgetropft
1 EL Kapern in Salzlake, abgetropft

Den Ofen auf 180 °C (Gas Stufe 4) vorheizen. Die Paprikahälften mit Salz bestreuen und etwa 40 Minuten im Ofen rösten, bis sie weich und kräftig gebräunt sind. Etwa 10 Minuten in eine verschlossene Plastiktüte legen, anschließend enthäuten und längs in etwa 5 mm breite Streifen schneiden.

In einem großen Topf reichlich Wasser zum Kochen bringen. Salzen, die Penne hineingeben und *al dente* kochen.

Unterdessen das Öl mit 15 g Butter in einer schweren Pfanne bei mittlerer Temperatur erhitzen. Die Hühnerleberscheiben mit dem Sardellenfilet und den Kapern etwa 3 Minuten darin braten, dabei gelegentlich rühren. Die Paprikastreifen zufügen und die Sauce warm stellen.

Die restliche Butter in einem kleinen Topf zerlassen. Die Penne abseihen, in eine vorgewärmte Schüssel füllen und die Butter untermischen. Die Hühnerleber mit den Paprikastreifen auf den Nudeln anrichten und sofort servieren.

Pappardelle al sugo di coniglio

Pappardelle mit Kaninchensauce

Fleischsaucen werden in der Regel mit frischen oder getrockneten Eiernudeln angerichtet. Dies gilt insbesondere für Saucen mit Kaninchen oder Wild. Köstlich gelingt dieses Rezept auch mit Hase. Die Sauce hält sich im Kühlschrank einige Tage und läßt sich auch gut einfrieren.

Für 4 Personen

3 EL natives Olivenöl extra
$^1/_2$ Kaninchen, etwa 600 g, in große Stücke geteilt
$^1/_2$ kleine Zwiebel, gehackt
1 Möhre, gehackt
1 Stange Bleichsellerie, gehackt
Etwa 120 ml trockener Weißwein
1 EL frischer Thymian
Salz und frisch gemahlener Pfeffer
Frischer Nudelteig mit Ei (Seite 47 und 51),
in Pappardelle geschnitten (Seite 52)

Das Öl in einem großen Topf bei hoher Temperatur erhitzen. Die Kaninchenteile mit der Zwiebel, der Möhre und dem Sellerie mit leichter Farbe anbraten, dabei gelegentlich wenden. Den Wein zugießen, den Thymian einstreuen, salzen und pfeffern. Bei niedrigster Temperatur zugedeckt etwa 1 Stunde schmoren, bei Bedarf etwas Wasser zufügen, damit das Fleisch schön saftig bleibt.

Den Topf vom Herd nehmen und den Inhalt abkühlen lassen. Sobald man sich nicht mehr die Finger verbrennt, das Fleisch von den Knochen lösen und zurück in den Topf geben. Die Sauce erneut erhitzen.

Unterdessen in einem großen Topf reichlich Wasser zum Kochen bringen. Salzen und die Pappardelle hineingeben. Sie sind gar, wenn das Wasser erneut aufsprudelt und die Nudeln an die Oberfläche steigen. Abseihen, dabei 120 ml des Kochwassers auffangen. Die Pappardelle mit dem Kochwasser zur Sauce geben, durchmischen und bei mittlerer Temperatur noch einige Minuten ziehen lassen. Auf einer vorgewärmten Platte anrichten und sofort servieren.

Linke Seite: Penne mit Hühnerleber und Paprika

Bucatini al maiale affinocchiato

Bucatini mit Schweinefleisch und Fenchel

Im Sommer blüht in Mittel- und Süditalien überall der wilde Fenchel. Man kann sich also mühelos einen Vorrat an Fenchelsamen anlegen, der bis über den Winter reicht. Doch findet man die Samen auch in den Gewürzregalen von Supermärkten. Sie können ganz oder gemahlen verwendet werden.

Für 4 Personen

Salz
450 g Bucatini
2 EL natives Olivenöl extra
225 g Salsicce (milde italienische Wurst),
enthäutet und zerpflückt
225 g Schweinefleisch, sehr fein gehackt
1 EL Fenchelsamen
Etwa 120 ml trockener Weißwein

In einem großen Topf reichlich Wasser zum Kochen bringen. Salzen und die Bucatini *al dente* kochen.

Inzwischen das Öl in einer großen Pfanne bei mittlerer Temperatur erhitzen. Die Wurst und das Fleisch etwa 5 Minuten darin anbraten. Die Fenchelsamen und den Wein dazugeben und das Fleisch noch einige Minuten garen.

Die Pasta abseihen, ein Glas Kochwasser auffangen und zusammen unter das Fleisch mischen. Bei mittlerer Temperatur noch einige Minuten ziehen lassen. Auf einer vorgewärmten Platte anrichten und sofort servieren.

Penne al prosciutto e carciofi

Penne mit Schinken und Artischocken

Hier ein weiteres sehr schnelles Rezept. Wenn Sie die Artischocken vorbereiten und bis zur Verwendung in eine Schüssel mit Zitronenwasser legen, können Sie die Sauce zubereiten, während die Nudeln kochen.

Für 4 Personen

4 Artischocken
1 EL Zitronensaft
Salz
450 g Penne
120 ml natives Olivenöl extra
90 g roher Schinken, gewürfelt
1 EL frischer Thymian
Frisch gemahlener Pfeffer

Die Artischockenstiele herausbrechen, die harten unteren Blätter und das Heu entfernen. Die Artischocken in feine Scheiben schneiden und in eine Schüssel mit Wasser legen, das mit dem Zitronensaft gesäuert wurde.

In einem großen Topf reichlich Wasser zum Kochen bringen. Salzen und die Penne *al dente* kochen.

Unterdessen die Artischocken abtropfen lassen und trockentupfen. Das Öl in einer großen, schweren Pfanne bei mittlerer Temperatur erhitzen. Den Schinken und die Artischocken etwa 5 Minuten darin braten, dabei gelegentlich wenden. Mit dem Thymian, Salz und Pfeffer nach Geschmack würzen und 120 ml Nudelkochwasser einrühren.

Die Nudeln abseihen und ebenfalls in die Pfanne geben. Alles zusammen noch 2 Minuten unter ständigem Rühren ziehen lassen. In einer vorgewärmten Schüssel anrichten und sogleich servieren.

Ruote verdi con petto di pollo

Salat von grünen Ruote mit Hühnerbrust

Richten Sie diesen delikaten Genuß auf einem Bett aus knackig frischen Salatblättern an. Sie können den Nudelsalat einige Stunden im voraus zubereiten. Einstweilen kalt stellen, vor dem Servieren Raumtemperatur annehmen lassen und zuletzt mit etwas frischem Olivenöl verfeinern.

Für 4 Personen

$^1/_2$ l Gemüsebrühe (Seite 66)
1 ganze Hühnerbrust (2 Hälften)
450 g grüne Ruote
2 EL Rosinen
1 Fenchelknolle, die Außenblätter entfernt, die Knolle halbiert
und in sehr feine Scheiben geschnitten
8 ganze Walnußkerne, gehackt
4 EL natives Olivenöl extra
Salz und frisch gemahlener Pfeffer

Die Brühe in einem Topf aufkochen. Die Hühnerbrust einlegen und etwa 20 Minuten köcheln lassen, bis das Fleisch weich ist und beim Hineinstechen klarer Saft austritt. Herausnehmen, in dünne Scheiben schneiden.

In einem großen Topf reichlich Wasser zum Kochen bringen. Salzen und die Ruote *al dente* kochen. Abseihen und in eine Servierschüssel füllen. Die Fleischscheiben, die Rosinen, den Fenchel, die Walnüsse, das Öl sowie Salz und Pfeffer nach Geschmack hinzufügen. Den Salat gründlich durchmischen und bis zum Servieren abkühlen lassen.

Fusilli verdi con prosciutto e cipolline

Grüne Fusilli mit Schinken und Zwiebelchen

Mit Spinat gefärbte grüne Nudeln bilden einen hübschen Kontrast zum Rosa des Schinkens und zum Weiß der Zwiebeln. Das Rezept vereint typische Ingredienzen der norditalienischen Küche – Gewürze und gekochten Schinken – mit einem klassischen Element des Südens, den spiralförmigen Fusilli. Die feine Süße der Rosinen verleiht dem Gericht Anklänge an die Kochtradition der Renaissance.

Für 4 Personen

Salz
450 g Perlzwiebeln
30 g Butter
1 Gewürznelke
3 cm Stangenzimt
Frisch gemahlener Pfeffer
1 Handvoll Rosinen
¼ l Sahne
180 g gekochter Schinken, fein gewürfelt
450 g grüne Fusilli

In einem großen Topf reichlich Salzwasser zum Kochen bringen. Die Zwiebeln etwa 1 Minute darin blanchieren, abgießen und schälen.

Die Butter in einem Topf bei niedriger Temperatur zerlassen. Die Zwiebeln mit der Gewürznelke, dem Zimt sowie Salz und Pfeffer nach Geschmack hinzufügen. Zugedeckt etwa 20 Minuten dünsten, bis die Zwiebeln gar sind, dabei den Topf häufig rütteln. Die Rosinen, die Sahne und den Schinken einrühren und die Sauce weiterköcheln lassen, dabei gelegentlich rühren.

Unterdessen erneut reichlich Wasser in einem großen Topf zum Kochen bringen, salzen und die Fusilli *al dente* kochen. Abseihen, unter die Sauce mischen und noch 2 Minuten ziehen lassen. Mit Salz abschmecken. In einer vorgewärmten Schüssel anrichten und sogleich servieren.

Pizzoccheri con piccione e crema d'aglio

Pizzoccheri mit Taube und Knoblauchsauce

Pizzoccheri stammen aus dem norditalienischen Veltlin. Sie sind wie Tagliatelle geformt, aber aus Buchweizenmehl hergestellt. Das erste Mal habe ich sie bei Ugo Mulas, einem befreundeten Photographen, gekostet. Seine Frau Nini, die aus dem Veltlin stammt und exzellent kocht, bereitete diese Spezialität aus ihrer Heimat für uns zum Abendessen. Es war ein geselliger Abend mit gutem Chianti und anregenden Gesprächen.

Mit ihrem angenehm kräftigen Geschmack sind Buchweizennudeln die optimale Ergänzung zum Aroma der Tauben. Sie können nach dem Rezept auf Seite 54 selbst hergestellt oder auch fertig gekauft werden.

Für 4 Personen

1 EL natives Olivenöl extra, 30 g Butter
2 Tauben, küchenfertig vorbereitet
4 Knoblauchknollen, in Zehen geteilt, aber ungeschält
Etwa 120 ml trockener Weißwein
Frische (Seite 54) oder 360 g gekaufte Pizzoccheri
Salz

Den Ofen auf 180 °C (Gas Stufe 4) vorheizen.

Öl und Butter in einer schweren, ofenfesten Kasserolle bei niedriger Temperatur erhitzen, bis die Butter geschmolzen ist. Auf mittlere Temperatur hochschalten und die Tauben mit den Knoblauchzehen etwa 10 Minuten darin anbraten, dabei häufiger wenden. Die Kasserolle offen in den Ofen schieben und die Tauben etwa 1 Stunde braten, zwischendurch mit dem Fett begießen und mehrmals wenden.

Aus dem Ofen nehmen. Die Knoblauchzehen aus dem Fond entfernen und durch ein Passiersieb streichen. Sobald man sich nicht mehr die Finger verbrennt, das Taubenfleisch von den Knochen lösen und in mundgerechte Stücke schneiden. Den pürierten Knoblauch zurück in die Kasserolle geben, den Wein zugießen und die Sauce bei niedriger Temperatur auf die Hälfte einkochen. Das Fleisch untermischen und warm stellen. Die Sauce läßt sich einige Stunden im voraus zubereiten. Sie wird dann bis zur Verwendung kalt gestellt und vor dem Servieren aufgewärmt.

In einem großen Topf reichlich Wasser zum Kochen bringen und salzen. Die Pizzoccheri hineingeben und kochen, bis das Wasser wieder sprudelt und die Nudeln an die Oberfläche steigen. Abseihen, mit der Sauce vermischen und sofort anrichten.

Orecchiette all'agnello

Orecchiette mit geschmortem Lammfleisch

Dieses Rezept stammt aus Süditalien, genauer aus Apulien, wo Lammfleisch sehr beliebt ist.

Für 4 Personen

2 EL natives Olivenöl extra
450 g Lammfleisch mit Knochen, in grobe Stücke gehackt
2 Knoblauchzehen, gehackt
Etwa 120 ml trockener Weißwein
450 g reife Eiertomaten, enthäutet, Samen entfernt und gewürfelt, oder Dosentomaten mit dem Saft
Salz und frisch gemahlener Pfeffer
450 g Brokkoli, in kleine Röschen geteilt, die Stiele in feine Scheiben geschnitten
Frische (Seite 55) oder 360 g gekaufte Orecchiette

Das Öl in einer schweren Kasserolle bei mittlerer Temperatur erhitzen. Das Fleisch mit dem Knoblauch darin anbraten, bis es schön gebräunt ist, dabei mehrmals wenden. Den Wein und die Tomaten zufügen, salzen und pfeffern. Das Fleisch zugedeckt bei niedriger Temperatur etwa 30 Minuten schmoren. Die Brokkolistiele dazugeben und alles im offenen Topf weiterschmoren, bis das Gemüse weich und der Tomatensaft verkocht ist. Die Kasserolle vom Herd nehmen und das Fleisch abkühlen lassen. Sobald man sich nicht mehr die Finger daran verbrennt, von den Knochen ablösen und zurück in die Kasserolle geben. Die Sauce kann einige Stunden im voraus zubereitet und im Kühlschrank aufbewahrt werden, sie wird in diesem Fall vor dem Servieren nochmals aufgewärmt.

In einem großen Topf reichlich Wasser zum Kochen bringen. Salzen und die Orecchiette *al dente* kochen. Dies kann je nach Art der Pasta (frische oder getrocknete) bis zu 20 Minuten dauern. In den letzten 2 Minuten die Brokkoliröschen zufügen. Unterdessen gegebenenfalls die Sauce erneut erwärmen. Die Orecchiette samt Brokkoli abseihen und in eine vorgewärmte Schüssel füllen. Mit der Sauce vermischen und sogleich servieren.

Rigatoni al brasato

Rigatoni mit geschmortem Rindfleisch

Nicht nur in jeder Region, sondern beinahe in jeder Familie kennt man ein anderes Rezept für diese beliebte Sauce. Eines aber wird immer und überall genauso gemacht: Man läßt die Sauce sehr sanft und lange kochen, so daß sich alle Aromen gut vermischen und die Zutaten schließlich auf der Zunge zergehen.

Für 4 Personen

15 g Butter
300 g Schmorfleisch vom Rind, in mundgerechte Stücke geschnitten
60 g Pancetta (ungeräucherter Bauchspeck), klein gewürfelt
Etwa 120 ml guter Rotwein
1 Möhre, gehackt
1 Zwiebel, gehackt
1 Stange Bleichsellerie, gehackt
1 Lorbeerblatt
1 EL gehackte glatte Petersilie
2 Gewürznelken
1 Sardellenfilet in Salzlake oder Öl, abgetropft (nach Belieben)
60 ml Sahne
Salz
450 g Rigatoni

Die Butter in einer schweren Kasserolle bei hoher Temperatur zerlassen. Das Fleisch mit dem Speck unter häufigem Wenden darin anbraten, bis es gleichmäßig gebräunt und der Speck knusprig ist. Den Wein, die Möhre, die Zwiebel, den Sellerie, das Lorbeerblatt, die Petersilie, die Gewürznelken und nach Belieben das Sardellenfilet dazugeben und auf kleinster Stufe zugedeckt etwa 2 Stunden schmoren. Bei Bedarf etwas Wasser hinzufügen, damit genügend Sauce bleibt.

Die Kasserolle vom Herd nehmen und etwas abkühlen lassen. Das Fleisch fein schneiden und zusammen mit der Sahne zurück in die Kasserolle geben. Die Sauce weiterköcheln lassen, bis die Pasta fertig ist. (Sie läßt sich auch einige Stunden im voraus zubereiten und im Kühlschrank aufbewahren, sie wird dann vor dem Servieren erneut aufgewärmt.)

In einem großen Topf reichlich Wasser zum Kochen bringen. Salzen und die Rigatoni *al dente* kochen. Abseihen und in eine vorgewärmte Schüssel füllen. Mit der heißen Sauce vermischen und sogleich servieren.

Rigatoni con la peverada

Rigatoni mit pfeffriger Fleischsauce

Diese Sauce ist eine Spezialität aus Venetien, wo man sie gern zu Geflügel oder Hase serviert. Ich habe sie leicht abgewandelt, so daß sie eine, wie ich finde, köstliche Pastasauce ergibt.

Für 4 Personen

120 g italienische Salami, enthäutet und sehr fein gehackt
120 g Hühnerleber, küchenfertig vorbereitet und sehr fein gehackt
2 Sardellenfilets in Salzlake oder Öl, abgetropft
und sehr fein gehackt
1 Knoblauchzehe, sehr fein gehackt
1 EL abgeriebene unbehandelte Zitronenschale
60 g feine Semmelbrösel
Salz
450 g Rigatoni
6 EL natives Olivenöl extra
Frisch gemahlener Pfeffer

Salami, Hühnerleber, Sardellen, Knoblauch, Zitronenschale und Semmelbrösel vermengen.

In einem großen Topf reichlich Wasser zum Kochen bringen. Salzen und die Rigatoni *al dente* kochen. Währenddessen das Öl in einer schweren Pfanne bei mittlerer Temperatur erhitzen. Die Semmelbröselmischung etwa 3 Minuten unter ständigem Rühren mit dem Holzlöffel darin braten, bis sie zart gebräunt ist.

Die Rigatoni abseihen, dabei eine Schöpfkelle Kochwasser auffangen. Die Pasta mit dem Wasser unter den Pfanneninhalt mischen und alles zusammen noch einige Minuten köcheln lassen. Mit reichlich frisch gemahlenem Pfeffer würzen und heiß servieren.

Spaghetti alla carbonara

Spaghetti mit Eiern und Speck

Das klassische Pastagericht der römischen Küche gehört zu den besonderen Favoriten meines Sohnes Guido. Ich erinnere mich gern daran, wie ich bei den Besuchswochenenden in seinem Internat immense Mengen davon zubereitete und sich Scharen von Mitschülern aus den verschiedensten Ländern gemeinsam mit ihm gierig darauf stürzten.

Manchmal wird diese Sauce auch mit Bucatini serviert, einer spaghettiähnlichen Pasta mit Loch. Für Ungeübte sind sie etwas schwierig zu essen. Wenn Sie keine Pancetta bekommen, verwenden Sie Frühstücksspeck, der mit seinem herzhaften Geschmack in diesem Fall sehr gut paßt.

Für 4 Personen

3 EL natives Olivenöl extra
1 Knoblauchzehe, geschält
120 g Pancetta (ungeräucherter Bauchspeck), klein gewürfelt
Salz
450 g Spaghetti
2 Eier
60 g Parmesan, frisch gerieben
60 g Pecorino (Romano), frisch gerieben
Frisch gemahlener Pfeffer

In einem großen Topf reichlich Wasser zum Kochen bringen.

Das Öl in einer großen Pfanne bei mittlerer Temperatur erhitzen. Den Knoblauch darin goldgelb anschwitzen und herausnehmen. Den Speck in dem Öl goldgelb anbraten. Die Pfanne beiseite stellen.

Das kochende Wasser salzen und die Spaghetti *al dente* kochen.

Die Eier in einer größeren Schüssel verquirlen, die beiden Käsesorten untermischen, salzen und pfeffern. Das Öl mit dem Speck erneut erhitzen.

Die Spaghetti abseihen, dabei 120 ml des Wassers auffangen. Beides sogleich in die Pfanne geben und die Nudeln noch einige Minuten im Fett schwenken. Die Pfanne vom Herd nehmen und die Ei-Käse-Mischung einrühren. Das Gericht auf einer vorgewärmten Platte anrichten und sehr heiß servieren.

Farfalle al prosciutto e lattuga

Farfalle mit gekochtem Schinken und Salat

Hier eines meiner Lieblingsgerichte für Überraschungsgäste. Es ist leicht und schnell zubereitet und dabei in Geschmack und Aussehen ausgesprochen delikat. Einen Hauch von Raffinesse erhält es, wenn Sie unmittelbar vor dem Servieren Pinienkerne, gehackte Mandeln oder Haselnüsse darüberstreuen.

Für 4 Personen

1 Kopfsalat, in einzelne Blätter geteilt
30 g Butter
200 g gekochter Schinken, sorgfältig vom Fett befreit und in streichholzgroße Streifchen geschnitten
Salz und frisch gemahlener Pfeffer
$^1/_4$ l Sahne
450 g Farfalle

In einem großen Topf reichlich Wasser zum Kochen bringen und die Salatblätter 30 Sekunden blanchieren. Mit einer Schaumkelle herausnehmen, sogleich in Eiswasser abschrecken, um den Garprozeß zu stoppen, ausdrücken und in Streifen schneiden. Den Topf mit dem Wasser beiseite stellen.

Die Butter in einer Pfanne langsam zerlassen. Den Salat mit dem Schinken hineingeben, salzen und pfeffern und einige Minuten unter Rühren dünsten. Die Sahne zugießen und bei erhöhter Temperatur etwa 10 Minuten einkochen lassen.

Inzwischen das Salatkochwasser erneut aufsprudeln lassen. Salzen und die Farfalle *al dente* kochen. Abseihen und in eine vorgewärmte Schüssel füllen. Mit der Sauce übergießen, gründlich durchmischen und sogleich servieren.

Pici alla salsiccia e funghi

Pici mit Wurst und Wildpilzen

Dieses herzhafte Gericht verlangt Majoran. Da man ihn nicht immer bekommt, können Sie alternativ auch Thymian verwenden. Ebenso lassen sich die Wildpilze durch Champignons oder Shiitake-Pilze oder, besser noch, eine Mischung aus beiden ersetzen.

Für 4 Personen

4 EL natives Olivenöl extra
1 kleine Zwiebel, gehackt
2 Knoblauchzehen, gehackt
300 g Salsicce (milde italienische Wurst), enthäutet und zerpflückt
300 g Wildpilze, zum Beispiel Pfifferlinge, trocken abgerieben und in feine Scheiben geschnitten
450 g Eiertomaten, enthäutet, Samen entfernt und gewürfelt, oder Dosentomaten mit dem Saft
1 Handvoll Majoranblättchen oder 1 EL frischer Thymian
Salz und frisch gemahlener Pfeffer
Frische Pici (Seite 54)

Das Öl in einer großen Pfanne bei mittlerer Temperatur erhitzen. Die Zwiebel mit dem Knoblauch in etwa 3 Minuten darin glasig anschwitzen. Die Wurst dazugeben und goldbraun anbraten. Die Pilze 3 Minuten mitbraten, dabei mehrmals rühren. Die Tomaten mit dem Majoran zufügen, salzen und pfeffern. Die Sauce zugedeckt bei niedriger Temperatur etwa 30 Minuten köcheln lassen.

Unterdessen in einem großen Topf reichlich Wasser zum Kochen bringen. Salzen und die Pici hineingeben. Sie sind gar, wenn das Wasser erneut sprudelt und die Nudeln an die Oberfläche steigen. Abseihen, zur Sauce geben und alles einige Minuten vermischen. In einer vorgewärmten Schüssel anrichten und sogleich servieren.

Rechte Seite: Pici mit Wurst und Wildpilzen

Spaghetti al sugo di carne

Spaghetti mit Bratenfond

Einer der bekanntesten italienischen Köche, der unlängst verstorbene Nino Bergese, bereitete in seinem Restaurant, dem La Santa in Genua, einen Risotto mit dem Fond von Rinderfilet zu. Es war einer der besten Risottos, die ich jemals gekostet habe. Dieses Prinzip habe ich für meine Pastaküche übernommen, verwende allerdings etwas preiswerteres Fleisch. Sie können es später weiterverwerten, zum Beispiel für Fleischbällchen.

Für 4 Personen

450 g Rindfleisch (Oberschale)
120 g Pancetta (ungeräucherter Bauchspeck),
in Streifchen geschnitten
30 g Butter
2 EL natives Olivenöl extra
Salz und frisch gemahlener Pfeffer
1 frischer Rosmarinzweig
1 Handvoll frische Salbeiblätter
Etwa 120 ml trockener Weißwein
450 g Spaghetti

Das Fleisch ringsum mit kleinen Einschnitten versehen und die Speckstreifen hineindrücken. Die Butter mit dem Öl in einer schweren Kasserolle bei mittlerer Temperatur erhitzen. Das Fleisch hineinlegen, salzen, pfeffern, die Kräuter zufügen und in etwa 10 Minuten ringsum goldbraun anbraten. Den Wein zugießen und das Fleisch zugedeckt bei niedriger Temperatur einige Stunden schmoren lassen. Je nach Bedarf mehrmals etwa 120 ml Wasser angießen. So entsteht am Ende ein kräftiger Fond in ausreichender Menge. Den Fond durchseihen, um die Kräuter zu entfernen. Nicht entfettet, hält er sich im Kühlschrank mehrere Wochen.

Für die Zubereitung der Pasta in einem großen Topf reichlich Wasser zum Kochen bringen. Salzen und die Spaghetti *al dente* kochen.

Gleichzeitig den Fond mit dem Fett aufkochen. Die Spaghetti abseihen, in einer vorgewärmten Schüssel anrichten, mit dem Fond vermischen und sofort servieren.

Spaghetti alla salsiccia e olive

Spaghetti mit Wurst und Oliven

Dieses Gericht vereint italienische Wurst, Fenchelsamen, Oliven und Orangenschale zu einer sehr aparten und herzhaften Kombination. Im Sommer garniere ich es mit wildem Fenchel, der um diese Zeit in der Toskana auf jeder Wiese wächst.

Für 4 Personen

Salz
450 g Spaghetti
4 EL natives Olivenöl extra
200 g Salsicce (milde italienische Wurst),
enthäutet und zerpflückt
4 Knoblauchzehen, gehackt
Abgeriebene Schale von 1 unbehandelten Orange
1 EL Fenchelsamen
120 g schwarze Oliven, zum Beispiel aus Gaeta
oder griechische, entsteint

In einem großen Topf reichlich Wasser zum Kochen bringen. Salzen und die Spaghetti *al dente* kochen.

Gleichzeitig das Öl in einem Topf bei mittlerer Temperatur erhitzen. Die Wurst einige Minuten unter gelegentlichem Rühren darin braten. Den Knoblauch, die Orangenschale, die Fenchelsamen und die Oliven untermischen und weitere 2 Minuten braten, bis die Wurst leicht gebräunt ist.

Die Spaghetti abseihen. In einer vorgewärmten Schüssel gründlich mit der Sauce vermischen und sofort servieren.

Tagliatelle con stracci al rosmarino

Tagliatelle mit feinem Rindfleisch und Rosmarin

Ich habe das große Glück, sieben Enkel zu haben, und das noch größere Glück: Sie sind alle hier in Coltibuono in meiner Nähe. Wir essen oft zusammen, und dies ist ihr Leib- und Magengericht. Es kombiniert ihre heißgeliebten Nudeln mit dem Fleisch, das sie besonders gern mögen, wahrscheinlich weil es sie an den Kräuterduft in unserem Garten erinnert.

Das Fleisch läßt sich mühelos hauchdünn schneiden, wenn Sie es zuvor eine Stunde in die Gefriertruhe legen. Vielleicht erledigt ja auch Ihr Metzger diese Arbeit für Sie.

Für 4 Personen

120 ml natives Olivenöl extra
4 frische Rosmarinzweige
4 Knoblauchzehen, in feine Scheiben geschnitten
Salz
Frischer Nudelteig mit Ei (Seite 47 und 51),
in Tagliatelle geschnitten (Seite 52)
300 g Rindfleisch (Hüfte), in hauchdünne
Scheiben geschnitten
Saft von ½ Zitrone
Frisch gemahlener Pfeffer

In einem großen Topf reichlich Wasser zum Kochen bringen.

Das Öl in einer großen Pfanne bei mittlerer Temperatur erhitzen. Den Rosmarin und den Knoblauch einrühren.

Das Nudelwasser salzen und die Tagliatelle hineingeben. Sie sind gar, wenn das Wasser wieder sprudelt und die Nudeln an die Oberfläche steigen.

Inzwischen das Fleisch in dem aromatisierten Öl einige Minuten braten, dabei die Scheiben nur einmal wenden. Mit dem Zitronensaft beträufeln, salzen und pfeffern. Die Tagliatelle abseihen, in die Pfanne geben und 1 Minute untermischen. Auf einer vorgewärmten Platte anrichten und sofort servieren.

Tagliatelle con coniglio alla pasta d'olive

Tagliatelle mit Kaninchen und Olivenpaste

Zwar gibt es Olivenpaste fertig zu kaufen, doch stelle ich sie lieber selbst her: Einige schwarze Oliven, möglichst aus Gaeta, zerdrücken und etwas Olivenöl sowie eine würzige Zutat wie Knoblauch, abgeriebene Orangenschale oder getrockneten Oregano hinzufügen. Zugedeckt hält sich die Paste im Kühlschrank mindestens eine Woche.

Für 4 Personen

1 EL natives Olivenöl extra
45 g Butter
450 g Kaninchen, in mundgerechte Stücke geteilt
Etwa 120 ml trockener Weißwein
Salz und frisch gemahlener Pfeffer
Etwa 120 ml leichte Fleischbrühe (Seite 66)
60 g Olivenpaste
Frischer Nudelteig mit Ei (Seite 47 und 51),
in Tagliatelle geschnitten (Seite 52)

Das Olivenöl mit einem Drittel der Butter in einer schweren Kasserolle bei mittlerer Temperatur erhitzen. Das Fleisch darin etwa 10 Minuten rundum anbraten, dabei mehrmals durchmischen. Mit dem Wein ablöschen, salzen, pfeffern und bei niedriger Temperatur zugedeckt etwa 1½ Stunden schmoren, dabei nach Bedarf so viel Brühe zugießen, daß genügend Sauce verbleibt. Die Olivenpaste einrühren und die Sauce warm stellen. Sie können sie auch einige Stunden in den Kühlschrank stellen und vor dem Servieren erneut aufwärmen.

In einem großen Topf reichlich Wasser zum Kochen bringen. Salzen und die Tagliatelle kochen, bis das Wasser erneut aufsprudelt und die Nudeln an die Oberfläche steigen. Währenddessen die restliche Butter zerlassen, aber nicht bräunen.

Die Tagliatelle abseihen, in einer vorgewärmten Schüssel anrichten und mit der zerlassenen Butter vermischen. Das Fleisch darauf anrichten, mit der Sauce übergießen und sofort servieren.

Tagliatelle col sugo di quaglia

Tagliatelle mit Wachtelsauce

Wachteln sind heutzutage einfach zu bekommen, da sie gezüchtet werden. Natürlich schmecken sie während der Jagdsaison besser. Rebhuhn ist eine exzellente Alternative, wobei ein Tier für dieses Rezept ausreicht.

Für 4 Personen

4 Wachteln, küchenfertig vorbereitet
4 Scheiben Pancetta (ungeräucherter Bauchspeck),
klein gewürfelt
120 g Butter
1 Handvoll frische Salbeiblätter
Salz
Frischer Nudelteig mit Ei (Seite 47 und 51),
in Tagliatelle geschnitten (Seite 52)

Die Wachteln mit dem Speck füllen.

In einer großen Pfanne oder schweren Kasserolle 15 g Butter bei mittlerer Temperatur zerlassen. Die Wachteln mit dem Salbei hineinlegen und rundum in etwa 30 Minuten braun braten, nach 20 Minuten etwas Wasser zugießen. Die Vögel immer wieder wenden, bis sie gleichmäßig gebräunt sind. Die Pfanne vom Herd nehmen. Sobald die Wachteln etwas abgekühlt sind, das Fleisch von den Knochen lösen und grob hacken. Zurück in die Pfanne geben und die Sauce warm stellen.

Die restliche Butter in einem kleinen Topf zerlassen. In einem großen Topf reichlich Wasser zum Kochen bringen. Salzen und die Tagliatelle kochen, bis das Wasser erneut sprudelt und die Nudeln nach oben steigen. Abseihen und in einer vorgewärmten Schüssel anrichten. Die flüssige Butter, dann die Sauce gründlich untermischen. Heiß servieren.

Taglierini al foie gras

Taglierini mit Gänsestopfleber

Mein Vater war ein Feinschmecker, und eine Zeitlang hatten wir das Glück, die beste Köchin ganz Mailands in unserem Hause zu beschäftigen. Hier eines ihrer erlesenen Gerichte, das sie oft in einer Hülle aus selbstgemachtem Blätterteig (Seite 67) servierte. Zur Krönung hobelte sie weiße Trüffeln darüber. Im Herbst kann ich nicht widerstehen und tue es ihr gleich, und auch Ihnen kann ich dies nur empfehlen. Gönnen Sie sich zumindest einmal diesen Genuß.

Für 4 Personen

30 g Butter
$^1/_4$ l Sahne
60 g Parmesan, frisch gerieben
2 EL Weinbrand
Salz und frisch gemahlener Pfeffer
200 g Gänsestopfleber (Konserve)
Frischer Nudelteig mit Ei (Seite 47 und 51),
in Taglierini geschnitten (Seite 52)

In einem großen Topf reichlich Wasser zum Kochen bringen.

Die Butter in einem Topf bei niedriger Temperatur zerlassen. Die Sahne einrühren und etwa 10 Minuten einkochen lassen. Den Parmesan und den Weinbrand zufügen und die Sauce glattrühren. Mit Salz und Pfeffer abschmecken und warm stellen.

Die Stopfleber in dünne Scheiben schneiden. Das Nudelkochwasser salzen, die Taglierini hineingeben und in 1 Minute eben *al dente* kochen. Abseihen und in eine vorgewärmte Schüssel füllen. Die Sahnesauce gründlich untermischen. Die Stopfleber darauf anrichten und sofort servieren.

Eliche allo speck

Eliche mit Schinkenspeck

Südtiroler Schinkenspeck gewinnt in ganz Italien zunehmend an Beliebtheit. Alternativ können Sie Frühstücksspeck verwenden, sollten dann aber das gesamte Fett aus der Pfanne abgießen. Provola, ein süditalienischer Käse, bringt ebenfalls einen Rauchgeschmack mit. Man bekommt ihn in italienischen Delikatessengeschäften.

Für 4 Personen

Salz
450 g Eliche
30 g Butter
150 g Südtiroler Schinkenspeck, gewürfelt
$^1/_4$ l Sahne
150 g Provola, gerieben

In einem großen Topf reichlich Wasser zum Kochen bringen. Salzen und die Eliche *al dente* kochen. Währenddessen die Butter in einer großen Pfanne bei mittlerer Temperatur zerlassen. Den Speck darin goldbraun anbraten. Die Sahne unterrühren.

Die Pasta abseihen und einige Minuten in der Sauce schwenken, damit sich die Aromen gut vermischen. Das Gericht in eine vorgewärmte Schüssel füllen und den Käse untermischen. Sofort servieren.

Taglierini alle animelle e tartufi neri

Taglierini mit Bries und schwarzen Trüffeln

Schwarze Trüffeln sind eine Spezialität des umbrischen Städtchens Norcia. Sie halten sich länger und kosten erheblich weniger als weiße Trüffeln. Obwohl sie kein besonders intensives Aroma besitzen, schmecken sie doch sehr charakteristisch. Sie überstehen sogar die Konservierung, ohne zuviel Geschmack einzubüßen.

Für 4 Personen

300 g Kalbsbries
15 g Butter
$^1\!/_4$ l Sahne
30 g frische oder konservierte schwarze Trüffeln,
in feine Stifte geschnitten
Salz
Frischer Nudelteig mit Ei (Seite 47 und 51),
in Taglierini geschnitten (Seite 52)

Das Bries etwa 2 Stunden in kaltes Wasser legen, abgießen. In einem Topf erneut mit kaltem Wasser bedecken, zum Kochen bringen und bei niedriger Temperatur zugedeckt in etwa 20 Minuten garen. Abgießen und nach dem Abkühlen die Häute und Adern entfernen. In feine Scheiben schneiden und entweder sogleich weiterverarbeiten oder kalt stellen (einige Stunden im Kühlschrank).

In einem großen Topf reichlich Wasser zum Kochen bringen.

Die Butter in einer schweren Kasserolle bei niedriger Temperatur zerlassen. Die Sahne mit den Trüffeln zufügen und zum Kochen bringen. Das Bries dazugeben und leise köcheln lassen.

Das Nudelwasser salzen und die Taglierini hineingeben. Sie sind gar, wenn das Wasser erneut aufsprudelt und die Nudeln nach oben steigen. Abseihen und in eine vorgewärmte Schüssel füllen. Die Sahnesauce mit dem Bries untermischen und sofort servieren.

Tagliatelle con scaloppine alla rucola

Tagliatelle mit Kalbsschnitzel und Rucola

Lange Zeit wurde in der traditionellen italienischen Küche Gemüse ausgiebig gegart. Mit zunehmendem Ernährungsbewußtsein aber geht der Trend zu kürzeren Garzeiten, so daß das Gemüse schön knackig bleibt. Dies ist vor allem bei Rucola sehr wichtig – je kürzer die Garzeit, desto besser.

Für 4 Personen

$^1\!/_4$ l Sahne
450 g Kalbsschnitzel, dünn geschnitten und hauchdünn geklopft
Mehl nach Bedarf
60 g Butter
Salz und frisch gemahlener Pfeffer
Frischer Nudelteig mit Ei (Seite 47 und 51),
in Tagliatelle geschnitten (Seite 52)
Etwa 120 ml trockener Weißwein
200 g zarte Rucola

In einem großen Topf reichlich Wasser zum Kochen bringen. Die Sahne in einem zweiten Topf bei hoher Temperatur aufkochen und etwa 5 Minuten sanft einkochen lassen; warm stellen.

Die Schnitzel im Mehl wenden und überschüssiges wieder abschütteln. In einer Pfanne, in der die Scheiben nebeneinander Platz haben, die Butter bei möglichst hoher Temperatur zerlassen, ohne daß sie schwarz wird. Die Schnitzel einlegen, salzen, pfeffern und einige Minuten von jeder Seite braten.

Unterdessen das Nudelwasser salzen und die Tagliatelle hineingeben. Sie sind gar, wenn das Wasser erneut aufsprudelt und die Nudeln an die Oberfläche steigen. Das Fleisch mit dem Wein ablöschen, den Bratsatz lösen und die Rucola einrühren. Die Tagliatelle abseihen und gründlich mit der Sahne vermischen. Auf eine vorgewärmte Platte geben, die Schnitzel darauf anrichten und das Gericht sofort servieren.

GEFÜLLTE PASTA

Für diese Pastagerichte kommen nur frische Eierteigwaren zur Verwendung. Im besten Fall sind sie natürlich hausgemacht, doch gibt es sie inzwischen in guter Qualität auch fertig zu kaufen. Selbst in Italien nimmt man sich heute nur noch zu besonderen Anlässen die Zeit, Ravioli und all die anderen Arten von gefüllter Pasta nach allen Regeln einer traditionsreichen Kunst selbst herzustellen.

Wer gefüllte Pasta selbst herstellt, hat nicht nur die Garantie, daß sie besser schmeckt, sondern kann zudem die Füllungen ganz nach eigenem Gusto zusammenstellen. Dagegen findet man im Laden meist nur eine Standardauswahl von Fleisch- und Käsefüllungen. In den nachfolgenden Rezepten werden als Füllung Kaviar, Sardellen und andere Fische sowie verschiedene Meeresfrüchte, weiterhin Kräuter, Gemüse, Wild, Ochsenschwanz, Schinken, Speck und diverse Käsesorten verarbeitet. Gefüllte Pasta kann vorbereitet und einen Tag im Kühlschrank aufbewahrt werden.

Es kommt sehr darauf an, den Teig zu einer gleichmäßig dünnen Platte auszurollen. Runde Plätzchen, wie zum Beispiel für Tortelloni, werden mit einem Ausstecher mit glattem oder gewelltem Rand in der entsprechenden Größe ausgestochen. Für die viereckigen beziehungsweise quadratischen Teigtaschen wie Ravioli gibt es bereits fertige Formen im Handel zu kaufen, über die eine passend ausgerollte Teigplatte gelegt und die Füllung in kleinen Häufchen daraufgesetzt wird. Darüber wird die zweite Teigplatte gerollt, und die verschlossenen Teigtaschen können fertig aus der Form genommen werden. Wer diese Form nicht besitzt, markiert mit einem Lineal und dem Messerrücken die Quadrate auf der ausgerollten Teigplatte, setzt kleine Häufchen der Füllung in die Mitte jedes Quadrats, pinselt den Teig rund um die Füllung mit Wasser ein und legt die zweite Teigplatte darüber. Diese wird rund um die Häufchen mit den Fingern leicht angedrückt, und anschließend können die Täschchen mit einem glatten oder gewellten Teigrädchen und Lineal ausgeschnitten werden.

Gefüllte Pasta darf auf keinen Fall übergart werden, da die kleinen Päckchen sonst auseinanderfallen und ihre Füllung ins Kochwasser gelangt. Machen Sie vorsichtshalber die Garprobe, indem Sie von einem Stück eine Ecke abschneiden und kosten. Wenn die Pasta gerade noch bißfest – *al dente* – ist, ist auch die Füllung ausreichend gegart, und die Pasta kann aus dem Wasser genommen werden.

Gefüllte Pasta ist sehr empfindlich. Sie muß behutsam ins kochende Wasser gleiten und wird genauso vorsichtig abgeseiht oder mit einer Schaumkelle aus dem Wasser gehoben.

Im Gegensatz zu ungefüllten Nudeln, die gewöhnlich in einer Schüssel serviert werden, richtet man gefüllte Pasta auf einer größeren vorgewärmten Servierplatte an. Damit der Geschmack der Füllung voll zur Geltung kommt, gibt man in der Regel zuletzt nur etwas Butter, Sahne oder Käse über die Pasta.

146

Agnolotti ripieni al cervo
Agnolotti mit Hirschragout

Vor allem in der Toskana, wo intensiv gejagt wird, füllt man Pasta gern mit Wild. Als Alternative zu Hirschfleisch, das einen leicht süßlichen Geschmack mitbringt, bietet sich Wildschwein an.

Für 4 Personen

30 g Butter
1 kleine Zwiebel, fein gehackt
1 kleine Möhre, fein gehackt
1 Stange Bleichsellerie, fein gehackt
450 g Hirschfleisch, gewürfelt
2 reife Eiertomaten, enthäutet und gehackt
120 ml alter Rotwein
1 Gewürznelke
¼ l Fleischbrühe (Seite 66)
Salz und frisch gemahlener Pfeffer
Frischer Nudelteig mit Ei (Seite 47 und 51)

Für die Füllung die Butter in einem großen Topf bei mittlerer Temperatur zerlassen. Die Zwiebel mit der Möhre und dem Sellerie etwa 3 Minuten unter gelegentlichem Rühren darin glasig schwitzen. Das Fleisch dazugeben und etwa 10 Minuten anbraten, bis es rundum leicht gebräunt ist. Die Tomaten mit dem Wein und der Gewürznelke einrühren. Zugedeckt bei niedriger Temperatur etwa 2 Stunden köcheln lassen, dabei nach und nach die Fleischbrühe zugießen, so daß die Mischung feucht genug bleibt. Mit Salz und Pfeffer abschmecken und abkühlen lassen. Das Fleisch herausnehmen und sehr klein schneiden. Das Gemüse durch ein Passiersieb streichen und mit dem Fleisch vermischen.

Die Agnolotti nach der Anleitung auf Seite 54 herstellen und mit der Hälfte des vorbereiteten Fleisches füllen.

Den Rest der Füllung erneut erwärmen und so viel Wasser oder Brühe einrühren, daß sie die Konsistenz einer nicht zu flüssigen Sauce erhält.

In einem großen Topf reichlich Wasser zum Kochen bringen und salzen. Die Agnolotti hineingleiten lassen und nach dem erneuten Aufsprudeln noch 2 Minuten kochen. Abseihen und auf einer vorgewärmten Platte anrichten. Mit der Sauce überziehen und sogleich servieren.

Agnolotti ai tartufi neri
Agnolotti mit schwarzen Trüffeln

Schwarze Trüffeln sind preiswerter als die weißen. Sie haben weniger Aroma, aber einen kräftigeren Geschmack. Von Oktober bis März sind sie in Umbrien und auch in der Toskana gut zu bekommen.

Für 4 Personen

4 Kartoffeln
60 g frische schwarze Trüffeln, gründlich abgebürstet
und sehr fein gehackt
2 Eigelb, leicht verquirlt
Salz und frisch gemahlener Pfeffer
Frischer Nudelteig mit Ei (Seite 47 und 51)
6 EL natives Olivenöl extra
4 Sardellenfilets in Öl oder Salzlake, abgetropft
1 Knoblauchzehe, zerdrückt

Für die Füllung die Kartoffeln ungeschält gar kochen. Abgießen, die Haut abziehen und mit einer Gabel zerdrücken. Die Hälfte der Trüffeln mit den Eigelben unter die Kartoffeln mengen. Die Füllung mit Salz und Pfeffer abschmecken.

Die Agnolotti nach der Anleitung auf Seite 54 herstellen und mit der vorbereiteten Mischung füllen.

In einem großen Topf reichlich Wasser zum Kochen bringen. Das Öl in einem doppelwandigen Simmertopf oder im Wasserbad erhitzen und die Sardellen mit den restlichen Trüffeln und dem Knoblauch hineingeben – es darf nicht so heiß sein, daß die Zutaten braten. Die Sardellen mit einer Gabel zerdrücken, sie sollen vollständig zerfallen.

Das Nudelwasser salzen. Die Agnolotti hineingleiten lassen und nach dem erneuten Aufsprudeln noch 2 Minuten kochen. Abseihen und auf einer vorgewärmten Platte anrichten. Mit dem würzigen Trüffelöl beträufeln, vorsichtig durchmischen und sofort servieren.

Rechte Seite: Agnolotti mit schwarzen Trüffeln

Agnolotti di pollo e spinaci

Agnolotti mit Huhn und Spinat

Hierbei handelt es sich um eine Variante der klassischen toskanischen Füllung aus Spinat und Ricotta. Leichter wird das Gericht, wenn Sie die Agnolotti einfach mit zerlassener Butter und frischem Salbei vollenden.

Für 4 Personen

1 EL natives Olivenöl extra
15 g Butter
200 g Hühnerbrust, gewürfelt
Etwa 60 ml trockener Weißwein
Salz und frisch gemahlener Pfeffer
200 g frischer Spinat, gewaschen und die Stiele entfernt
Frischer Nudelteig mit Ei (Seite 47 und 51)
40 g Fleischsauce (Seite 58)

Für die Füllung das Öl mit der Butter in einer Pfanne bei mittlerer Temperatur erhitzen. Das Fleisch darin etwa 10 Minuten unter gelegentlichem Rühren mit leichter Farbe anbraten. Mit dem Wein ablöschen, salzen und pfeffern. Zugedeckt bei niedriger Temperatur in etwa 10 Minuten weich schmoren.

Unterdessen den Spinat in sprudelndem Salzwasser blanchieren, bis er gerade zusammenfällt. Abseihen, ausdrücken und mit dem Fleisch in der Pfanne vermengen. Die Mischung abkühlen lassen und sehr fein hacken; beiseite stellen.

Die Agnolotti nach der Anleitung auf Seite 54 herstellen und mit der vorbereiteten Spinatmischung füllen. In einem großen Topf reichlich Wasser zum Kochen bringen und salzen. Die Agnolotti hineingleiten lassen und nach dem erneuten Aufsprudeln noch 2 Minuten kochen.

Gleichzeitig die Fleischsauce erwärmen. Die Agnolotti abseihen und auf einer vorgewärmten tiefen Platte anrichten. Vorsichtig mit der Hälfte der Sauce vermischen. Die restliche Sauce über der Pasta verteilen und sogleich servieren.

Agnolotti al prosciutto

Agnolotti mit Schinken

Dies ist eine der einfachsten Füllungen überhaupt. Zur Abwechslung ersetzen Sie den Schinken durch milde italienische Wurst wie Salsicce oder Mortadella. Die Agnolotti können nach Belieben viereckig oder rund geformt werden.

Für 4 Personen

200 g gekochter Schinken, klein gewürfelt
1 Ei, leicht verquirlt
90 g Parmesan, frisch gerieben
1 Handvoll blanchierter Spinat, ausgedrückt und fein gehackt
1 Prise frisch geriebene Muskatnuß
Salz und frisch gemahlener Pfeffer
Frischer Nudelteig mit Ei (Seite 47 und 51)
90 g Butter
1 Handvoll frische Salbeiblätter

Für die Füllung den Schinken mit dem Ei, der Hälfte des Parmesan, dem Spinat und der Muskatnuß vermengen und nach Geschmack salzen und pfeffern.

Die Agnolotti nach der Anleitung auf Seite 54 herstellen und mit der Schinkenmischung füllen.

In einem großen Topf reichlich Wasser zum Kochen bringen. Die Butter mit dem Salbei in einem kleinen Topf bei mittlerer Temperatur zerlassen und nach einigen Minuten vom Herd nehmen.

Das Nudelwasser salzen, die Agnolotti hineingleiten lassen und nach dem erneuten Aufsprudeln noch etwa 2 Minuten kochen. Abseihen und auf einer vorgewärmten Platte anrichten. Mit dem restlichen Parmesan bestreuen und mit der Salbeibutter beträufeln. Sogleich servieren.

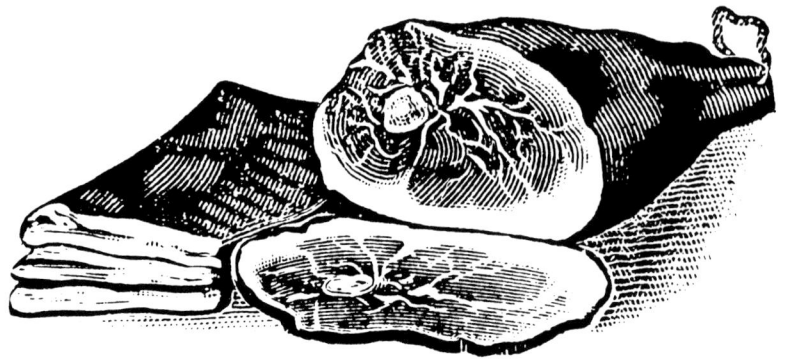

Cannelloni alla salsiccia e pomodoro

Cannelloni mit Wurst und Tomatensauce

Milde Rohwurst ist in ganz Italien sehr beliebt. Manchmal hat sie eine gedrungene Eiform, dann wieder ist sie lang und dünn, wie im Fall der Mailänder *luganeghe*.

Für 4 Personen

6 EL natives Olivenöl extra
200 g Salsicce (milde italienische Wurst),
enthäutet und zerpflückt
2 Knoblauchzehen, gehackt
¹/₂ kleine Zwiebel, gehackt
600 g Eiertomaten, enthäutet, Samen entfernt und gewürfelt,
oder Dosentomaten mit dem Saft
Salz und frisch gemahlener Pfeffer
120 g Ricotta
60 g Parmesan, frisch gerieben
Frischer Nudelteig mit Ei (Seite 47 und 51)

Für die Füllung in einer Pfanne 1 Eßlöffel Olivenöl bei mittlerer Temperatur erhitzen. Die Wurst etwa 5 Minuten unter gelegentlichem Rühren darin braten.

Für die Tomatensauce in einer zweiten Pfanne den Knoblauch mit der Zwiebel im restlichen Öl etwa 3 Minuten glasig schwitzen. Die Tomaten zufügen, salzen und pfeffern. Zugedeckt bei niedriger Temperatur etwa 30 Minuten köcheln lassen, bis die gesamte Flüssigkeit aufgenommen ist.

Die Ricotta mit dem Parmesan zur Wurst geben und gründlich vermischen.

Die Cannelloni nach der Anleitung auf Seite 54 herstellen. In einem großen Topf reichlich Wasser zum Kochen bringen und salzen. Die Cannelloni hineingleiten lassen und nach dem erneuten Aufsprudeln noch 2 Minuten kochen. Abseihen, kalt abschrecken und zum Trocknen auf einem Tuch ausbreiten.

Unterdessen den Ofen auf 200 °C (Gas Stufe 5) vorheizen. Die Cannelloni mit der Wurst-Käse-Füllung bestreichen, aufrollen und in eine gebutterte ofenfeste Form legen. Mit der Tomatensauce gleichmäßig überziehen und etwa 10 Minuten backen. Sehr heiß servieren.

Cannelloni verdi ai funghi

Grüne Cannelloni mit Pilzen

Cannelloni sollten stets im voraus zubereitet und vor dem Backen mit Sahne übergossen oder mit einer Béchamelsauce überzogen werden. Im Kühlschrank halten sie sich fertig vorbereitet bis zu 24 Stunden. Für dieses Rezept verwende ich Steinpilze, doch gelingt es mit Shiitake oder Champignons genauso.

Für 4 Personen

90 g Butter
200 g frische Steinpilze, trocken abgerieben und in feine
Scheiben geschnitten
Salz und frisch gemahlener Pfeffer
60 g Mehl
600 ml Milch
90 g Parmesan, frisch gerieben
1 Ei
Frischer Nudelteig mit Ei (Seite 47 und 51),
mit Spinat gefärbt (Seite 55)
60 g gekochter Schinken, klein gewürfelt

Für die Füllung in einem großen Topf ein Drittel der Butter bei mittlerer Temperatur zerlassen. Die Pilze etwa 5 Minuten unter gelegentlichem Rühren darin braten; salzen, pfeffern, abkühlen lassen und fein hacken.

Für die Béchamelsauce die restliche Butter in einem Topf bei mittlerer Temperatur zerlassen. Das Mehl einrühren und etwa 2 Minuten unter ständigem Rühren anschwitzen. Nach und nach die Hälfte der Milch zugießen und dabei ständig mit einem Holzlöffel rühren, bis eine ziemlich dicke Sauce entsteht. Die Hälfte in einen weiten Topf umfüllen, unter Rühren mit der restlichen Milch verdünnen und gut durchkochen. Die Hälfte des Parmesan einrühren, salzen und pfeffern. Die dicke Béchamelsauce mit den gehackten Pilzen vermischen, abkühlen lassen, das Ei sowie den restlichen Parmesan unterziehen und nochmals mit Salz und Pfeffer abschmecken.

Die Cannelloni nach der Anleitung auf Seite 54 herstellen.

In einem großen Topf reichlich Wasser zum Kochen bringen und salzen. Die Teigquadrate hineingleiten lassen und nach dem erneuten Aufsprudeln noch 2 Minuten kochen.

Unterdessen den Ofen auf 200 °C (Gas Stufe 5) vorheizen. Die Cannelloni abseihen, kalt abschrecken und zum Trocknen auf einem Tuch ausbreiten. Mit der Pilzfüllung bestreichen, aufrollen und in eine gebutterte ofenfeste Form legen. Den Schinken und die Käsesauce darüber verteilen und etwa 10 Minuten backen. Sehr heiß servieren.

Tortelloni alle zucchine e dragoncello

Tortelloni mit Zucchini und Estragon

Da dieses Gericht keinen Käse enthält, schmeckt es sehr frisch und leicht. Bei den Gästen des Restaurants in der Badia a Coltibuono ist es äußerst beliebt.

Für 4 Personen

120 ml natives Olivenöl extra
4 Zucchini, in der Küchenmaschine fein gehackt
2 EL frisch gehackter Estragon
Salz und frisch gemahlener Pfeffer
Frischer Nudelteig mit Ei (Seite 47 und 51)
1 EL gehackte glatte Petersilie

In einer großen Pfanne die Hälfte des Öls bei mittlerer Temperatur erhitzen. Die Zucchini etwa 3 Minuten darin dünsten, dabei gelegentlich durchmischen. Mit dem Estragon würzen und noch 1 Minute weiterdünsten. Die Pfanne vom Herd nehmen, die Zucchini mit Salz und Pfeffer abschmecken und abkühlen lassen.

Die Tortelloni nach der Anleitung auf Seite 54 herstellen und mit dem Zucchinigemüse füllen. In einem großen Topf reichlich Wasser zum Kochen bringen und salzen. Die Tortelloni hineingleiten lassen und nach dem erneuten Aufsprudeln noch 2 Minuten kochen. Abseihen und auf einer vorgewärmten Platte anrichten. Mit der Petersilie bestreuen, mit dem restlichen Öl beträufeln und sogleich servieren.

Ravioli di radicchio

Ravioli mit Radicchio

Verwenden Sie für diese Ravioli möglichst Radicchio di Treviso, der etwas bitterer als die anderen Sorten schmeckt. Sie erkennen ihn an den schmalen, länglichen Blättern. Eine leicht bittere Note hat auch Endivie, die daher einen guten Ersatz bietet.

Für 4 Personen

60 g Frühstücksspeck, klein gewürfelt
200 g Radicchio, in feine Streifen geschnitten
60 g geräucherte Mozzarella oder Provola, gerieben
1 großes Ei
Salz und frisch gemahlener Pfeffer
Frischer Nudelteig mit Ei (Seite 47 und 51)
90 g Butter

Den Speck in einer Pfanne bei niedriger Temperatur etwa 5 Minuten unter häufigem Rühren auslassen, bis er knusprig wird. Den Radicchio zugedeckt etwa 10 Minuten in dem Speckfett dünsten, dabei eventuell etwas Wasser zufügen. Abkühlen lassen. Den Käse und das Ei untermengen. Die Füllung mit Salz und Pfeffer abschmecken, nochmals gründlich durchmischen und beiseite stellen.

Die Ravioli nach der Anleitung auf Seite 54 herstellen und mit der Radicchiomischung füllen. In einem großen Topf reichlich Wasser zum Kochen bringen und salzen. Die Ravioli hineingleiten lassen und nach dem erneuten Aufsprudeln noch 2 Minuten kochen.

Inzwischen die Butter in einem kleinen Topf bei mittlerer Temperatur zerlassen. Die Ravioli abseihen, auf einer vorgewärmten Platte anrichten, mit der Butter beträufeln und sofort servieren.

Cappellacci al caprino e melanzane

Cappellacci mit Ziegenfrischkäse und Aubergine

Cappellacci sind größer als Cappelletti. Sie werden genauso hergestellt, doch haben die Teigkreise einen Durchmesser von etwa 9 cm. Die genaue Anleitung finden Sie auf Seite 54.

Für 4 Personen

1 große Aubergine
4 EL natives Olivenöl extra
1 EL Tomatenmark
1 Handvoll frisches Basilikum, gehackt
Salz und frisch gemahlener Pfeffer
90 g Ricotta
90 g Caprino (italienischer Ziegenfrischkäse)
2 Eigelb
Frischer Nudelteig mit Ei (Seite 47 und 51)

Den Ofen auf 180 °C (Gas Stufe 4) vorheizen. Für die Sauce die Aubergine im ganzen etwa 20 Minuten backen, bis sie weich ist. Sobald man sich nicht mehr die Finger an ihr verbrennt, die Haut abziehen und das Fruchtfleisch mit dem Öl sowie dem Tomatenmark fein zerdrücken. Das Basilikum einrühren, salzen, pfeffern und beiseite stellen.

Für die Füllung beide Käsesorten mit den Eigelben vermengen, salzen und pfeffern.

Die Cappellacci nach der Anleitung auf Seite 54 herstellen und mit der Käsemischung füllen. Die Auberginensauce aufkochen und nach Bedarf mit etwas Wasser verdünnen.

In einem großen Topf reichlich Wasser zum Kochen bringen und salzen. Die Cappellacci hineingleiten lassen und nach dem erneuten Aufsprudeln noch 2 Minuten kochen; abseihen. Auf einer vorgewärmten Servierplatte anrichten, mit der Auberginensauce überziehen und sofort servieren.

Tortelli alla ricotta al limone

Tortelli mit Ricotta und Zitrone

Im Nu sind diese delikaten Tortelli fertig. Wer Zitronenthymian schwer bekommt, verwendet gewöhnlichen Thymian.

Für 4 Personen

200 g frische Ricotta
2 Eigelb
Fein abgeriebene Schale von 2 unbehandelten Zitronen
1 EL frischer Zitronenthymian
Salz und frisch gemahlener Pfeffer
Frischer Nudelteig mit Ei (Seite 47 und 51)
60 g Butter

Für die Füllung die Ricotta in einer Schüssel mit einer Gabel fein zerdrücken. Eigelb, Zitronenschale und Thymianblättchen untermischen, mit Salz und Pfeffer abschmecken und beiseite stellen.

Die Tortelli nach der Anleitung auf Seite 54 herstellen und mit der Ricottacreme füllen. In einem großen Topf reichlich Wasser zum Kochen bringen und salzen. Die Tortelli hineingleiten lassen und nach dem erneuten Aufsprudeln noch 2 Minuten kochen.

Gleichzeitig die Butter zerlassen. Die Tortelli abseihen und auf einer vorgewärmten Platte anrichten. Mit der Butter beträufeln und sogleich servieren.

Ravioli alla pancetta e patate

Ravioli mit Pancetta und Kartoffeln

Das ausgebratene Fett der Pancetta gibt den Ravioli einen herzhaften Geschmack. Ein ideales Rezept für die kalte Jahreszeit, wenn nicht so viele frische Zutaten auf dem Markt sind.

Für 4 Personen

120 g Pancetta (ungeräucherter Bauchspeck), klein gewürfelt
4 Kartoffeln, geschält und in feine Scheiben geschnitten
1 große Zwiebel, in feine Scheiben geschnitten
1 Gewürznelke, im Mörser zerstoßen
Salz und frisch gemahlener Pfeffer
Frischer Nudelteig mit Ei (Seite 47 und 51)
90 g Fontina, frisch gerieben

Den Speck in einer Pfanne bei niedriger Temperatur unter häufigem Rühren ausbraten, bis er schön knusprig ist. Mit einer Schaumkelle herausnehmen und beiseite legen. Den Großteil des Fetts aus der Pfanne in ein Töpfchen abgießen und ebenfalls beiseite stellen.

Die Kartoffeln mit der Zwiebel in die Pfanne geben und in dem verbliebenen Fett zugedeckt bei mittlerer Temperatur in etwa 10 Minuten weich dünsten, dabei häufig durchmischen. Falls nötig, etwas Wasser zufügen. Mit der Gewürznelke sowie Salz und Pfeffer nach Geschmack würzen und völlig abkühlen lassen. Die Kartoffeln mit einer Gabel zerdrücken und den Speck untermischen.

Die Ravioli nach der Anleitung auf Seite 54 herstellen und mit der Kartoffel-Speck-Mischung füllen. In einem großen Topf reichlich Wasser zum Kochen bringen und salzen. Die Ravioli hineingleiten lassen und nach dem erneuten Aufsprudeln noch 2 Minuten kochen.

Unterdessen das ausgebratene Fett im Töpfchen wieder erhitzen. Die Pasta abseihen und auf einer vorgewärmten Platte anrichten. Mit dem Käse bestreuen, das Fett mit einem Löffel darüberträufeln. Sehr heiß servieren.

Ravioli con asparagi alla parmigiana

Ravioli mit Spargel und Parmesan

Die italienische Bezeichung »alla parmigiana« bedeutet, daß ein Rezept Parmesan und zerlassene Butter verwendet. Nach der gleichen Anleitung können Sie Ravioli mit Artischocken füllen. Sie werden sorgfältig geputzt und in Scheiben geschnitten.

Für 4 Personen

90 g Butter
900 g frischer grüner Spargel, die holzigen Enden entfernt
Salz
120 g frische Ricotta
120 g Parmesan, frisch gerieben
1 Eigelb
Frisch gemahlener Pfeffer
Frischer Nudelteig mit Ei (Seite 47 und 51)

In einer großen Pfanne 30 g Butter bei niedriger Temperatur zerlassen. Die Spargelstangen zugedeckt 3 Minuten darin dünsten. Salzen, etwas Wasser hinzufügen und den Spargel zugedeckt weitere 10 Minuten dünsten, bis er weich ist. Abkühlen lassen. Die Hälfte der Stangen beiseite legen. Die übrigen Stangen sehr klein schneiden.

Die Ricotta mit einer Gabel zerdrücken. Die Spargelstücke mit der Ricotta, der Hälfte des Parmesan und dem Eigelb vermengen. Die Füllung pfeffern und völlig erkalten lassen.

Die Ravioli nach der Anleitung auf Seite 54 herstellen und mit der Spargel-Käse-Mischung füllen. In einem großen Topf reichlich Wasser zum Kochen bringen und salzen. Die Ravioli hineingleiten lassen und nach dem erneuten Aufsprudeln noch 2 Minuten kochen.

Inzwischen die restliche Butter erhitzen, bis sie zischt, wenn man ein Spargelende hineinhält. Die ganzen Spargelstangen darin wenden. Die Ravioli abseihen. Auf einer vorgewärmten Platte anrichten, mit dem restlichen Parmesan bestreuen, die Butter darüberlöffeln und mit den Spargelstangen garnieren. Sogleich servieren.

Ravioli alle acciughe

Ravioli mit frischen Sardellen

Wenn Ihnen der Geschmack von Sardellen zu kräftig ist, verwenden Sie statt dessen Seezungenfilet, das Sie genauso zubereiten. Semmelbrösel lassen sich schnell selbst herstellen und, in einen luftdichten Behälter gefüllt, lange aufbewahren.

Für 4 Personen

300 g frische Sardellen
90 g feine Semmelbrösel
2 EL feingehackte glatte Petersilie
1 EL getrockneter Oregano
120 ml natives Olivenöl extra
Salz und frisch gemahlener Pfeffer
Frischer Nudelteig mit Ei (Seite 47 und 51)

Den Ofen auf 180 °C (Gas Stufe 4) vorheizen.

Die Sardellen auf der Bauchseite vom Kopf bis zum Schwanz mit einem spitzen Messer aufschneiden, die Hälften auseinanderklappen, die Gräten vollständig entfernen, Kopf und Schwanz abschneiden und die Filets gründlich abspülen. Eine ofenfeste Form mit etwas Olivenöl ausstreichen und die Sardellenfilets nebeneinander hineinlegen. Mit den Semmelbröseln, der Petersilie und dem Oregano bestreuen, mit der Hälfte des Öls beträufeln, salzen und pfeffern. Die Sardellen etwa 20 Minuten im Ofen garen, bis sie sich leicht zerpflücken lassen. Aus dem Ofen nehmen, völlig abkühlen lassen und in der Form alles zusammen mit einer Gabel zu einer gleichmäßigen Füllung zerdrücken.

Die Ravioli nach der Anleitung auf Seite 54 herstellen und mit der Sardellen-Kräuter-Mischung füllen. In einem großen Topf reichlich Wasser zum Kochen bringen und salzen. Die Ravioli hineingleiten lassen und nach dem erneuten Aufsprudeln noch 2 Minuten kochen.

Gleichzeitig das restliche Öl erhitzen, jedoch nicht zum Sieden bringen. Die Ravioli abseihen, auf einer vorgewärmten Servierplatte anrichten und vorsichtig mit dem heißen Öl vermischen. Sofort servieren.

Ravioli alla coda di bue

Ravioli mit Ochsenschwanz

Manchmal sind die preiswertesten Fleischstücke die besten, vorausgesetzt, sie werden richtig zubereitet. Ochsenschwanz etwa muß, damit er weich wird und saftig bleibt, ganz langsam gegart werden. Ich werde niemals den herrlichen Ochsenschwanz vergessen, den Andreas Hellrig aus dem Palio in New York vor Jahren für mich gekocht hat. Er hatte das Fleisch völlig vom Knochen gelöst und dann wieder perfekt zusammengesetzt.

Für 4 Personen

2 EL natives Olivenöl extra
15 g Butter
900 g Ochsenschwanz, alle Stücke halbiert
1 Zwiebel, gehackt
1 Stange Bleichsellerie, fein gehackt
2 Paprikaschoten, geröstet, enthäutet, Samen und Scheidewände
entfernt, gewürfelt
4 Eiertomaten, enthäutet, Samen entfernt, gewürfelt
Frischer Nudelteig mit Ei (Seite 47 und 51)
Salz

Das Öl mit der Butter in einer großen Pfanne bei mittlerer Temperatur erhitzen. Den Ochsenschwanz mit der Zwiebel darin anbraten und leicht anbräunen. Sellerie, Paprika und Tomaten einrühren, einen Deckel auflegen, die Temperatur herunterschalten und den Ochsenschwanz etwa 4 Stunden schmoren lassen; gelegentlich etwas Wasser zugießen, damit ausreichend Sauce entsteht. Den Ochsenschwanz aus der Pfanne nehmen, das Fleisch vom Knochen ablösen und sehr klein schneiden. Eine Hälfte als Füllung beiseite stellen. Die andere Hälfte unter das Gemüse in der Pfanne mischen und die Sauce wieder erhitzen.

Die Ravioli nach der Anleitung auf Seite 54 herstellen und mit dem Fleisch füllen. In einem großen Topf reichlich Wasser zum Kochen bringen und salzen. Die Ravioli hineingleiten lassen und nach dem erneuten Aufsprudeln noch 2 Minuten kochen. Abseihen und auf einer vorgewärmten Platte anrichten. Mit der Sauce übergießen und sofort servieren.

Ravioli alle patate e cavolfiore

Ravioli mit Kartoffeln und Blumenkohl

Kapern und Sardellen verleihen der Füllung aus Kartoffeln und Blumenkohl eine pikante Würze, und der getrocknete Oregano gibt ihr eine typisch mediterrane Note.

Für 4 Personen

200 g Blumenkohl, in Röschen zerteilt
200 g Kartoffeln, geschält und gewürfelt
4 Sardellenfilets in Öl oder Salzlake, abgetropft
1 EL Kapern in Salz oder Salzlake, abgespült beziehungsweise abgetropft
1 EL getrockneter Oregano
Salz und frisch gemahlener Pfeffer
Frischer Nudelteig mit Ei (Seite 47 und 51)
6 EL natives Olivenöl extra
1 EL gehackte glatte Petersilie

In einem großen Topf reichlich Wasser zum Kochen bringen. Den Blumenkohl in etwa 10 Minuten darin weich kochen. Mit einer Schaumkelle herausheben und beiseite stellen. Die Kartoffeln in dem erneut sprudelnden Wasser ebenfalls weich kochen, was nur einige Minuten dauert. Abgießen und abkühlen lassen. Kartoffeln, Blumenkohl, Sardellen und Kapern in den Mixer geben und pürieren. Die Füllung mit dem Oregano würzen, salzen und pfeffern.

Die Ravioli nach der Anleitung auf Seite 54 herstellen und mit der Gemüsemischung füllen. In einem großen Topf reichlich Wasser zum Kochen bringen und salzen. Die Ravioli hineingleiten lassen und nach dem erneuten Aufsprudeln noch 2 Minuten kochen.

Unterdessen das Öl erhitzen, aber nicht Farbe annehmen lassen. Die Ravioli abseihen, das Öl und die Petersilie vorsichtig untermischen. Auf einer vorgewärmten Platte anrichten und sogleich servieren.

Ravioli al caviale nero e rosso

Ravioli mit schwarzem und rotem Kaviar

Meine beste Freundin, Maria Louisa de'Banfield, ist in Triest geboren und Spezialistin für die norditalienische Küche. (Ihr Vater ist der Pilot Goffredo de'Banfield, ein Held im Ersten Weltkrieg.) Darüber hinaus interessiert sie sich auch für andere Küchen und sammelt mit Leidenschaft Rezepte. Eine ergiebige Quelle sind dabei die namhaften Köche, die in ihrem großen Freundeskreis tätig sind. Hier eines ihrer Rezepte, das ich besonders liebe.

Roter und schwarzer Kaviar sind zu einem erschwinglichen Preis erhältlich und ergeben eine hübsche Garnitur. Auf schwarzer Pasta, deren Herstellung auf Seite 55 beschrieben ist, kommt der rote Kaviar noch besser zur Geltung.

Für 4 Personen

120 g Ricotta
60 g schwarzer Kaviar
60 ml saure Sahne
Salz und frisch gemahlener Pfeffer
Frischer Nudelteig mit Ei (Seite 47 und 51),
mit Sepiatinte schwarz gefärbt (Seite 55)
90 g Butter
60 g roter Kaviar

Für die Füllung die Ricotta mit dem schwarzen Kaviar und der sauren Sahne glattrühren, sparsam salzen und nach Geschmack pfeffern.

Die Ravioli nach der Anleitung auf Seite 54 herstellen und mit der Ricottamischung füllen. In einem großen Topf reichlich Wasser zum Kochen bringen und salzen. Die Ravioli hineingleiten lassen und nach dem erneuten Aufsprudeln noch 2 Minuten kochen.

Inzwischen die Butter zerlassen. Die Ravioli abseihen, auf einer vorgewärmten Platte anrichten, mit der Butter beträufeln und mit dem roten Kaviar garnieren. Sofort servieren.

Ravioli con capesante

Ravioli mit Jakobsmuscheln

Ravioli mit Meeresfrüchten mag ich ganz besonders. Jakobsmuscheln sind eine Spezialität der venezianischen Küche, genauso wie die Seespinne, die hier eine nicht minder exquisite Füllung ergeben würde.

Für 4 Personen

120 ml natives Olivenöl extra
2 Knoblauchzehen, sehr fein gehackt
12 Jakobsmuscheln, ausgelöst und in Scheiben geschnitten
Etwa 60 ml trockener Weißwein
2 EL feingehackte glatte Petersilie
Frischer Nudelteig mit Ei (Seite 47 und 51)
Salz

Die Hälfte des Öls in einer Pfanne bei mittlerer Temperatur erhitzen. Den Knoblauch unter gelegentlichem Rühren etwa 3 Minuten darin glasig schwitzen. Die Jakobsmuscheln 2 Minuten mitbraten. Den Wein zugießen und verdampfen lassen. Die Muscheln mit der Hälfte der Petersilie bestreuen und beiseite stellen.

Die Ravioli nach der Anleitung auf Seite 54 herstellen und mit den Jakobsmuscheln füllen. In einem großen Topf reichlich Wasser zum Kochen bringen und salzen. Die Ravioli hineingleiten lassen und nach dem erneuten Aufsprudeln noch 2 Minuten kochen.

Gleichzeitig das restliche Öl erwärmen, aber nicht bräunen. Die Ravioli abseihen, auf einer vorgewärmten Platte anrichten, die restliche Petersilie und das Öl darüber verteilen und sofort servieren.

Ravioli di ricotta

Ravioli mit Ricotta

Besonders köstlich geraten die Ravioli mit Ricotta aus Schafmilch, die in der Toskana und Umbrien sehr gern verwendet wird. Doch eignet sich auch ganz frische Kuhmilch-Ricotta vorzüglich.

Für 4 Personen

200 g frische Ricotta
2 Eigelb
90 g Parmesan, frisch gerieben
1 Handvoll frisches Basilikum, gehackt
1 Prise frisch geriebene Muskatnuß
Salz und frisch gemahlener Pfeffer
Frischer Nudelteig mit Ei (Seite 47 und 51)
4 EL natives Olivenöl extra
1 Handvoll ganze Basilikumblätter

Für die Füllung Ricotta, Eigelb, Parmesan, gehacktes Basilikum und Muskatnuß vermischen und mit Salz und Pfeffer abschmecken.

Die Ravioli nach der Anleitung auf Seite 54 herstellen und mit der Ricottamischung füllen. In einem großen Topf reichlich Wasser zum Kochen bringen und salzen. Die Ravioli hineingleiten lassen und nach dem erneuten Aufsprudeln noch 2 Minuten kochen. Abseihen, auf einer vorgewärmten Platte anrichten und das Öl darüberträufeln. Mit den ganzen Basilikumblättern garnieren und sogleich servieren.

Ravioli al salmone

Ravioli mit Räucherlachs

Das Rezept läßt sich einfach abwandeln, indem man den Lachs durch geräucherte Forelle ersetzt. Anstelle der Fenchelsamen können Sie abgeriebene Zitronenschale verwenden.

Für 4 Personen

200 g Räucherlachs, klein gewürfelt
90 g frische Ricotta
Salz und frisch gemahlener Pfeffer
2 Eigelb
Frischer Nudelteig mit Ei (Seite 47 und 51)
¼ l Sahne
1 EL Fenchelsamen

Für die Füllung den Lachs und die Ricotta vermengen, leicht salzen und nach Geschmack pfeffern. Die Eigelbe unterrühren.

Die Ravioli nach der Anleitung auf Seite 54 herstellen und mit der Lachsmischung füllen. In einem großen Topf reichlich Wasser zum Kochen bringen und salzen. Die Ravioli hineingleiten lassen und nach dem erneuten Aufsprudeln noch 2 Minuten kochen.

Inzwischen die Sahne in einem Topf langsam erhitzen und etwas einkochen lassen, leicht salzen und pfeffern.

Die Ravioli abseihen, auf einer vorgewärmten Platte anrichten und mit der Sahne übergießen. Mit den Fenchelsamen bestreuen und sofort servieren.

Rechte Seite: Frische Ravioli und Tortelli

Tortelloni con bresaola e formaggio di capra

Tortelloni mit Bresaola und Ziegenfrischkäse

Bresaola ist gepökeltes, luftgetrocknetes Rindfleisch. Die Italiener essen diese Spezialität aus dem Veltlin ganz fein aufgeschnitten und mit etwas Zitronensaft und gutem Olivenöl beträufelt.

Für 4 Personen

200 g Ziegenfrischkäse, mit der Gabel zerdrückt
120 ml natives Olivenöl extra
Salz und frisch gemahlener Pfeffer
120 g Bresaola, hauchdünn aufgeschnitten
Frischer Nudelteig mit Ei (Seite 47 und 51)

Den Käse mit 2 Eßlöffeln Öl glattrühren und nach Geschmack salzen und pfeffern. Die Bresaolascheiben flach auslegen und in die Mitte jeder Scheibe ein Häufchen Käse setzen. Die Scheiben zu kleinen Päckchen zusammenfalten.

Die Tortelloni nach der Anleitung auf Seite 54 herstellen und mit je einem Päckchen füllen. In einem großen Topf reichlich Wasser zum Kochen bringen und salzen. Die Tortelloni hineingleiten lassen und nach dem erneuten Aufsprudeln noch 2 Minuten kochen.

Unterdessen das restliche Öl erhitzen, aber nicht bräunen. Die Tortelloni abseihen und auf einer vorgewärmten Platte anrichten. Mit dem heißen Öl beträufeln, nochmals pfeffern und dann sogleich servieren.

Ravioli alle erbe

Ravioli mit Ricotta und Kräuteröl

Die delikate Ricottafüllung und die verschiedenen Kräuter, die das Öl aromatisieren, ergänzen sich vorzüglich. Ich verwende hier Rosmarin, Salbei, Thymian und Schnittlauch, die einen recht kräftigen Geschmack abgeben.

Für 4 Personen

200 g frische Ricotta
60 g Parmesan, frisch gerieben
2 Eigelb
Salz und frisch gemahlener Pfeffer
Frischer Nudelteig mit Ei (Seite 47 und 51)
6 EL natives Olivenöl extra
1 EL feingehackter frischer Rosmarin
1 EL feingehackter frischer Salbei
1 EL feingehackter frischer Thymian
1 EL feingehackter frischer Schnittlauch
2 Knoblauchzehen, fein gehackt

Ricotta und Parmesan mit den Eigelben glattrühren und nach Geschmack salzen und pfeffern. Die Füllung beiseite stellen.

Die Ravioli nach der Anleitung auf Seite 54 herstellen und mit der Ricottamischung füllen. In einem großen Topf reichlich Wasser zum Kochen bringen und salzen. Die Ravioli hineingleiten lassen und nach dem erneuten Aufsprudeln noch 2 Minuten kochen.

Inzwischen das Öl in einem Topf erhitzen und die gesamten Kräuter mit dem Knoblauch hineingeben. Den Topf nach etwa 3 Minuten vom Herd nehmen. Die Ravioli abseihen und auf einer vorgewärmten Platte anrichten. Mit dem Kräuteröl übergießen und sofort servieren.

Rechte Seite: Ravioli mit Ricotta und Kräuteröl

Tortelli neri con seppioline e patate

Schwarze Tortelli mit Tintenfischchen und Kartoffeln

Als ich geheiratet hatte und erstmals einen eigenen Hausstand führte, mußte ich unsere Köchin mit meinen Lieblingsrezepten vertraut machen. Zu meinem ersten größeren Essen wollte ich dieses originelle Gericht mit schwarzer Pasta servieren. Damals war Sepiatinte auch in Italien nicht so einfach zu bekommen, und so mußten die Köchin und ich dafür erst einige Tintenfische töten. Es endete damit, daß schließlich überall Tinte war, nur nicht im Teig. Seither bin ich jedoch zu einer Expertin in der Herstellung schwarzer Pasta geworden.

Für 4 Personen

6 EL natives Olivenöl extra
1 kleine Zwiebel, gehackt
200 g kleine Tintenfische, küchenfertig vorbereitet
und in Ringe geschnitten
200 g Kartoffeln, geschält und gewürfelt
Salz und frisch gemahlener Pfeffer
Frischer Nudelteig mit Ei (Seite 47 und 51),
mit Sepiatinte schwarz gefärbt (Seite 55)
¹/₄ l Sauce nach Art von Alfredo (Seite 64)

Das Öl in einer großen Pfanne bei mittlerer Temperatur erhitzen und die Zwiebel etwa 3 Minuten unter häufigem Rühren darin glasig schwitzen. Die Tintenfische und die Kartoffeln zufügen, salzen, pfeffern und alles gründlich vermischen. Zugedeckt bei niedriger Temperatur etwa 30 Minuten dünsten; gelegentlich umrühren und bei Bedarf immer wieder etwas Wasser zugießen. Zuletzt die überschüssige Flüssigkeit bei hoher Temperatur und ohne Deckel verdampfen lassen. Den Pfanneninhalt durch ein Passiersieb streichen oder im Mixer pürieren. Die Füllung völlig erkalten lassen.

Die Tortelli nach der Anleitung auf Seite 54 herstellen und mit der Tintenfischmischung füllen. In einem großen Topf reichlich Wasser zum Kochen bringen und salzen. Die Tortelli hineingleiten lassen und nach dem erneuten Aufsprudeln noch 2 Minuten kochen.

Inzwischen die Alfredo-Sauce erhitzen. Die Tortelli abseihen und auf einer vorgewärmten Platte anrichten. Vorsichtig mit der Sauce vermischen und sofort servieren.

Tortelloni con capesante al curry

Tortelloni mit Jakobsmuscheln in Currysauce

Fast jedes Jahr besuche ich Indien, das mit seinen gütigen Menschen und den herrlichen Kunstschätzen für mich zu den schönsten Ländern der Erde zählt. Meine erste Reise dorthin, die ich vor etwa 30 Jahren unternahm, inspirierte mich zu diesem Rezept, in dem, wie ich finde, die indische Küche und die meiner Heimat aufs wunderbarste verschmelzen.

Für 4 Personen

30 g Butter
1 Zwiebel, gehackt
8 Wirsingblätter, feinstreifig geschnitten
¹/₄ l Milch
2 EL Currypulver
Salz und frisch gemahlener Pfeffer
12 Jakobsmuscheln, ausgelöst und gewaschen
Frischer Nudelteig mit Ei (Seite 47 und 51)

Die Butter in einer großen Pfanne bei mittlerer Temperatur zerlassen. Die Zwiebel und den Wirsing etwa 3 Minuten darin dünsten, dabei gelegentlich umrühren. Die Milch mit dem Currypulver dazugeben und das Gemüse etwa 30 Minuten köcheln lassen, bis es gar ist; salzen und pfeffern. Die Mischung im Mixer oder in der Küchenmaschine pürieren. Erneut erhitzen, die Jakobsmuscheln hineingeben und einige Minuten garen, bis sie gerade eben ihre Farbe wechseln ins Opal. Die Muscheln mit einer Schaumkelle herausnehmen und beiseite legen.

Die Tortelloni nach der Anleitung auf Seite 54 herstellen – 24 große Teigscheiben, so daß sich 3 Tortelloni pro Person ergeben – und mit je 1 Jakobsmuschel füllen. In einem großen Topf reichlich Wasser zum Kochen bringen und salzen. Die Tortelloni hineingleiten lassen und nach dem erneuten Aufsprudeln noch 2 Minuten kochen. Inzwischen die Sauce wieder erwärmen. Die Tortelloni abseihen und auf einer vorgewärmten Platte anrichten. Mit der Sauce überziehen und sofort servieren.

Tortelloni con tonno e piselli

Tortelloni mit Thunfisch und Erbsen

Normalerweise mache ich um Tiefkühlprodukte einen Bogen. Bei Erbsen aber breche ich gelegentlich diese Regel, denn sie sind in Qualität und Geschmack oft besser als frisch ausgepalte. Zum Auftauen lege ich sie nur einige Minuten in kaltes Wasser.

Für 4 Personen

200 g Thunfisch in Öl oder Salzlake, abgetropft
200 g ausgepalte frische Erbsen, einige Minuten blanchiert, oder aufgetaute Tiefkühlerbsen
Salz und frisch gemahlener Pfeffer
Frischer Nudelteig mit Ei (Seite 47 und 51)
6 EL natives Olivenöl extra
1/4 l gekochte Tomatensauce (Seite 64)
1 EL gehackte glatte Petersilie

Den Thunfisch zerpflücken und mit den Erbsen durch ein Passiersieb streichen oder im Mixer pürieren. Die Füllung nach Geschmack leicht salzen und pfeffern; beiseite stellen.

Die Tortelloni nach der Anleitung auf Seite 54 herstellen und mit der Thunfisch-Erbsen-Mischung füllen. In einem großen Topf reichlich Wasser zum Kochen bringen und salzen. Die Tortelloni hineingleiten lassen und nach dem erneuten Aufsprudeln noch 2 Minuten kochen.

Inzwischen die Tomatensauce erhitzen und die Petersilie einrühren. Die Tortelloni abseihen und auf einer vorgewärmten Platte anrichten. Mit der Sauce vermischen und sofort servieren.

Tortelloni allo spada e olive

Tortelloni mit Schwertfisch und Oliven

Eine empfehlenswerte Alternative zum Schwertfisch ist Thunfisch. Mit seinem kräftigen Geschmack kann er sich ebenfalls gegenüber den Oliven und Kapern gut behaupten.

Für 4 Personen

120 ml natives Olivenöl extra
2 Knoblauchzehen, gehackt
350 g Schwertfisch, in Scheiben geschnitten
Saft von 1/2 Zitrone
Salz und frisch gemahlener Pfeffer
90 g schwarze Oliven, zum Beispiel aus Gaeta oder griechische, entsteint und gehackt
Frischer Nudelteig mit Ei (Seite 47 und 51)
1 EL Kapern in Salz oder Salzlake, abgespült beziehungsweise abgetropft
1 EL abgeriebene unbehandelte Orangenschale
1 EL gehackte glatte Petersilie

Für die Füllung die Hälfte des Öls in einer großen Pfanne bei niedriger Temperatur erhitzen und den Knoblauch langsam darin glasig schwitzen. Die Temperatur auf die mittlere Stufe erhöhen und den Fisch in dem Knoblauchöl von beiden Seiten etwa 3 Minuten goldbraun braten. Mit dem Zitronensaft beträufeln, salzen, pfeffern, etwas abkühlen lassen. Den Fisch enthäuten, entgräten und fein schneiden. Mit der Hälfte der Oliven gründlich vermischen.

Die Tortelloni nach der Anleitung auf Seite 54 herstellen und mit der Fisch-Oliven-Mischung füllen. In einem großen Topf reichlich Wasser zum Kochen bringen und salzen. Die Tortelloni hineingleiten lassen und nach dem erneuten Aufsprudeln noch 2 Minuten kochen.

Unterdessen das restliche Öl in einem kleinen Topf bei mittlerer Temperatur erhitzen. Die verbliebenen Oliven, die Kapern und die Orangenschale einrühren. Die Tortelloni abseihen und auf einer vorgewärmten Platte anrichten. Das Öl mit den würzenden Zutaten darüber verteilen. Das Gericht mit der Petersilie bestreuen und sofort servieren.

Cappelletti gratinati alla panna

Überbackene Cappelletti mit Sahne

Dieses Gericht läßt sich so weit vorbereiten, daß man es zuletzt nur noch mit der Sahne übergießen und unter den Grill schieben muß. Besonders gern bereite ich es zu, wenn weiße Trüffeln auf dem Markt sind, die es, fein darübergehobelt, zu einem ganz speziellen Genuß machen.

Für 4 Personen

30 g Butter
200 g Kalbfleisch, gewürfelt
1 Hühnerkeule, ausgebeint, das Fleisch gewürfelt
1 Eigelb
1 Prise frisch geriebene Muskatnuß
60 g Parmesan, frisch gerieben
60 g Fontina, fein gerieben
Salz und frisch gemahlener Pfeffer
Frischer Nudelteig mit Ei (Seite 47 und 51)
¹/₂ l Sahne
60 g gekochter Schinken, klein gewürfelt

Für die Füllung die Butter in einer großen Pfanne bei mittlerer Temperatur zerlassen. Die Fleischwürfel unter gelegentlichem Rühren kräftig darin anbraten. Etwas abkühlen lassen und die Fleischwürfel von Hand oder im Mixer fein hacken. Das Eigelb, die Muskatnuß und jeweils die Hälfte der beiden Käsesorten untermengen. Mit Salz und Pfeffer abschmecken und nochmals durchmischen.

Die Cappelletti nach der Anleitung auf Seite 54 herstellen und mit der Fleischmischung füllen. Die Sahne in einem Topf aufkochen und bei niedriger Temperatur um ein Drittel einköcheln lassen.

In einem großen Topf reichlich Wasser zum Kochen bringen und salzen. Die Cappelletti hineingleiten lassen und nach dem erneuten Aufsprudeln noch 2 Minuten kochen. Währenddessen den Grill auf mittlerer bis hoher Stufe vorheizen.

Die Cappelletti abseihen und in eine gebutterte ofenfeste Form füllen. Mit dem Schinken und der restlichen Fontina bestreuen und mit der Sahne übergießen. Den restlichen Parmesan darüberstreuen und die Form etwa 10 Minuten unter den Grill schieben, bis das Gericht goldbraun überkrustet ist. Sogleich servieren.

Tortelli ai fiori di zucca

Tortelli mit Zucchiniblüten

Zucchiniblüten haben im Juni ganz kurz Saison und müssen alsbald verarbeitet werden. Nur die kleineren männlichen Exemplare eignen sich für dieses Rezept, die Blüten aus dem oberen Bereich der Pflanzen sollten jedoch nicht verwendet werden.

Für 4 Personen

120 g Butter
200 g Zucchiniblüten, die Stempel entfernt und die Blüten fein geschnitten
Salz und frisch gemahlener Pfeffer
90 g frische Ricotta
Frischer Nudelteig mit Ei (Seite 47 und 51)
60 g Fontina oder Emmentaler, frisch gerieben

In einer Pfanne 30 g Butter bei mittlerer Temperatur zerlassen. Die Zucchiniblüten 3 Minuten sanft darin braten und gelegentlich durchheben. Salzen, pfeffern und abkühlen lassen. Die Blüten mit der Ricotta zu einer glatten Füllung vermischen.

Die Tortelli nach der Anleitung auf Seite 54 herstellen und mit der Blüten-Käse-Mischung füllen. In einem großen Topf reichlich Wasser zum Kochen bringen und salzen. Die Tortelli hineingleiten lassen und nach dem erneuten Aufsprudeln noch 2 Minuten kochen.

Unterdessen die restliche Butter zerlassen. Die Tortelli abseihen und auf einer vorgewärmten Platte anrichten. Mit Fontina oder Emmentaler bestreuen und die Butter darüberträufeln. Das Gericht sofort servieren.

Rechte Seite: Frische Cappelletti und Cappellacci

GEBACKENE PASTAGERICHTE

Die Rezepte dieses Kapitels sind – abgesehen von Lasagne – außerhalb Italiens nicht sehr bekannt. Das ist schade, denn die Gerichte sind ausgesprochen köstlich und zudem sehr praktisch: Sie lassen sich rechtzeitig vorbereiten und müssen nur noch in den Ofen geschoben werden, so daß Sie entspannt den Willkommenstrunk mit Ihren Gästen genießen können. Viele dieser Rezepte ergeben, begleitet von einem Salat und gefolgt von Früchten, eine sättigende Mahlzeit. Andere sind ideal zum Brunch oder für ein Party-Buffet.

Neben Lasagne-Variationen und Aufläufen werden hier verschiedenste Torten und Tartes, Gratins und Pasteten vorgestellt. Manchmal bildet die Pasta die Hülle, in den meisten Fällen ist sie die Füllung. Bei den Bezeichnungen für gebackene Pastagerichte herrscht unter den Kochbuchautoren Uneinigkeit. In älteren Büchern wurde grundsätzlich zwischen *pasticcio* und *timballo* unterschieden. Ersteres bezeichnete ein gebackenes Gericht aus Pasta und verschiedenen anderen Zutaten, die von einer Teighülle umschlossen waren – *en croûte*, wie die Franzosen sagen würden. Dagegen verwendete man den Begriff *timballo* für eine hochrandige Form, gefüllt mit Pasta und weiteren Zutaten, die aber nicht unter einem Teig verborgen waren. Heute wird der Name *pasticcio* in Rezepten vermieden, da er umgangssprachlich für »Kuddelmuddel« gebraucht wird – und das ist weder in der Küche noch auf dem Tisch wünschenswert. Hinter einem *timballo* verbirgt sich dagegen inzwischen entweder eine Tarte oder ein in der Form gebackenes Gericht. Sehr gern nimmt man dafür auch eine Ringform und füllt das Loch in der Mitte nach dem Stürzen mit einer üppigen Sauce.

Bei einem eleganten Essen würde man in Italien kein gewöhnliches Pastagericht servieren. Doch sollen die Gäste keinesfalls aus Gründen der Etikette auf die geliebte Pasta verzichten müssen. Eine Tarte oder Pastete bietet Genuß und festliches Flair gleichermaßen.

Gebackene Pastagerichte waren schon im alten Rom beliebt, und die großen Köche der Renaissance führten die Kunst ihrer Zubereitung bei den prunkvollen Banketten jener Zeit zu höchster Vollendung. Die Rezepte aus dem 15. und 16. Jahrhundert lesen sich wie endlose Listen von Zutaten, die diese opulenten Kreationen füllten. Da begegnet man jeder Art von Fleisch, Wild, Fisch und Gemüse, gemischt mit Delikatessen wie Trüffeln und Straußeneiern und abgeschmeckt mit allerlei exotischen Gewürzen.

Manche Historiker vermuten, mit diesen fürstlichen Zubereitungen hätte man die Gesetze gegen den Luxus umgehen wollen, die im Kirchenstaat eingeführt wurden, um den Ausschweifungen der Reichen Einhalt zu gebieten. Unter anderem untersagten diese Gesetze mehr als drei Gänge bei einem Mahl – eine schmerzliche Beschneidung für all jene, die an Gelage mit an die dreißig Gerichten gewöhnt waren. Die Lösung brachte die Pastete, die als zweiter Gang aufgetragen wurde. Unter ihrer üppigen Kruste aus Ravioli und Maccheroni konnten zwischen Teiglagen beinahe alle die Zutaten eingeschichtet werden, an denen man sich ansonsten in Form verschiedener Gerichte ergötzt hätte.

Eine sehr anregende Beschreibung einer traditionellen Maccheroni-Pastete findet sich in dem Buch *Der Leopard* von Giuseppe Tommaso di Lampedusa. Der Roman handelt vom Niedergang eines sizilianischen Adelsgeschlechts im 19. Jahrhundert. Die erwähnte Schilderung ist jedoch so plastisch, daß man annehmen darf, Lampedusa, 1896 in Palermo geboren und 1957 in Rom gestorben, wußte aus persönlicher Erfahrung, wovon er sprach:

Das gebräunte Gold der Umhüllung, der ausströmende Duft von Zucker und Zimt waren nichts als das Vorspiel zu dem Wonnegefühl, das einem im Innern aufstieg, wenn das Messer die Kruste auseinanderriß: Zuerst brach ein mit Wohlgerüchen beladener Dampf daraus hervor, und dann bemerkte man die Hühnerleber, die harten Eier, die Streifen von Schinken, jungem Huhn und Trüffeln in der weichen, heißen Masse der kleinen, kurzen Makkaroni, denen der konzentrierte Fleischsaft eine köstliche Gamslederfarbe verlieh.

166

Pasticcio di bucatini con animelle

Bucatini-Ring mit Bries

Früher waren die Mahlzeiten in der Regel viel üppiger. So wurde, wenn es vornehmer zuging, zwischen Suppe und Hauptgericht noch ein Zwischengang, etwa ein Gemüseauflauf oder Omelett, aufgetragen. Zu Gemüse gab es stets eine weitere »Kleinigkeit« wie gebratene Hahnenkämme, Hühnerleber oder Bries. Dieses Rezept erinnert an jene Schlemmertage.

Besonders elegant sieht es aus, wenn Sie die Bucatini sauber nebeneinander in die Form legen, bis diese völlig ausgekleidet ist, und dann das Bries einfüllen. Allerdings erfordert diese Variante viel Zeit und Geduld. Alternativ können Sie die Pasta auch mit dem Bries mischen und zusammen in der Form backen.

Für 4 Personen

300 g Kalbsbries
60 g roher Schinken, klein gewürfelt
1 kleine Zwiebel, gehackt
Salz und frisch gemahlener Pfeffer
200 g ausgepalte Erbsen
120 g Butter
90 g Parmesan, frisch gerieben
300 g Bucatini

Das Bries etwa 2 Stunden wässern, dabei das Wasser einmal erneuern. In einem Topf Wasser zum Kochen bringen und das Bries darin 5 Minuten garen. Abgießen und unter kaltem Wasser abschrecken, um den Garprozeß zu stoppen, trockentupfen. Die Häute und Adern entfernen und das Bries in etwa 5 mm dicke Scheiben schneiden. Den Schinken mit der Zwiebel in einer großen Pfanne bei mittlerer Temperatur einige Minuten braten. Das Bries dazugeben, salzen, pfeffern und 5 Minuten mitbraten. Die Temperatur herunterschalten und das Bries zugedeckt noch etwa 10 Minuten garen, dabei etwas Wasser zufügen, damit es nicht austrocknet. Beiseite stellen und abkühlen lassen.

Unterdessen die Erbsen etwa 2 Minuten in kochendem Wasser blanchieren. Abseihen und beiseite stellen.

Eine hohe Ringform von 23 cm Durchmesser dick mit Butter ausstreichen, mit etwas Parmesan ausstreuen und kalt stellen.

Den Ofen auf 200 °C (Gas Stufe 5) vorheizen.

In einem großen Topf reichlich Wasser zum Kochen bringen. Salzen und die Bucatini *al dente* kochen. Abseihen und mit der restlichen Butter, den Erbsen und dem übrigen Parmesan vermischen. Das Ganze in die Form füllen und 10–15 Minuten backen.

Inzwischen das Bries wieder sanft erwärmen. Den Pastaring auf eine vorgewärmte Platte stürzen und das Bries in der Mitte anrichten. Das Gericht sofort servieren.

Pasticcio di bucatini e scampi

Gebackene Bucatini mit Scampi in Käsesauce

Das Gericht läßt sich vorbereiten und ist daher ideal für eine Party geeignet. Genausogut schmeckt es mit anderen Meeresfrüchten wie Miesmuscheln oder Venusmuscheln.

Für 4 Personen

3 EL natives Olivenöl extra
4 Stangen Lauch, längs halbiert, gründlich gewaschen und in Scheiben geschnitten
300 g große rohe Scampi, geschält und der Darm entfernt
1 EL abgeriebene unbehandelte Zitronenschale
Salz und frisch gemahlener Pfeffer
180 g Fontina oder Emmentaler, frisch gerieben
$1/4$ l Béchamelsauce (Seite 62)
15 g Butter
60 g feine Semmelbrösel
300 g Bucatini

Das Öl in einem Topf bei mittlerer Temperatur erhitzen. Den Lauch etwa 3 Minuten darin glasig dünsten, dabei ständig rühren. Die Scampi und die Zitronenschale dazugeben, salzen, pfeffern und 3 Minuten unter gelegentlichem Rühren garen. Vom Herd nehmen, den Käse und die Béchamelsauce untermischen. Beiseite stellen.

Den Ofen auf 180 °C (Gas Stufe 4) vorheizen.

Eine Springform mit 20 cm Durchmesser ausbuttern und mit den Semmelbröseln ausstreuen.

In einem großen Topf reichlich Wasser zum Kochen bringen. Salzen und die Bucatini *al dente* kochen. Abseihen und mit der Sauce vermischen. Das Ganze in die vorbereitete Form füllen und etwa 50 Minuten backen. Mit einem Messer am Rand der Form entlangfahren und das Gericht auf eine vorgewärmte Platte stürzen. Sofort servieren.

Timballo di bucatini e piccione

Bucatini-Pastete mit Tauben

Ein elegantes Gericht für ein festliches Essen. Sie können die Pastete schon am Vortag vorbereiten und müssen sie dann nur noch aus dem Kühlschrank nehmen, um sie zu backen.

Für 4 Personen

120 g Butter
2 Tauben, küchenfertig vorbereitet und geviertelt
1 Möhre, gehackt
1 Stange Bleichsellerie, gehackt
1 kleine Zwiebel, gehackt
1 Lorbeerblatt
60 g roher Schinken, klein gewürfelt
1 frischer Rosmarinzweig
30 g Mehl
Etwa 120 ml trockener Weißwein
Salz und frisch gemahlener Pfeffer
300 g Bucatini
450 g Auslegeteig (Seite 67)
Etwa $^1/_8$ l Sahne

In einer großen Pfanne 1 Eßlöffel Butter bei mittlerer Temperatur zerlassen. Die Taubenviertel darin mit leichter Farbe anbraten. Die Möhre, den Sellerie, die Zwiebel, das Lorbeerblatt, den Schinken und den Rosmarin zufügen. Das Ganze mit dem Mehl bestauben und noch einige Minuten weiterbraten. Den Wein zugießen, salzen, pfeffern und zugedeckt bei niedriger Temperatur etwa 1 Stunde schmoren. Zwischendurch mehrmals etwas Wasser dazugeben, damit das Fleisch nicht trocken wird.

Unterdessen den Ofen auf 180 °C (Gas Stufe 4) vorheizen.

In einem großen Topf reichlich Wasser zum Kochen bringen. Salzen und die Bucatini *al dente* kochen. Abseihen und die restliche Butter bis auf 1 Eßlöffel untermischen.

Mit dem Eßlöffel Butter eine Springform mit 20 cm Durchmesser einfetten und mit Mehl bestauben. Drei Viertel des Teigs ausrollen und den Boden und Rand der Form bis oben damit auslegen.

Die Sahne zu den Tauben gießen, den Bratsatz losrühren und etwas einkochen lassen. Die Taubenviertel herausnehmen und beiseite legen. Die Bucatini unter die Sauce mischen. Die Form bis zum Rand abwechselnd mit den Taubenvierteln und Nudeln füllen. Den restlichen Teig ausrollen und die Form damit abdecken. Die Teigränder fest zusammendrücken und glatt abschneiden, die Teigoberfläche mehrmals mit einer Gabel einstechen. Die Pastete

etwa 1 Stunde backen und, falls sie zu stark bräunt, mit Alufolie abdecken. Etwas abkühlen lassen, auf einer vorgewärmten Platte anrichten und sogleich zu Tisch bringen.

Bucatini con provola affumicata

Schüsselpastete mit Bucatini, Käse und Pancetta

Nudelformen wie Bucatini, Penne oder Rigatoni eignen sich für Pastagerichte aus dem Ofen am besten, da sie nicht so schnell übergaren. Bei dünnen Nudeln kann dies hingegen durch das Kochen und anschließende Backen leicht geschehen.

Für 4 Personen

Salz
300 g Bucatini
90 g Butter
150 g Pancetta (ungeräucherter Bauchspeck)
oder Frühstücksspeck, klein gewürfelt
$^1/_4$ l Sahne
150 g geräucherte Provola, klein gewürfelt
90 g Parmesan, frisch gerieben
Frisch gemahlener Pfeffer
300 g Auslegeteig (Seite 67)
1 Eigelb

In einem großen Topf reichlich Wasser zum Kochen bringen. Salzen und die Bucatini *al dente* kochen. Abseihen und ein Drittel der Butter untermischen; beiseite stellen.

Ein weiteres Drittel der Butter in einer großen Pfanne bei mittlerer Temperatur zerlassen. Den Speck darin braten, bis er leicht knusprig und goldbraun ist. Zu den Nudeln geben.

In einem kleineren Topf die Sahne bis kurz vor dem Siedepunkt erhitzen. Die beiden Käsesorten unter Rühren darin schmelzen, leicht salzen und pfeffern. Über die Nudeln gießen und vermischen.

Den Ofen auf 200 °C (Gas Stufe 5) vorheizen. Mit der restlichen Butter eine ofenfeste Servierform mit breitem Rand einfetten. Die Nudelmischung einfüllen.

Den Teig etwa 5 mm dick zu einer Platte in der Größe des oberen Formrandes ausrollen. Über die Form legen und die Teigränder mit etwas Wasser am Formrand ankleben. Das Eigelb mit einigen Tropfen Wasser verrühren und den Teigdeckel damit bestreichen, mehrmals mit einer Gabel einstechen. Etwa 15 Minuten backen, bis die Oberfläche schön gebräunt ist. Sehr heiß in der Form servieren.

Timballo di bucatini alle melanzane

Bucatini-Torte mit gegrillten Auberginen

Zu meinen Lieblingshotels gehört das Sirenuse in Postiano, das berühmt ist für seine herrliche Architektur und Lage. Es war einst der Wohnsitz der Familie Sersale. Einer ihrer jüngeren Vertreter, Antonio Sersale, leitet heute das Hotel und Restaurant, dessen Pastagerichte weithin gerühmt werden. Gelegentlich bereitet der Küchenchef das Buffet mit dreißig verschiedenen Pasta-Variationen zu. Von ihm lernte ich den Ausdruck »pasta all'impiedi«. Er bezeichnet einen Gargrad, bei dem die Pasta so fest ist, daß sie gerade noch steht. Und in der Tat – je kürzer Pasta gegart wird, desto leichter verdaulich ist sie.

Wie alle Pasteten, Aufläufe und Torten ist auch dieses Gericht ideal für Partys, da es gut vorbereitet werden kann.

Für 4 Personen

6 EL natives Olivenöl extra
2 Knoblauchzehen, gehackt
450 g reife Eiertomaten, enthäutet, Samen entfernt und gewürfelt,
oder Dosentomaten mit dem Saft
1 Prise Chiliflocken
Salz und frisch gemahlener Pfeffer
2 eiförmige Auberginen (insgesamt etwa 300 g), geputzt und
längs in 3 mm dicke Scheiben geschnitten
15 g Butter
60 g feine Semmelbrösel
300 g Bucatini
1 Handvoll frisches Basilikum

Das Öl in einem Topf bei niedriger Temperatur erhitzen. Den Knoblauch etwa 3 Minuten darin glasig schwitzen. Die Tomaten mit den Chiliflocken dazugeben, salzen, pfeffern und zugedeckt etwa 30 Minuten dünsten, bis der gesamte Saft verkocht ist.

Den Grill und den Ofen auf 180 °C (Gas Stufe 4) vorheizen.

Die Auberginenscheiben nebeneinander auf ein Backblech legen und etwa 1 Minute von jeder Seite grillen. Eine Springform mit 20 cm Durchmesser ausbuttern und gleichmäßig mit den Semmelbröseln ausstreuen. Boden und Rand der Form so mit den Auberginen belegen, daß sich die Scheiben leicht überlappen. Die restlichen Scheiben beiseite legen.

In einem großen Topf reichlich Wasser zum Kochen bringen. Salzen und die Bucatini *al dente* kochen. Abseihen und in einer Schüssel mit der

Tomatensauce, den übrigen Auberginenscheiben und dem Basilikum vermengen. In die vorbereitete Form füllen und leicht zusammendrücken. Etwa 50 Minuten backen. Auf eine vorgewärmte Platte stürzen und sofort servieren.

Pasticcio di vermicelli e ricotta

Vermicelli-Ricotta-Torte

Etwas Zimt und Zucker verleihen dieser eleganten Zubereitung eine aparte Note.

Für 4 Personen

15 g Butter
4 EL feine Semmelbrösel
4 Eier
150 g frische Ricotta
¼ l Milch
30 g Zucker
½ EL gemahlener Zimt
Salz
450 g Vermicelli
Frisch gemahlener Pfeffer

Den Ofen auf 180 °C (Gas Stufe 4) vorheizen. Eine Springform mit 23 cm Durchmesser ausbuttern und mit den Semmelbröseln ausstreuen, überschüssige Brösel ausschütten. Beiseite stellen.

In einer Schüssel die Eier nacheinander unter die Ricotta rühren. Mit Milch, Zucker und Zimt glattrühren.

In einem großen Topf reichlich Wasser zum Kochen bringen. Salzen und die Vermicelli *al dente* kochen. Abseihen, mit der Ricottamischung vermengen, mit Salz und Pfeffer abschmecken und in die vorbereitete Form füllen. Etwa 1 Stunde backen, bis ein in der Mitte hineingestochenes Holzstäbchen sauber wieder herauskommt. Die Torte auf eine vorgewärmte Platte stürzen und heiß servieren.

Rechte Seite: Bucatini-Torte mit gegrillten Auberginen

Torta di fettuccine al pecorino e menta

Fettuccine-Pie mit Pecorino und Minze

Anstelle frischer Fettuccine können Sie ebenso Linguine verwenden. Kurze Nudeln wie Penne geben der Pie eine kernige Note. Das frische Aroma der Minze bildet einen angenehmen Kontrast zum kräftigen Geschmack des Pecorino.

Für 4 Personen

¹/₄ l Sahne
1 Handvoll frische Minzeblätter
180 g Pecorino (Romano), frisch gerieben
Salz und frisch gemahlener Pfeffer
15 g Butter
300 g Auslegeteig (Seite 67)
300 g frischer Nudelteig mit Ei (Seite 47 und 51),
in Fettuccine geschnitten (Seite 52)

Den Ofen auf 200 °C (Gas Stufe 5) vorheizen.

Die Sahne mit der Minze, dem Pecorino, Salz und Pfeffer in einem Topf bei mittlerer Temperatur einige Minuten erhitzen, dabei ständig rühren, bis eine glatte Käsesauce entstanden ist. Beiseite stellen.

Eine Pie-Form mit 20 cm Durchmesser und herausnehmbarem Boden ausbuttern. Den Teig zu einer dünnen Platte ausrollen, sie soll den Boden und den Rand der Form bedecken. In die Form legen, den Rand geradeschneiden und den Boden mehrmals einstechen. In etwa 20 Minuten goldgelb vorbacken. Falls der Teig dabei Blasen wirft, drücken Sie diese anschließend mit der flachen Hand zusammen. Oder den Boden blindbacken. Dazu den Teigboden samt Rand mit Pergamentpapier auslegen, mit trockenen Hülsenfrüchten füllen und backen. Nach kurzem Abkühlen das Papier mit den Hülsenfrüchten wieder entfernen. So bleibt der Boden ohne Blasen flach.

Unterdessen in einem großen Topf reichlich Wasser zum Kochen bringen. Salzen und die Fettuccine hineingeben. Sie sind gar, wenn das Wasser erneut sprudelt und die Nudeln an die Oberfläche steigen. Abseihen und mit der Käsesauce vermengen. Die Mischung in die Form füllen und weitere 15–20 Minuten backen. Die Pie aus der Form heben, nach Belieben von dem losen Formboden lösen, auf einer vorgewärmten Platte anrichten und sofort servieren.

Torta di conchiglie al pate d'olive

Conchiglie mit Olivenpaste in der Teigkruste

Olivenpaste wird in Ligurien gern auf Röstbrot gestrichen und als Vorspeise serviert. Sie läßt sich aber auch exzellent als Pastasauce verwenden. Mit dem Mixer oder in der Küchenmaschine ist sie im Nu gemacht. Besonders delikat schmeckt sie mit etwas Zitronenschale aromatisiert.

Für 4 Personen

180 g schwarze Oliven, zum Beispiel aus Gaeta
oder griechische, entsteint
Abgeriebene Schale von 1 unbehandelten Zitrone
2 Knoblauchzehen, geschält
6 EL natives Olivenöl extra
Salz und frisch gemahlener Pfeffer
15 g Butter
300 g Auslegeteig (Seite 67)
300 g Conchiglie

Den Ofen auf 200 °C (Gas Stufe 5) vorheizen.

Die Oliven mit der Zitronenschale, dem Knoblauch, dem Olivenöl, Salz und Pfeffer in den Mixer oder die Küchenmaschine füllen und fein pürieren.

Eine Pie-Form mit 20 cm Durchmesser und herausnehmbarem Boden ausbuttern. Den Teig zu einer dünnen Platte ausrollen, sie soll den Boden und den Rand der Form bedecken. In die Form legen, den Rand geradeschneiden und den Boden mehrmals einstechen. Etwa 20 Minuten backen, bis er schön gebräunt ist. Falls der Teig dabei Blasen wirft, drücken Sie diese anschließend mit der flachen Hand zusammen. Oder den Boden blindbacken, wie links beschrieben.

Unterdessen in einem großen Topf reichlich Wasser zum Kochen bringen. Salzen und die Conchiglie *al dente* kochen. Ein Glas des Nudelkochwassers zur Olivenpaste in den Mixer geben und nochmals für einige Sekunden den Schalter betätigen.

Die Pasta abseihen und mit der Olivenpaste vermischen.

Die Teigkruste vorsichtig vom Formrand lösen, sie darf dabei nicht brechen. Mit dem losen Boden auf einer vorgewärmten Platte anrichten und mit der Pastamischung füllen. Sofort servieren.

Conchiglie e scampi al gratin

Gratinierte Conchiglie mit Scampi

Dieses Gericht läßt sich, fertig vorbereitet, bis zu drei Monate in der Gefriertruhe aufbewahren. In dem Fall muß es vor dem Backen rechtzeitig herausgenommen werden und Raumtemperatur annehmen. Gut schmeckt das Gratin auch mit Penne oder Rigatoni.

Für 4 Personen

60 g Butter
450 g große rohe Scampi, geschält und der Darm entfernt
Etwa 90 ml Cognac oder anderer Weinbrand
Salz und frisch gemahlener Pfeffer
300 g Conchiglie
$^1/_4$ l Sahne
90 g Parmesan, frisch gerieben

Die Hälfte der Butter in einer großen Pfanne bei mittlerer Temperatur zerlassen. Die Scampi etwa 3 Minuten darin braten, dabei mehrmals wenden, bis sie sich rosa färben und krümmen. Den Cognac zugießen und verdampfen lassen. Die Scampi salzen, pfeffern und beiseite stellen.

Den Ofen auf 200 °C (Gas Stufe 5) vorheizen. Eine ofenfeste Servierform mit 1 Eßlöffel Butter ausstreichen. In einem großen Topf reichlich Wasser zum Kochen bringen. Salzen und die Conchiglie *al dente* kochen.

Unterdessen die Sahne steif schlagen. Die Pasta abseihen, mit der Sahne, den Scampi und mit der Hälfte des Parmesan vermischen. Gleichmäßig in der Form verteilen und mit dem restlichen Parmesan bestreuen. Etwa 15 Minuten goldgelb überbacken und sofort servieren.

Lasagne all'umido

Lasagne mit Rindfleisch

In der Gegend um Rom, woher dieses Rezept stammt, serviert man gewöhnlich erst die Lasagne und dann den Braten, mit dem Gemüse umlegt.

Für 4 Personen

900 g Schmorfleisch vom Rind
150 g fetter Speck, in streichholzfeine Stifte geschnitten
10 Gewürznelken
Salz und frisch gemahlener Pfeffer
1 Zwiebel, gehackt
1 Möhre, gehackt
1 Stange Bleichsellerie, gehackt
¼ l trockener Weißwein
300 g reife Eiertomaten, enthäutet, Samen entfernt und gewürfelt,
oder Dosentomaten mit dem Saft
15 g Butter
Frischer Nudelteig mit Ei (Seite 47 und 51),
in Lasagne geschnitten (Seite 52)

Den Ofen auf 180 °C (Gas Stufe 4) vorheizen.

Das Fleisch mit einem kleinen, scharfen Messer ringsum einschneiden und mit der Hälfte der Speckstifte sowie mit den Gewürznelken spicken. Mit Salz und Pfeffer einreiben und mit Küchengarn umbinden.

Den restlichen Speck in einem Bratentopf oder einer ofenfesten Kasserolle bei niedriger Temperatur ausbraten. Das Fleisch einlegen und bei hoher Temperatur kräftig anbraten, dabei mehrmals wenden. Die Temperatur auf die kleinste Stufe herunterschalten. Zwiebel, Möhre und Sellerie einige Minuten mitbraten. Den Wein und die Tomaten zufügen, salzen und pfeffern. Einen Deckel auflegen, in den Ofen schieben und den Braten in etwa 4 Stunden ganz weich schmoren; nach Bedarf immer wieder etwas Wasser zufügen.

Den Braten herausnehmen, das Küchengarn entfernen, das Fleisch in Scheiben schneiden und bis zum Servieren warm stellen. Den Ofen auf 200 °C (Gas Stufe 5) hochschalten.

Den Bratenfond und das Gemüse durch ein Passiersieb streichen.

Eine rechteckige ofenfeste Servierform buttern. In einem großen Topf reichlich Wasser zum Kochen bringen. Salzen und die Lasagneblätter portionsweise kochen, bis das Wasser erneut sprudelt und die Teigblätter an die Oberfläche steigen. Mit einer Schaumkelle herausnehmen, in einer Schüssel mit kaltem Wasser abschrecken; abseihen und nebeneinander auf ein trockenes Tuch legen. Die Lasagneblätter lagenweise mit dem pürierten Gemüse in die Form füllen, dabei sollen sich die Teigblätter immer

ein wenig überlappen. Die letzte Schicht ist Gemüse. Etwa 20 Minuten backen und sogleich servieren. Das Fleisch separat dazu reichen.

Lasagne all'arancia

Lasagne mit Orangenschale

Seit ich diese Lasagne-Variante das erste Mal bei meiner Freundin Maria Luisa de'Banfield gekostet habe, gehört sie zu meinen absoluten Favoriten. Zur Abwechslung verwende ich manchmal Zitronen- anstelle von Orangenschale und bestreue die Lasagne in diesem Fall mit etwas echtem Kaviar, sobald ich sie aus dem Ofen genommen habe.

Für 4 Personen

Frischer Nudelteig mit Ei (Seite 47 und 51),
in Lasagne geschnitten (Seite 52)
60 g Butter, gewürfelt
Fein abgeriebene Schale und Saft von 1 unbehandelten Orange
Etwa 90 ml Weinbrand
¼ l Crème double
Salz und frisch gemahlener Pfeffer

In einem großen Topf reichlich Wasser zum Kochen bringen. Salzen und die Lasagneblätter portionsweise kochen, bis das Wasser erneut sprudelt und die Teigblätter an die Oberfläche steigen. Mit einer Schaumkelle herausnehmen und in einer Schüssel mit kaltem Wasser abschrecken. Abseihen und nebeneinander auf ein trockenes Tuch legen.

Den Ofen auf 200 °C (Gas Stufe 5) vorheizen. Eine rechteckige ofenfeste Servierform mit 1 Eßlöffel Butter ausstreichen.

Orangenschale und -saft, Weinbrand und Crème double leicht erwärmen und nach Geschmack salzen und pfeffern.

Den Boden der Form überlappend mit Lasagneblättern belegen und mit etwas Orangensahne bestreichen. So fortfahren, bis diese Zutaten aufgebraucht sind, die letzte Schicht ist Orangensahne. Mit den restlichen Butterstückchen belegen und etwa 20 Minuten backen. Sofort servieren.

Lasagne allo stinco
Lasagne mit Kalbshachse

Wenn Sie in Eile sind, können Sie die Lasagne durch Rigatoni ersetzen, wodurch das Gericht allerdings ein wenig verliert. Zum Auslösen des Marks bietet der Fachhandel einen speziellen langen, schmalen Löffel, doch tut es ein kleines Messer ebenso.

Für 4 Personen

90 g Pancetta (ungeräucherter Bauchspeck), klein gewürfelt
1 kleine Zwiebel, gehackt
1 Möhre, gehackt
1 Stange Bleichsellerie, gehackt
1 Lorbeerblatt
1 Kalbshachse
Etwa 375 ml trockener Weißwein
1 EL Tomatenmark
1 EL frischer Thymian
Salz und frisch gemahlener Pfeffer
Frischer Nudelteig mit Ei (Seite 47 und 51),
in Lasagne geschnitten (Seite 52)
15 g Butter
$^1/_4$ l Béchamelsauce (Seite 62)

Den Ofen auf 180 °C (Gas Stufe 4) vorheizen. Den Speck in einer ofenfesten Kasserolle bei niedriger Temperatur ausbraten. Die Zwiebel mit der Möhre, dem Sellerie und dem Lorbeerblatt unter häufigem Rühren etwa 3 Minuten darin glasig schwitzen. Die Kalbshachse einlegen und bei mittlerer Temperatur unter häufigem Wenden anbraten, bis sie schön gebräunt ist. 120 ml Wein, das Tomatenmark und den Thymian einrühren, salzen und pfeffern. Einen Deckel auflegen, in den Ofen schieben und das Fleisch in etwa 4 Stunden ganz weich schmoren. Nach und nach den restlichen Wein angießen und bei Bedarf noch etwas Wasser zufügen.

Aus dem Ofen nehmen und abkühlen lassen. Wenn man sich nicht mehr die Finger verbrennt, das Fleisch vom Knochen lösen.

Die Ofentemperatur auf 200 °C (Gas Stufe 5) hochschalten. In einem großen Topf reichlich Wasser zum Kochen bringen. Salzen und die Lasagneblätter portionsweise kochen, bis das Wasser erneut sprudelt und die Teigblätter an die Oberfläche steigen. Mit einer Schaumkelle herausnehmen und in einer Schüssel mit kaltem Wasser abschrecken; abseihen und nebeneinander auf ein trockenes Tuch legen.

Eine rechteckige ofenfeste Servierform buttern. Die Lasagneblätter lagenweise mit dem Fleisch und der Béchamelsauce in die Form füllen, also Lasagneblätter, Fleisch, Lasagneblätter, Béchamelsauce usw.,

dabei sollen sich die Lasagneblätter immer ein wenig überlappen. Die letzte Schicht ist Sauce. Die Lasagne 20–30 Minuten backen. Sofort servieren.

Lasagne verdi con agnello e peperoni
Grüne Lasagne mit Lamm und Paprika

Rote oder gelbe Paprikaschoten sind süßer als die grünen, doch können letztere ebenfalls für dieses Rezept verwendet werden.

Für 4 Personen

Salz
Frischer Nudelteig mit Ei (Seite 47 und 51), mit Spinat grün
gefärbt (Seite 55) und in Lasagne geschnitten (Seite 52)
4 EL natives Olivenöl extra
1 Zwiebel, gehackt
300 g Lammfleisch, in mundgerechte Stücke geschnitten
450 g reife Eiertomaten, enthäutet, Samen entfernt und gewürfelt,
oder Dosentomaten mit dem Saft
1 EL frischer Thymian, 1 Lorbeerblatt
1 kleine Prise Chiliflocken
2 rote Paprikaschoten, Samen und Scheidewände entfernt,
die Schoten in feine Streifen geschnitten
15 g Butter
$^1/_4$ l Béchamelsauce (Seite 62)

In einem großen Topf reichlich Wasser zum Kochen bringen. Salzen und die Lasagneblätter portionsweise kochen, bis das Wasser erneut sprudelt und die Teigblätter an die Oberfläche steigen. Mit einer Schaumkelle herausnehmen und in einer Schüssel mit kaltem Wasser abschrecken; abseihen und nebeneinander auf ein trockenes Tuch legen.

Das Öl in einem großen Topf bei mittlerer Temperatur erhitzen. Die Zwiebel darin etwa 3 Minuten glasig anschwitzen, dabei ab und zu rühren. Das Fleisch 5 Minuten unter gelegentlichem Wenden anbraten. Die Tomaten mit dem Thymian, dem Lorbeerblatt, den Chiliflocken und Salz untermischen. Die Temperatur herunterschalten und zugedeckt etwa 1$^1/_2$ Stunden schmoren, bis die Flüssigkeit fast vollständig eingekocht ist. Die Paprikastreifen untermischen und weitere 10 Minuten schmoren.

Unterdessen den Ofen auf 200 °C (Gas Stufe 5) vorheizen. Eine rechteckige ofenfeste Servierform ausbuttern. Die Lasagneblätter lagenweise mit der Fleischmischung und der Béchamelsauce in die Form füllen, also Lasagneblätter, Fleisch, Lasagneblätter, Béchamelsauce usw., dabei sollen sich die Lasagneblätter immer ein wenig überlappen. Mit Béchamelsauce abschließen. Die Lasagne etwa 20 Minuten backen und sehr heiß servieren.

Lasagne con lenticchie

Lasagne mit Linsen

Am liebsten mag ich die Linsen aus Castelluccio, einem Dorf in Mittelitalien. Sie sind besonders schmackhaft und winzig klein. Grundsätzlich aber eignet sich jede Sorte. Wichtig ist, daß man sie in kaltem Wasser einweicht.

Für 4 Personen

180 g Linsen
60 g Pancetta (ungeräucherter Bauchspeck), gewürfelt
1 Zwiebel, gehackt
1 Lorbeerblatt
450 g Eiertomaten, enthäutet, Samen entfernt und gewürfelt,
oder Dosentomaten mit dem Saft
Salz und frisch gemahlener Pfeffer
4 EL natives Olivenöl extra
Frischer Nudelteig mit Ei (Seite 47 und 51),
in Lasagne geschnitten (Seite 52)
15 g Butter

Die Linsen etwa 12 Stunden in kaltem Wasser einweichen und alle, die danach an der Oberfläche schwimmen, entfernen.

Den Speck mit der Zwiebel in einer Kasserolle bei mittlerer Temperatur etwa 5 Minuten unter Rühren braten. Das Lorbeerblatt, die Tomaten und die Linsen dazugeben, salzen und pfeffern. Bei niedriger Temperatur etwa 1 Stunde köcheln lassen, dabei immer wieder etwas Wasser zufügen, damit die Mischung nicht zu trocken wird. Vom Herd nehmen und mit dem Öl beträufeln.

Gleichzeitig in einem großen Topf reichlich Wasser zum Kochen bringen. Salzen und die Lasagneblätter portionsweise kochen, bis das Wasser erneut sprudelt und die Teigblätter an die Oberfläche steigen. Mit einer Schaumkelle herausnehmen und in einer Schüssel mit kaltem Wasser abschrecken; abseihen und nebeneinander auf ein trockenes Tuch legen.

Den Ofen auf 200 °C (Gas Stufe 5) vorheizen. Eine rechteckige ofenfeste Servierform ausbuttern. Die Lasagneblätter lagenweise mit den Linsen einfüllen, wobei sich die Lasagneblätter immer ein wenig überlappen sollen. Die Linsen bilden die letzte Schicht. Die Lasagne etwa 20 Minuten backen und sehr heiß servieren.

Lasagne alla mozzarella e salsicce

Lasagne mit Mozzarella und Wurst

Diese Lasagne-Variante ist sehr sättigend und ergibt, abgerundet vielleicht durch einen kleinen Salat, ein eigenständiges Hauptgericht. Einen milderen Geschmack erhält sie durch gekochten Schinken anstelle der Wurst.

Für 4 Personen

Salz
Frischer Nudelteig mit Ei (Seite 47 und 51),
in Lasagne geschnitten (Seite 52)
$^{1}/_{4}$ l Sahne
60 g Parmesan, frisch gerieben
15 g Butter
180 g Mozzarella, in dünne Scheiben geschnitten
180 g Salsicce (milde italienische Wurst),
enthäutet und zerpflückt
Frisch gemahlener Pfeffer

In einem großen Topf reichlich Wasser zum Kochen bringen. Salzen und die Lasagneblätter portionsweise kochen, bis das Wasser erneut sprudelt und die Teigblätter an die Oberfläche steigen. Mit einer Schaumkelle herausnehmen und in einer Schüssel mit kaltem Wasser abschrecken; abseihen und nebeneinander auf ein trockenes Tuch legen.

Den Ofen auf 200 °C (Gas Stufe 5) vorheizen. Die Sahne mit dem Parmesan verrühren. Eine rechteckige ofenfeste Servierform ausbuttern. Eine Lage Lasagneblätter so hineingeben, daß sie sich ein wenig überlappen. Mit der Hälfte der Mozzarella belegen, darauf die Hälfte der Wurst verteilen und die Hälfte der Sahne darübergießen. Die übrigen Zutaten in der gleichen Reihenfolge einschichten und die letzte Schicht (Sahne) pfeffern. Etwa 20 Minuten backen, bis die Lasagne zart gebräunt ist. Sofort servieren.

Lasagne ai semi di papavero

Lasagne mit Mohn

Der Mohn verrät, daß diese Zubereitung aus dem Norden des Landes, genauer gesagt, aus Südtirol stammt, dessen Küche Ähnlichkeiten mit der des benachbarten Österreich aufweist. Mit ihrer dezenten Süße ist diese Lasagne eine schmackhafte Bereicherung für ein Brunch-Buffet.

Für 4 Personen

Salz
Frischer Nudelteig mit Ei (Seite 47 und 51),
in Lasagne geschnitten (Seite 52)
100 g Butter
60 g Mohnsamen
60 g Zucker
¼ l Sahne

In einem großen Topf reichlich Wasser zum Kochen bringen. Salzen und die Lasagneblätter portionsweise kochen, bis das Wasser erneut sprudelt und die Teigblätter an die Oberfläche steigen. Mit einer Schaumkelle herausnehmen und in einer Schüssel mit kaltem Wasser abschrecken; abseihen und nebeneinander auf ein trockenes Tuch legen.

Den Ofen auf 200 °C (Gas Stufe 5) vorheizen. Eine rechteckige ofenfeste Servierform mit 1 Eßlöffel Butter ausstreichen.

Die restliche Butter in einem Topf bei niedriger Temperatur zerlassen. Die Mohnsamen mit dem Zucker darin etwa 5 Minuten erwärmen, dabei gelegentlich durchrühren. Die Sahne untermischen und den Topf vom Herd nehmen.

Die Lasagneblätter lagenweise mit der Mohnsahne in die vorbereitete Form füllen, dabei sollen sich die Lasagneblätter immer ein wenig überlappen. Die letzte Schicht ist Mohnsahne. Die Lasagne etwa 20 Minuten backen, bis sie dampfend heiß ist. Sogleich servieren.

Lasagne al baccalà in umido

Lasagne mit Klippfisch in Sahnesauce

Dieses Gericht verlangt eine rechtzeitige Planung, denn der Klippfisch – gesalzener und an der Luft getrockneter Fisch – muß 24 Stunden gewässert werden, wobei das Wasser mindestens viermal erneuert wird. In Italien, wo *baccalà* eine große Tradition hat, bekommt man ihn schon küchenfertig vorbereitet.

Für 4 Personen

Salz
Frischer Nudelteig mit Ei (Seite 47 und 51),
in Lasagne geschnitten (Seite 52)
3 EL natives Olivenöl extra
300 g Klippfisch, gewässert (siehe Rezepteinleitung)
und trockengetupft
1 Schalotte, gehackt
Etwa 60 ml trockener Weißwein
¼ l Sahne
Frisch gemahlener Pfeffer
15 g Butter

In einem großen Topf reichlich Wasser zum Kochen bringen. Salzen und die Lasagneblätter portionsweise kochen, bis das Wasser erneut sprudelt und die Teigblätter an die Oberfläche steigen. Mit einer Schaumkelle herausnehmen und in einer Schüssel mit kaltem Wasser abschrecken; abseihen und nebeneinander auf ein trockenes Tuch legen.

Das Öl in einem Topf bei mittlerer Temperatur erhitzen. Den Fisch mit der Schalotte einlegen und von beiden Seiten einige Minuten braten, bis er ganz zart gebräunt ist, dabei den Fisch gelegentlich im Topf bewegen. Den Wein zugießen und verdampfen lassen. Die Sahne zufügen, pfeffern und aufkochen lassen. Dabei zerfällt der Fisch in kleine, unregelmäßige Stücke.

Inzwischen den Ofen auf 200 °C (Gas Stufe 5) vorheizen. Eine rechteckige ofenfeste Servierform ausbuttern. Die Lasagneblätter lagenweise mit der Fischsauce in die Form füllen, dabei sollen sich die Teigblätter immer ein wenig überlappen. Mit der Sauce abschließen. Etwa 20 Minuten backen. Sofort servieren.

Torta di linguine al pesto di fave

Linguine-Torte mit Bohnenpüree und Minze

Wenn ich keine absolut frischen dicken Bohnen bekomme, blanchiere ich die Kerne ganz kurz. Dies nimmt ihnen den leicht bitteren Geschmack, den sie abgeben, wenn sie schon ein wenig älter sind.

Für 4 Personen

15 g Butter
450 g Auslegeteig (Seite 67)
1 kg frische dicke Bohnen, die Kerne aus den Hülsen gelöst und enthäutet (netto etwa 100 g)
6 EL natives Olivenöl extra
60 g Pecorino (Romano), frisch gerieben
6 frische Minzeblätter
Salz und frisch gemahlener Pfeffer
300 g Linguine
Minzeblätter zum Garnieren

Den Ofen auf 200 °C (Gas Stufe 5) vorheizen. Eine Tortenbodenform mit 20 cm Durchmesser und herausnehmbarem Boden ausbuttern. Den Teig auf der leicht bemehlten Arbeitsfläche sehr dünn ausrollen, einen Kreis von 25 cm Durchmesser ausschneiden oder mit der Form markieren und etwas größer ausschneiden und die Form damit auslegen. Den Teigrand gerade abschneiden und den Boden mehrmals mit einer Gabel einstechen. Etwa 35 Minuten backen, bis der Tortenboden goldbraun ist. Falls er dabei Blasen wirft, drücken Sie diese anschließend mit der flachen Hand zusammen. Oder den Boden blindbacken. Dazu den Teigboden samt Rand mit Pergamentpapier auslegen, mit trockenen Hülsenfrüchten füllen und backen. Nach kurzem Abkühlen das Papier mit den Hülsenfrüchten wieder entfernen. So bleibt der Boden flach und wirft keine Blasen. Den Teigrand vorsichtig mit einem Messer lösen.

Inzwischen die Bohnen mit dem Olivenöl, dem Käse, der Minze, Salz und Pfeffer in den Mixer oder die Küchenmaschine füllen und pürieren. Das Püree noch im Mixer lassen.

In einem großen Topf reichlich Wasser zum Kochen bringen. Salzen und die Linguine *al dente* kochen. Abseihen, dabei 120 ml des Kochwassers auffangen und zum Bohnenpüree geben, kurz durchmixen. Die Pasta mit dem Bohnenpüree vermengen. Den Tortenboden auf einer vorgewärmten Platte anrichten (nach Belieben den losen Boden vorher entfernen), mit der Pastamischung füllen, mit Minzeblättern garnieren und sofort servieren.

Torta di linguine in salsa di noci

Linguine-Torte mit Nußsauce

Zu der delikaten Sauce passen weder Spaghetti noch kurze Nudeln, ganz vorzüglich aber frische Pasta wie Fettuccine oder Taglierini.

Für 4 Personen

15 g Butter
120 g Walnußkerne
30 g Pinienkerne
1 Knoblauchzehe
1 Handvoll glatte Petersilie
4 EL natives Olivenöl extra
60 ml Milch
Salz und frisch gemahlener Pfeffer
120 g Ricotta
$^1/_8$ l Sahne
450 g Auslegeteig (Seite 67)
300 g Linguine

Den Ofen auf 200 °C (Gas Stufe 5) vorheizen. Eine Tortenbodenform mit 20 cm Durchmesser und herausnehmbarem Boden ausbuttern. Die Walnüsse, die Pinienkerne, die Knoblauchzehe, die Petersilie, das Olivenöl und die Milch mit Salz und Pfeffer nach Geschmack in den Mixer oder die Küchenmaschine füllen und zu einer nicht ganz glatten Creme verrühren. Die Ricotta mit der Sahne hinzufügen und den Schalter nochmals für einige Sekunden betätigen.

Den Teig auf der leicht bemehlten Arbeitsfläche ausrollen, einen 25 cm großen Kreis ausschneiden oder mit der Form markieren und etwas größer ausschneiden und die Form damit auslegen. Den Teigrand gerade abschneiden und den Boden mehrmals mit einer Gabel einstechen. Etwa 20 Minuten backen, bis der Tortenboden goldbraun ist. Falls der Teig dabei Blasen wirft, drücken Sie diese anschließend mit der flachen Hand zusammen. Den Ofen nicht abschalten.

In einem großen Topf reichlich Wasser zum Kochen bringen. Salzen und die Linguine *al dente* kochen. Abseihen, zurück in den Topf geben und mit der Nußsauce vermengen. Die Mischung in den Tortenboden füllen und goldgelb überbacken. Das dauert nochmals etwa 15 Minuten. Den Rand der Torte mit einem Messer vorsichtig lösen, ebenso den Boden und die Torte auf einer vorgewärmten Platte anrichten. Sofort servieren.

Rechte Seite: Linguine-Torte mit Bohnenpüree und Minze

Torta di tagliatelle alla fontina

Tagliatelle-Torte mit Fontina

Neuerdings gibt es Tagliatelle mit Trüffelaroma zu kaufen. Sie schmecken zwar nicht so intensiv wie Pasta, die mit Trüffelbutter angerichtet ist, zumal sie einiges von ihrem Aroma beim Kochen einbüßen, dennoch leiste ich sie mir gelegentlich. Diese Torte läßt sich bis zu acht Stunden im voraus vorbereiten, wenn man sie bis zum Backen im Kühlschrank aufbewahrt. Für eine einfachere Variante verwenden Sie Linguine. Fontina ist ein mildwürziger italienischer Käse, den Sie inzwischen auch an der Käsetheke größerer Supermärkte bekommen.

Für 4 Personen

300 g Auslegeteig (Seite 67)
120 g Butter
Salz
360 g Tagliatelle mit Trüffelaroma
120 g Fontina, grob gerieben
Frisch gemahlener Pfeffer
60 g Parmesan, frisch gerieben

Den Teig auf der leicht bemehlten Arbeitsfläche ausrollen und einen 25 cm großen Kreis ausschneiden oder mit der Form markieren und etwas größer ausschneiden. Eine Tortenbodenform mit 20 cm Durchmesser und herausnehmbarem Boden mit 1 Eßlöffel Butter einfetten. Den Teig hineinlegen und den Rand gerade abschneiden. Kalt stellen.

In einem großen Topf reichlich Wasser zum Kochen bringen. Salzen und die Tagliatelle *al dente* kochen.

Unterdessen den Ofen auf 200 °C (Gas Stufe 5) vorheizen. Die restliche Butter zerlassen. Die Pasta abseihen und zunächst die Butter, anschließend den Käse und etwas Pfeffer untermischen. In den Tortenboden füllen und mit dem Parmesan bestreuen. Etwa 40 Minuten backen, bis eine goldgelbe Kruste entstanden ist. Den Tortenrand mit einem Messer vorsichtig lösen, ebenso den Boden und die Torte auf einer vorgewärmten Platte anrichten. Sofort servieren.

Torta di fettuccine

Fettuccine-Torte mit Kalbsrahmsauce

Gutes Kalbfleisch verleiht der Sauce einen besonders delikaten Geschmack. Servieren Sie den Braten im Anschluß an die Torte, begleitet von einem grünen Salat.

Für 4 Personen

2 EL natives Olivenöl extra
60 g Butter
2 Zwiebeln, fein gehackt
900 g Kalbfleisch zum Braten
Mehl nach Bedarf
Etwa 120 ml trockener Weißwein
Salz und frisch gemahlener Pfeffer
300 g Auslegeteig (Seite 67)
300 g Fettuccine
$^1/_4$ l Sahne

Den Ofen auf 180 °C (Gas Stufe 4) vorheizen.

Das Öl mit der Hälfte der Butter in einem Bratentopf bei mittlerer Temperatur erhitzen. Die Zwiebeln etwa 3 Minuten darin glasig schwitzen, dabei häufig rühren. Das Fleisch im Mehl wälzen, sofort in den Topf einlegen und rundum in etwa 10 Minuten mit leichter Farbe anbraten. Mit dem Wein ablöschen. Im Ofen etwa 1½ Stunden schmoren, dabei das Fleisch mehrmals wenden und nach und nach etwa ¼ Liter Wasser zufügen. Nach Geschmack salzen und pfeffern. Herausnehmen und die Ofentemperatur auf 200 °C (Gas Stufe 5) hochschalten.

Eine Tortenbodenform mit 20 cm Durchmesser und herausnehmbarem Boden mit der restlichen Butter einfetten. Den Teig 3 mm dick ausrollen, einen 25 cm großen Kreis ausschneiden oder mit der Form markieren und etwas größer ausschneiden und die Form damit auslegen. Den Teigrand gerade abschneiden und den Boden mehrmals einstechen. Kalt stellen.

In einem großen Topf reichlich Wasser zum Kochen bringen. Salzen und die Fettuccine *al dente* kochen. Abseihen und mit der Hälfte der Sahne vermischen. Den Braten aus dem Topf nehmen – er kann zum Hauptgang serviert werden. Die restliche Sahne zum Fond geben und den Bratsatz bei mittlerer Temperatur unter Rühren loskochen. Falls die Sauce zu dick ist, etwas Wasser zufügen.

Die Sauce unter die Fettuccine mischen und in den Tortenboden füllen. Etwa 30 Minuten backen, bis der Teig schön gebräunt ist. Die Torte auf einem Kuchengitter etwas abkühlen lassen, aus der Form lösen und auf einer vorgewärmten Platte anrichten. Sofort servieren.

Pasticcio di penne al radicchio

Penne-Radicchio-Auflauf

Im Winter ist der Radicchio schmackhafter und auch preiswerter. Außerdem setzt er mit seinem leuchtenden Dunkelrot in der trüben Jahreszeit fröhliche Akzente. Besonders herzhaft schmeckt der Radicchio di Treviso mit seinen langen, glatten Blättern. Anstelle der Penne können Sie für dieses Gericht auch Maccheroni verwenden.

Für 4 Personen

Salz
300 g Penne
6 EL natives Olivenöl extra
1 rote Zwiebel, gehackt
300 g Radicchio, in Streifen geschnitten
¼ l Béchamelsauce (Seite 62)
2 Eier
Frisch gemahlener Pfeffer
15 g Butter
4 EL frisch geriebener Parmesan

In einem großen Topf reichlich Wasser zum Kochen bringen. Salzen und die Penne *al dente* kochen. Abseihen, die Hälfte des Öls untermischen und die Nudeln beiseite stellen.

Das restliche Öl in einem Topf bei mittlerer Temperatur erhitzen. Die Zwiebel etwa 3 Minuten darin glasig schwitzen. Den Radicchio dazugeben und bei niedriger Temperatur 5–10 Minuten dünsten, bis er gerade zusammenfällt. Die Béchamelsauce einrühren und die Mischung abkühlen lassen. Die Eier unterrühren und mit Salz und Pfeffer abschmecken.

Den Ofen auf 200 °C (Gas Stufe 5) vorheizen. Eine hohe Auflaufform ausbuttern und mit Parmesan ausstreuen. Den restlichen Parmesan unter die Pasta mischen und diese mit der Radicchiomischung vermengen. In die Form füllen und 30–40 Minuten backen. In der Form servieren. Oder einige Minuten abkühlen lassen, mit einem Messer am Rand der Form entlangfahren und den Inhalt auf eine vorgewärmte Platte stürzen. Heiß servieren.

Taglierini in tortiera al rognone

Schüsselpastete mit Taglierini und Kalbsnieren

Kalbsnieren haben einen besonders feinen Geschmack, doch eignet sich auch Rinderniere für dieses herzhafte Gericht. Die Taglierini können Sie gut durch getrocknete Linguine ersetzen.

Für 4 Personen

60 g Butter
300 g Kalbsnieren, Harnwege und Häutchen entfernt, gründlich gewässert und in feine Scheiben geschnitten
1 Zwiebel, fein gehackt
1 Handvoll frischer Salbei
1 frischer Rosmarinzweig
Etwa 120 ml trockener Weißwein
Salz und frisch gemahlener Pfeffer
300 g Taglierini
300 g Auslegeteig (Seite 67)
1 Eigelb

In einer großen Pfanne 45 g Butter bei hoher Temperatur zerlassen. Die Kalbsnieren mit der Zwiebel, dem Salbei und dem Rosmarin etwa 5 Minuten unter gelegentlichem Rühren braten. Mit dem Wein ablöschen, salzen, pfeffern und bei niedriger Temperatur weitere 3 Minuten sanft garen. Die Kräuter entfernen und die Nieren mit der Zwiebel in einem Passiergerät oder im Mixer pürieren. Eventuell so viel Wasser hinzufügen, daß sich eine nicht zu dicke Sauce ergibt. Beiseite stellen.

Den Ofen auf 200 °C (Gas Stufe 5) vorheizen. Eine ofenfeste runde Schüssel von 20 cm Durchmesser mit der restlichen Butter ausstreichen. In einem großen Topf reichlich Wasser zum Kochen bringen. Salzen und die Taglierini al dente kochen. Abseihen, mit der Nierensauce vermengen und in die Schüssel füllen.

Den Teig auf der leicht bemehlten Arbeitsfläche ausrollen und einen gut 20 cm großen Kreis ausschneiden. Die Form damit abdecken und die Teigränder mit etwas Wasser auf den Schüsselrand kleben. Das Eigelb mit einigen Tropfen Wasser verrühren und den Teigdeckel damit bestreichen. Mit einer Gabel mehrmals einstechen, damit beim Backen der Dampf entweichen kann. Die Pastete etwa 15 Minuten backen, bis der Teigdeckel gebräunt ist. Sehr heiß servieren.

Anello di taglierini con ricotta e pomodoro

Taglierini-Ring mit Ricotta und Tomaten

Die rustikale Zubereitung dieser Pasta eignet sich für einen Brunch ebenso wie für ein elegantes Mittagessen. Schneller ist das Gericht mit getrockneten Linguine auf dem Tisch.

Für 4 Personen

6 EL natives Olivenöl extra
2 Knoblauchzehen, gehackt
900 g reife Eiertomaten, enthäutet, Samen entfernt und gewürfelt, oder Dosentomaten mit dem Saft
Salz und frisch gemahlener Pfeffer
1 Handvoll frisches Basilikum
15 g Butter
60 g feine Semmelbrösel
Frischer Nudelteig mit Ei (Seite 47 und 51), in Taglierini geschnitten (Seite 52)
250 g Ricotta

Das Öl in einem Topf bei mittlerer Temperatur erhitzen. Den Knoblauch etwa 3 Minuten unter Rühren darin glasig schwitzen. Die Tomaten einrühren, salzen, pfeffern und bei niedriger Temperatur köcheln lassen, dabei gelegentlich rühren, bis der Saft weitgehend verdampft ist. Das Basilikum zufügen und die Tomatensauce beiseite stellen.

Den Ofen auf 220 °C (Gas Stufe 6) vorheizen. Eine Ringform mit 23 cm Durchmesser ausbuttern, auch den Zapfen in der Mitte, und gleichmäßig mit den Semmelbröseln ausstreuen.

In einem großen Topf reichlich Wasser zum Kochen bringen. Salzen und die Taglierini hineingeben. Sie sind gar, wenn das Wasser erneut sprudelt und die Nudeln an die Oberfläche steigen. Abseihen und in einer Schüssel mit der Hälfte der Tomatensauce sowie der gesamten Ricotta vermengen.

Die Pasta in die Form füllen und leicht zusammendrücken. Etwa 20 Minuten backen. Aus dem Ofen nehmen und mit einem Messer am Rand der Form entlangfahren. Einmal kräftig rütteln und auf eine vorgewärmte Platte stürzen. Die restliche Tomatensauce in der Mitte des Ringes anrichten und sofort servieren.

Sfogliata di taglierini al tartufo

Taglierini mit weißer Trüffel in Blätterteig

Servieren Sie diese zwar arbeitsintensive – es müssen immerhin zwei Teige vorbereitet werden –, aber äußerst elegante Zubereitung zum ersten Gang, nach Belieben gefolgt von einem Fisch- oder Fleischgericht. Die Trüffelmenge unterliegt Ihrer Großzügigkeit, doch empfehle ich ein Minimum von 30 Gramm.

Für 4 Personen

450 g Blätterteig (Seite 67)
Salz
Frischer Nudelteig mit Ei (Seite 47 und 51), in Taglierini geschnitten (Seite 52)
90 g Butter
90 g Parmesan, frisch gerieben
1 TL frisch geriebene Muskatnuß
Frisch gemahlener Pfeffer
1 weiße Trüffel (siehe Rezepteinleitung)

Den Ofen auf 220 °C (Gas Stufe 6) vorheizen. Auf einer leicht bemehlten Arbeitsfläche zwei Drittel des Blätterteigs ausrollen und einen etwa 26 cm großen Kreis ausschneiden. Eine Springform mit 23 cm Durchmesser kalt abspülen, mit dem Teig auslegen und den Rand geradeschneiden. Den restlichen Teig ausrollen, einen 23 cm großen Kreis ausschneiden und auf ein kalt abgespültes Backblech legen. Beide Teige 20 Minuten ruhen lassen, die Böden mehrmals mit einer Gabel einstechen und in 15–20 Minuten backen, bis der Teig blättrig aufgegangen und knusprig ist.

Unterdessen in einem großen Topf reichlich Wasser zum Kochen bringen. Salzen und die Taglierini hineingeben. Sie sind gar, wenn das Wasser erneut aufwallt und die Nudeln an die Oberfläche steigen. Die Butter in einem kleinen Topf zerlassen. Die Taglierini abseihen und in einer Schüssel mit der Butter, dem Parmesan, der Muskatnuß und Pfeffer nach Geschmack gründlich vermengen.

Den Ring der Springform abnehmen. Die Pastamischung in die Teighülle füllen und mit feingehobelter Trüffel bestreuen. Den Teigdeckel auflegen und das Gericht sogleich servieren.

Crostata di linguine alla crema di formaggio

Linguine-Tarte mit Käsesauce

Feine Späne von weißer Trüffel, aber auch von frischen Steinpilzen machen diese delikate Tarte zu einem Hochgenuß.

Für 4 Personen

350 g Auslegeteig (Seite 67)
15 g Butter
1/4 l Sahne
180 g Parmesan, frisch gerieben
Salz und frisch gemahlener Pfeffer
3 Eigelb
300 g Linguine

Den Ofen auf 200 °C (Gas Stufe 5) vorheizen. Den Teig auf einer leicht bemehlten Arbeitsfläche ausrollen und einen 25 cm großen Kreis ausschneiden. Eine Tarte-Form mit 23 cm Durchmesser, herausnehmbarem Boden und 2,5 cm hohem Rand ausbuttern und mit dem Teig auslegen. Den Rand geradeschneiden und den Boden mehrmals einstechen. Den Boden etwa 20 Minuten vorbacken, er soll goldbraun sein. Falls der Teig dabei Blasen wirft, drücken Sie diese anschließend mit der flachen Hand zusammen. Den Ofen nicht abschalten.

Unterdessen die Sahne aufkochen und etwa 10 Minuten köcheln lassen. Den Käse unter Rühren darin schmelzen, die Sauce salzen und pfeffern. Abkühlen lassen und die Eigelbe einrühren.

In einem großen Topf reichlich Wasser zum Kochen bringen. Salzen und die Linguine *al dente* kochen. Abseihen, die Käsesauce gründlich untermischen, in den Tarte-Boden füllen und in etwa 20 Minuten fertigbacken. Aus der Form lösen, auf einer vorgewärmten Platte anrichten und sofort servieren.

Crostata di bucatini con la zucca

Bucatini-Tarte mit Kürbis

Bereiten Sie diese Tarte im Herbst zu, wenn es besonders aromatischen Kürbis gibt. Lange Nudelformen wie Bucatini sind für eine Tarte ideal, denn mit kurzen Nudeln würden die aufgeschnittenen Stücke auseinanderfallen.

Für 4 Personen

600 g Kürbis (mit Schale gewogen)
4 Amaretti (italienische Makronen), zerkrümelt
1 Ei
4 EL frisch geriebener Parmesan
1 Prise frisch geriebene Muskatnuß
Salz und frisch gemahlener Pfeffer
1/4 l Sahne
15 g Butter
300 g Auslegeteig (Seite 67)
300 g Bucatini

Den Ofen auf 180 °C (Gas Stufe 4) vorheizen. Den Kürbis in etwa 30 Minuten gar backen. Herausnehmen, den Ofen auf 200 °C hochschalten. Den Kürbis schälen und die Samen entfernen. Das Fruchtfleisch durch ein Passiergerät streichen, alternativ im Mixer oder in der Küchenmaschine pürieren. Die Amaretti, das Ei, den Parmesan und die Muskatnuß untermischen, leicht salzen und pfeffern. Zuletzt die Sahne unterrühren.

Eine Tarte-Form mit 20 cm Durchmesser und herausnehmbarem Boden ausbuttern. Den Teig ausrollen, einen Kreis mit 23 cm Durchmesser ausschneiden und die Form damit auslegen. Die Ränder geradeschneiden und den Boden mehrmals mit einer Gabel einstechen. In etwa 20 Minuten vorbacken, er soll goldgelb sein. Falls der Teig dabei Blasen wirft, diese nach dem Backen mit der flachen Hand zusammendrücken.

Unterdessen in einem großen Topf reichlich Wasser zum Kochen bringen. Salzen und die Bucatini *al dente* kochen. Abseihen und mit der Kürbissauce vermischen. In den Tarte-Boden füllen und in etwa 20 Minuten fertigbacken. Aus der Form lösen, auf einer vorgewärmten Platte anrichten und sofort servieren.

Diuersi vasi

stufatoro

namicella cõ piastrelle et quatro piedi

namicella cõ piast\
relle et 4 piedi

Conserua

namicella senza piedi

namicella senza piedi

stufator ouato

Conserua bassa

Conserua grande

padella p fare oui frittolate

stufatoro largo

tortera con il coperto

namicella bassa

conca

namicella alta

9

Vermicelli ai petti di pollo

Vermicelli mit Hühnerbrüstchen

Schwarze Trüffeln sind eine Spezialität aus Umbrien, wo sie viele Pasta- und Fleischgerichte geschmacklich abrunden. Sie können bei dieser Zubereitung nach Belieben verwendet werden und sind dann das Tüpfelchen auf dem i.

Für 4 Personen

Salz
300 g Vermicelli
90 ml Crème double
60 g Butter
1 ganze Hühnerbrust (2 Hälften), insgesamt etwa 300 g,
in streichholzfeine Streifen geschnitten
60 g roher Schinken, klein gewürfelt
300 g Fleischsauce (Seite 58)
1 schwarze Trüffel von etwa 30 g, in feine Scheiben gehobelt
(nach Belieben, siehe Rezepteinleitung)

In einem großen Topf reichlich Wasser zum Kochen bringen. Salzen und die Vermicelli *al dente* kochen. Abseihen und die Crème double unterziehen.

Den Ofen auf 180 °C (Gas Stufe 4) vorheizen. Die Hälfte der Butter in einer Pfanne bei mittlerer Temperatur zerlassen. Die Hühnerbruststreifchen mit dem Schinken etwa 3 Minuten unter häufigem Rühren anbraten. Die Fleischsauce einrühren und das Ganze mit den Nudeln vermengen.

Mit der restlichen Butter eine ofenfeste Servierform ausstreichen, die Pasta einfüllen und etwa 20 Minuten backen. Nach Belieben schwarze Trüffel darüberhobeln und das Gericht heiß servieren.

Rigatoni al sugo di coniglio

Rigatoni mit Kaninchenragout

Rigatoni sind für dieses Gericht die perfekte Wahl. Wenn Sie jedoch frische Pasta vorziehen, können Sie statt dessen frische Lasagne verwenden. Machen Sie einen Bogen um getrocknete Lasagneblätter, die schwierig zu kochen sind, schnell zusammenkleben und geschmacklich zu wünschen übrig lassen.

Für 4 Personen

2 EL natives Olivenöl extra
90 g Pancetta (ungeräucherter Bauchspeck), klein gewürfelt
$^1/_2$ Kaninchen (etwa 600 g), in große Stücke geteilt
1 Zwiebel, gehackt
2 Knoblauchzehen, gehackt
1 Möhre, gehackt
1 Stange Bleichsellerie, gehackt
Etwa 375 ml guter Rotwein
1 Gewürznelke
1 Prise gemahlener Zimt
450 g reife Eiertomaten, enthäutet, Samen entfernt und gewürfelt,
oder Dosentomaten mit dem Saft
Salz und frisch gemahlener Pfeffer
300 g Rigatoni
15 g Butter
$^1/_4$ l Béchamelsauce (Seite 62)

Das Öl mit dem Speck in einem großen Topf bei mittlerer Temperatur erhitzen. Die Kaninchenteile mit der Zwiebel, dem Knoblauch, der Möhre und dem Sellerie unter häufigem Wenden etwa 5 Minuten darin anbraten. Den Wein mit der Gewürznelke und dem Zimt zufügen und beinahe völlig verkochen lassen. Die Tomaten untermischen, salzen, pfeffern und das Kaninchen zugedeckt bei niedriger Temperatur etwa 1$^1/_2$ Stunden schmoren. Vom Herd nehmen und etwas abkühlen lassen. Das Fleisch von den Knochen lösen und zurück in den Topf geben.

Unterdessen in einem großen Topf reichlich Wasser zum Kochen bringen. Salzen und die Rigatoni *al dente* kochen. Den Ofen auf 180 °C (Gas Stufe 4) vorheizen. Eine ofenfeste Servierform ausbuttern.

Die Pasta abseihen und mit dem Kaninchenragout vermischen. In die Form füllen, mit der Béchamelsauce überziehen und etwa 20 Minuten backen. In der Form servieren.

Timballo di maccheroni ai funghi

Maccheroni-Pastete mit gemischten Pilzen

Eine köstliche Mischung aus frischen Pilzen wie Shiitake, Morcheln oder Steinpilzen hält, was die dekorative Hülle dieser Zubereitung verspricht. Sie erfordert unbedingt lange, dicke Nudeln wie Bucatini oder eben Maccheroni.

Für 4 Personen

4 EL natives Olivenöl extra
1 Zwiebel, gehackt
2 Knoblauchzehen, gehackt
450 g gemischte Pilze, trocken abgerieben und in Scheiben geschnitten
300 g Eiertomaten, enthäutet, Samen entfernt und gewürfelt, oder Dosentomaten mit dem Saft
Salz und frisch gemahlener Pfeffer
300 g lange Maccheroni
15 g Butter
¼ l Béchamelsauce (Seite 62)

Das Öl in einem Topf bei niedriger Temperatur erhitzen. Die Zwiebel mit dem Knoblauch etwa 3 Minuten unter Rühren darin glasig schwitzen. Die Pilze bei mittlerer Temperatur etwa 5 Minuten mitbraten, dabei häufig durchmischen. Die Tomaten dazugeben und etwa 20 Minuten dünsten, bis der Saft verkocht ist. Mit Salz und Pfeffer abschmecken.

In einem großen Topf reichlich Wasser zum Kochen bringen. Salzen und die Maccheroni *al dente* kochen. Abseihen und zum Abtropfen auf einem Tuch ausbreiten, wobei sie nicht aneinanderkleben dürfen.

Den Ofen auf 200 °C (Gas Stufe 5) vorheizen. Eine nach außen weiter werdende 1-Liter-Auflaufform ausbuttern und mit den abgekühlten Maccheroni auslegen. Dafür auf dem Boden beginnen und mit den Nudeln – eine an die andere anschließend – eine Spirale legen, bis die Form bis zum Rand ausgekleidet ist; dabei die einzelnen Nudeln fest in die Butter drücken.

Die restlichen Maccheroni klein schneiden und zusammen mit der Béchamelsauce unter die Pilze mischen. In die Form füllen und etwa 25 Minuten backen. Mit einem Messer vom Rand der Form lösen und auf eine vorgewärmte Platte stürzen. Die Pastete sofort servieren.

Timballo di rigatoni e melanzane

Rigatoni-Auflauf mit Auberginen

Die Rigatoni lassen sich gut durch Penne oder Bucatini ersetzen.

Für 4 Personen

1 l Olivenöl zum Ausbacken
2 Auberginen, in feine Scheiben geschnitten
4 EL natives Olivenöl extra
180 g Hackfleisch vom Rind
4 reife Eiertomaten, enthäutet und klein gewürfelt
Salz und frisch gemahlener Pfeffer
300 g Rigatoni
3 Eier, leicht verquirlt
1 Prise frisch geriebene Muskatnuß
60 g Parmesan, frisch gerieben

Das Öl in einem großen Topf auf 180 °C erhitzen. Die Auberginenscheiben portionsweise darin ausbacken, bis sie weich sind. Auf Küchenpapier abtropfen lassen, beiseite legen.

3 Eßlöffel natives Olivenöl extra in einem Topf bei mittlerer Temperatur erhitzen. Das Hackfleisch etwa 10 Minuten darin braten, dabei mit einer Gabel zerpflücken, bis es krümelig zerfällt. Die Tomaten einrühren, salzen, pfeffern und weitere 20 Minuten köcheln lassen, bis die gesamte Flüssigkeit verkocht ist. Die Sauce völlig abkühlen lassen.

In einem großen Topf reichlich Wasser zum Kochen bringen. Salzen und die Rigatoni *al dente* kochen. Inzwischen die Eier, die Muskatnuß und den Parmesan in die Fleischsauce einrühren. Die Rigatoni abseihen und mit der Sauce sowie den Auberginen vermengen.

Den Ofen auf 180 °C (Gas Stufe 4) vorheizen. Eine schüsselartige 1-Liter-Auflaufform mit dem restlichen Eßlöffel Olivenöl auspinseln. Die Pastamischung einfüllen und etwa 50 Minuten backen, bis der Auflauf völlig gestockt ist. Mit einem Messer am Rand der Form entlangfahren, die Form einmal kräftig rütteln und den Auflauf auf eine vorgewärmte Platte stürzen und sofort servieren (oder in der Form servieren).

Rechte Seite: Getrocknete Rigatoni

REGISTER

ITALIENISCHE REZEPTNAMEN

Danksagung

Die Herausgeber danken den folgenden Copyright-Inhabern für die Bereitstellung
der Illustrationen und die Genehmigung zum Abdruck:

Vintage Magazine Picture Library: *Seite 13, 16, 26–27 und 39.*
Robert Opie Collection: *Seite 39 und 145.*
Mansell Collection Limited: *Seite 12, 14–15 und 21.*
Fotomas Index Picture Library: *Seite 8–9, 11, 23, 31, 46, 52, 70, 112 und 184.*
John Heseltine Archive: *Seite 56.*
Mary Evans Picture Library: *Seite 6, 29, 33, 37 und 38.*
Advertising Archive Limited: *Seite 16.*
Museo della Pasta, Rom: *Seite 20, 21, 25 und 55.*
Dover Publications

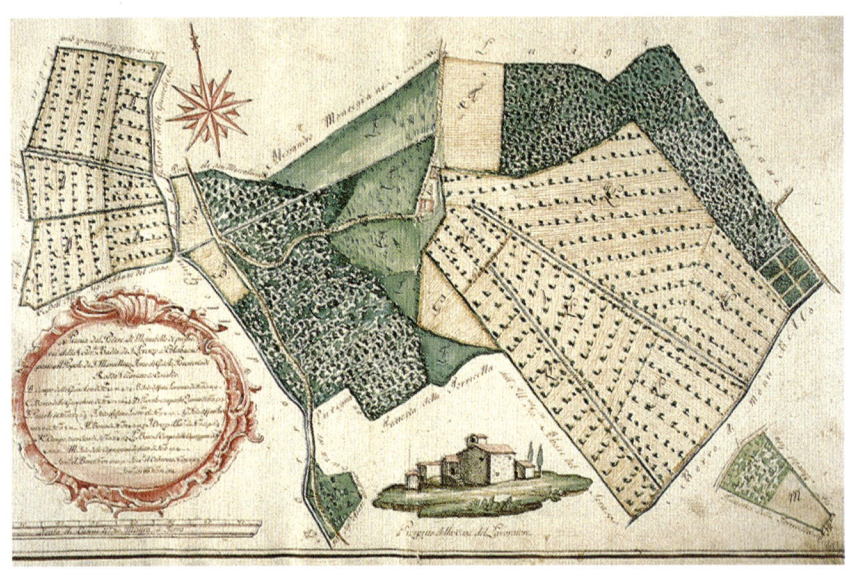